María José García Folgado
Carsten Sinner (edd.)

LINGÜÍSTICA Y CUESTIONES GRAMATICALES EN LA DIDÁCTICA DE LAS LENGUAS IBERORROMÁNICAS

ibidem-Verlag
Stuttgart

Bibliografische Information der Deutschen Nationalbibliothek
Die Deutsche Nationalbibliothek verzeichnet diese Publikation in der Deutschen Nationalbibliografie; detaillierte bibliografische Daten sind im Internet über http://dnb.d-nb.de abrufbar.

Bibliographic information published by the Deutsche Nationalbibliothek
Die Deutsche Nationalbibliothek lists this publication in the Deutsche Nationalbibliografie; detailed bibliographic data are available in the Internet at http://dnb.d-nb.de.

∞

Gedruckt auf alterungsbeständigem, säurefreien Papier
Printed on acid-free paper

ISSN 1862-2909

ISBN: 978-3-8382-0761-2

© *ibidem*-Verlag
Stuttgart 2015

Alle Rechte vorbehalten

Das Werk einschließlich aller seiner Teile ist urheberrechtlich geschützt. Jede Verwertung außerhalb der engen Grenzen des Urheberrechtsgesetzes ist ohne Zustimmung des Verlages unzulässig und strafbar. Dies gilt insbesondere für Vervielfältigungen, Übersetzungen, Mikroverfilmungen und elektronische Speicherformen sowie die Einspeicherung und Verarbeitung in elektronischen Systemen.

All rights reserved. No part of this publication may be reproduced, stored in or introduced into a retrieval system, or transmitted, in any form, or by any means (electronic, mechanical, photocopying, recording or otherwise) without the prior written permission of the publisher. Any person who does any unauthorized act in relation to this publication may be liable to criminal prosecution and civil claims for damages.

Printed in Germany

Contenido

Introducción | Mª José García Folgado & Carsten Sinner 5

La enseñanza de la gramática en la Escuela Normal de Jaén
| Marta Torres Martínez 9

Habla, norma y enseñanza de la gramática en las comarcas valencianas
de habla castellana | Alexandre Bataller Català 33

Escritura en Educación Primaria: análisis de resultados de una secuencia
didáctica sobre la nota crítica | Eduardo España Palop & Paulina Ribera Aragüete 53

Combinatoria léxica como parte de las habilidades
lingüístico-discursivas de los escolares de Primaria | Vladimir Shyshkov 71

Reflexión gramatical sobre los grupos sintácticos en los *hashtags*
al hilo de una secuencia didáctica para aprender gramática.
Propuesta de *núcleo pragmático* | Ana Veleiro 89

Gramática y tipología lingüística | Sofía Moncó Taracena 111

Didáctica del español coloquial en la etapa de Secundaria:
aprovechamiento del corpus oral Val.Es.Co | Montserrat Pérez Giménez. 127

Lo que La Celestina enseñaría a Meetic: aprender gramática a través de un
proyecto basado en la literatura medieval | Marcial Terrádez Gurrea 141

El doble aprendizaje de la gramática latina y la gramática española:
un caso práctico | Fuensanta Garrido Domené 157

Gramática e Manuais Escolares – que avaliação?
| Madalena Teixeira & Sandra Lopes & Ana Rita Gorgulho 169

La gramàtica en els llibres de text de Secundària:
la terminologia lingüística | Alícia Martí Climent 187

Introducción
Mª José García Folgado (Valencia)
Carsten Sinner (Leipzig)

El lugar de la gramática en la enseñanza de la lengua ha sido un tema objeto de debate desde tiempos inmemoriales: tanto en lenguas primeras, segundas o extranjeras como en distintas etapas educativas, se han discutido las finalidades de su enseñanza, los contenidos y la metodología. La tensión entre aquellos que rechazaban que la gramática tuviera un papel en la enseñanza de la lengua y los que consideraban que su enseñanza era fundamental para el correcto dominio idiomático – con todos los matices intermedios – ha sido mantenida hasta la actualidad; sin embargo, especialmente en el último siglo, sobre todo a raíz de la eclosión de los modelos comunicativos, parecía que la gramática había sido relegada a un segundo plano – cuando no desterrada – de las aulas. No obstante, en la actualidad, se está replanteando esta "falsa oposición" entre lengua y gramática (Bosque 2015) y los investigadores de la materia parecen coincidir en la idea de la necesidad de instrucción gramatical, si bien los modelos preponderantes plantean su abordaje no tanto como enseñanza de la norma o de la teoría gramatical, sino desde la perspectiva del desarrollo de la competencia metalingüística de los estudiantes así como las complejas relaciones entre el saber gramatical y el uso lingüístico (*cf.* Camps, Guasch, Milian & Ribas 2005, Camps & Zayas 2006, Pietro 2009, Locke 2010, Myhill 2012, Myhill & Lines 2012, Rodríguez Gonzalo 2012 o Fontich & Camps 2013, entre otros).

La investigación sobre la enseñanza de la gramática también ha experimentado, en consecuencia, un auge importante: solo en los últimos dos años, en España, más allá de la labor del *Grup de Recerca sobre l'Ensenyament i Aprenentatge de Llengües* (GREAL)[1], se han convocado varias reuniones científicas sobre el tema

---

[1] GREAL es, señaladamente, el grupo investigador sobre enseñanza de la gramática más importante en España en la actualidad, como demuestra no solo el volumen de publicaciones, las reuniones científicas, su labor en el área de la innovación educativa, sino también los proyectos I+D competitivos que ha venido desarrollando desde mediados de los años 90 del siglo pasado. Sobre todas estas actividades, véase http://www.greal.cat/

(*Jornadas GROC*, Barcelona 2014 y 2015, *I Congreso Internacional de Enseñanza de la Gramática*, Valencia 2014), se han publicado monografías específicas (Fontich & Rodríguez Gonzalo 2014; Rodríguez Gonzalo & García Folgado 2014; Ribas, Fontich & Guasch 2014), etc. Asimismo, se está empezando a considerar estos aspectos desde la perspectiva diacrónica, que ofrece la visión de la evolución de la enseñanza de la lengua y de la construcción de la Didáctica de la Lengua como disciplina (*cf.* García Folgado & Sinner 2012, García Folgado 2014).

Este monográfico, que recoge una selección de trabajos presentados en el *I Congreso Internacional de Enseñanza de la Gramática: pasado, presente y futuro* (Valencia, 2014), sirve de punto de encuentro de diferentes líneas de investigación que permiten constatar – tal y como se puso en evidencia en el congreso – la diversidad de acercamientos posible a la enseñanza de la gramática. Así, Torres presenta una aproximación a la historia de la formación lingüística de los maestros, línea de gran interés para la reconstrucción de la historia de la gramaticografía didáctica (Martínez & Esparza 2014, García Folgado 2014, García Folgado, e. p.), y se aproxima a los archivos de la Escuela Normal de Jaén para analizar y valorar el papel de la enseñanza de la gramática en ese centro formativo. El trabajo de Bataller plantea una revisión histórica inicial de las memorias de los maestros valencianos de principios del siglo XX que ejercieron su labor en las comarcas valencianas de habla castellana (de base aragonesa o murciana); desde ahí, se aproxima a un planteamiento de enseñanza de las hablas valencianas locales que parta de su descripción gramatical.

Los artículos de España Palop & Ribera Aragüete y Shyshkov abordan la enseñanza gramatical en la educación primaria; el primero investiga el vínculo entre gramática y escritura y, concretamente, la enseñanza de la escritura mediante secuencias didácticas, un método que tanto desde la perspectiva del grupo de trabajo de Joaquim Dolz en Ginebra (Dolz, Noverraz & Schneuwly 2001), como desde la del grupo GREAL (Camps 1994 y 2003, entre otros) ha revelado su eficacia para que el alumnado adquiera las capacidades necesarias para producir textos escritos. Por su parte, Shyshkov plantea la posibilidad de colocar el foco de enseñanza en la combinatoria léxica – el frasema – como el eslabón de paso del nivel léxico al nivel sintáctico. El trabajo de Veleiro, si bien tiene como objeto niveles superiores de enseñanza, se situaría entre los dos anteriores: se utiliza la metodología de las secuencias didácticas como medio de enseñanza de la sintaxis a través del género *hashtag*, entendido como grupo sintáctico y como unidad de conversación coloquial (enunciado).

El siguiente grupo de trabajos aborda la enseñanza de la gramática a través de propuestas diversas; así, Moncó plantea el interés de los universales tipológicos para la sensibilización de los aprendices de LE y L2 a la diversidad lingüística y para facilitar la introspección de su competencia lingüística. Pérez Giménez muestra las posibilidades del aprovechamiento didáctico que puede hacerse de análisis realizados sobre un corpus oral coloquial del español para aplicarlos a su enseñanza en la etapa educativa de Enseñanza Secundaria. En ese mismo nivel educativo, Terrádez presenta un proyecto que, a través del trabajo sobre *La Celestina*, pretende conjugar aspectos literarios y lingüísticos. Por último, Garrido Domené & Galloso Camacho abordan las posibilidades de una enseñanza integrada de la gramática latina y española que contribuya a la formación lingüística integral de los estudiantes de Filología

El último grupo de trabajos se destina al análisis de los libros de texto, un campo que, en el área de Didáctica de la Lengua y la Literatura, al menos en España y por lo que respecta a las lenguas primeras y segundas, no está excesivamente desarrollado. El primero de ellos, de Teixeira, Lopes & Gorgulho se sitúa en el primer ciclo educativo y persigue analizar la relación entre los contenidos gramaticales de los manuales y las Metas Curriculares de Português (2012). En el segundo, Martí se centra en la etapa secundaria en la Comunitat Valenciana (España) y, concretamente, en contrastar la terminología gramatical que recogen los manuales de enseñanza de las dos lenguas cooficiales, valenciano y castellano.

En conjunto, este volumen presenta una mirada plural al fenómeno de la enseñanza de la gramática en diferentes entornos educativos y desde perspectivas diversas, pero siempre desde la consideración, como se indicaba al principio, de que la gramática ha tenido, tiene y tendrá un lugar en las aulas.

Referencias bibliográficas

Bosque, I. 2015. "Nuevas reflexiones sobre la enseñanza de la gramática. Actitudes frente a contenidos", Conferencia presentada en las *Jornadas GROC 2015, Gramàtica Orientada a les Competències*. Barcelona, Universitat Autònoma de Barcelona, 5 y 6 de febrero.

Camps, A. 1994. *L'ensenyament de la composició escrita*. Barcelona: Barcanova.

Camps, A. coord. 2003. *Secuencias didácticas para aprender a escribir*. Barcelona: Graó.

Camps, A. & Guasch, O. & Milian, M. & Ribas, T. 2005. *Bases per a l'ensenyament de la gramática*. Barcelona: Graó.

Camps, A. & Zayas, F. coord. 2006. *Secuencias didácticas para aprender gramática*. Barcelona: Graó.

De Pietro, J.-P. 2009. "Pratiques métalangagières et émergence d'une posture "grammaticale"", en: Dolz, J. & Simard, C. edd. *Pratiques d'enseignement grammatical. Points de vue de l'enseignant et de l'élève*. Québec: PUL, 15-47.

Dolz, J. & Noverraz, M. & Schneuwly, B. 2001. *Séquences didactiques pour l'oral et pour l'écrit*. Bruxelles: Editions de Boeck.

Doughty, J. & Williams, J. 1998. *Focus on form in classroom second language acquisition*. Cambridge: Cambridge University Press.

Fontich, X. & Camps, A. 2013. "Towards a rationale for research into grammar teaching in schools", en: *Research Papers in Education*, 1-27. (doi: 10.1080/02671522.2013.813579) [en línea].

Fontich, X. & Rodríguez Gonzalo, C. coord. 2014. *La enseñanza de la gramática en la educación obligatoria, Textos de Didáctica de la Lengua y la Literatura*, 67.

García Folgado, M. J. 2014. "La historia de la enseñanza de la gramática: Reflexiones sobre un campo de investigación", en: *Lenguaje y Textos* 40, 63-72.

García Folgado, M. J. (e. p.). "En torno a la historia de la enseñanza gramatical: la formación de maestros", en: *Ianua. Revista Philologica Romanica*.

García Folgado, M. J. & Sinner, C. 2012. "Introducción: la historia de la gramática escolar del español", en: *Revista argentina de historiografía lingüística* IV/1, i-v y IV/2, 97-99.

Locke, T. ed. 2010. *Beyond the Grammar Wars. A Resource for Teachers and Students on Developing Language Knowledge in the English/Literacy Classroom*. New York: Routledge.

Martínez Domínguez, L. M. & Esparza Torres, M. A. 2014. "Materiales para el estudio de los programas de enseñanza de lenguas en España y América en el siglo XIX", en: *Boletín de la Sociedad Española de Historiografía Lingüística* 9, 47-90.

Myhill, D.A. 2012. "Rethinking Grammar as a Resource for Writing", en: *English Drama Media* 22, 47-52.

Myhill, D.A. & Lines, H.E. 2012. "Grammar for writing: Using knowledge for grammar to improve writing", en: *Classroom* 18, 45-48.

Ribas, T. & Fontich, X. & Guasch, O. edd. 2014. *Grammar at School. Research on Metalinguistic Activity in Language Education*. Frankfurt am Main: Peter Lang.

Rodríguez Gonzalo, C. 2012. "La enseñanza de la gramática: las relaciones entre reflexión y uso lingüístico", en: *Revista Iberoamericana de Educación* 59, 87-118.

Rodríguez Gonzalo, C. & García Folgado, M. J. 2014. *La reflexión metalingüística y la enseñanza de la gramática. Tejuelo*, Monográfico n° 10. http://iesgtballester.juntaextremadura.net/web/profesores/tejuelo/vinculos/articulos/mon10/01.pdf, consulta: 22.05.2015.

La enseñanza de la gramática en la Escuela Normal de Jaén
Marta Torres Martínez (Jaén)

Resumen
Esta investigación se centra en descubrir, analizar y valorar el papel que jugó la enseñanza de la gramática en la Escuela Normal de Jaén (1843-1940). A pesar de que, a juicio de Sancho (1999b: 370), no existen datos en detalle acerca del funcionamiento de las Escuelas Normales, sí se conoce bien la de Jaén (Sancho, 1999a), en la que, desde sus comienzos, se atendía a la enseñanza de la Lengua castellana, la Lectura y la Escritura, atendiendo al Reglamento orgánico de las Escuelas Normales de instrucción primaria (21 de octubre de 1843), que establece un programa de materias obligatorias entre las que constaban tres horas semanales de Gramática castellana.

En nuestro estudio nos adentramos en el Archivo de la Escuela Normal de Jaén a fin de estudiar con detenimiento los documentos conservados en materia gramatical a lo largo de su historia. Revisaremos los diferentes programas, ejercicios de alumnos, notas o apuntes de profesores, etc. generados, fundamentalmente, a lo largo del siglo XIX. Además, daremos cuenta de los textos gramaticales hallados en el fondo antiguo de la Biblioteca de la Universidad de Jaén, manuales que sirvieron de auxilio a los futuros maestros que se concitaron en torno a esta institución.[*]

Palabras clave: Escuela Normal de Jaén, gramática escolar, historiografía, siglo XIX

1. Según indica Sancho (1999[a], 64), "1834 será el año feliz para las Escuelas Normales"[1]. Mediante el Real Decreto de 31 de agosto de 1834[2], el ministro José María Moscoso de Altamira nombra una comisión a la que encarga la redacción de un Plan general de instrucción primaria. En ella participa Pablo Montesino,

---

[*] Este trabajo forma parte del proyecto, financiado por el MEC, titulado *Modelos y representaciones metateóricas en la historia de la Lingüística* [código: FFI2012-35802], cuya investigadora responsable es Carmen Galán Rodríguez (Universidad de Extremadura).
[1] Acerca del contexto histórico en el que se produce la creación de las escuelas normales en España, *vid.* Gutiérrez Zuloaga (1989).
[2] "Real decreto resolviendo que una comisión compuesta de individuos ilustrados y celosos se ocupe en la formación de un plan general de instrucción primaria, aplicable á todos los pueblos de la monarquía" (*Gaceta de Madrid*, 201, 3 de septiembre de 1834).

ilustre pedagogo considerado "padre fundador de las Escuelas Normales" (Ávila y Holgado 2008, 28)³.

Apenas una semana más tarde, se publica la "Real orden sobre el establecimiento en esta corte de una escuela normal de enseñanza mutua" (Gaceta de Madrid, 208, de 10 de septiembre de 1834), donde se apuesta por la enseñanza mutua lancasteriana4 a fin de "generalizar la instrucción primaria, economizando a la niñez un tiempo precioso y a los pueblos considerable parte de los cuantiosos fondos que invierten en este importante objeto". Además, se advierte de la creación de una escuela normal de enseñanza mutua en Madrid, "en donde instruidos prácticamente algunos profesores de primeras letras de las provincias, o los que aspiren a serlo, pueda establecerse este método en las demás capitales y hacer progresivamente participantes de sus indisputables ventajas a todos los pueblos"⁵.

---

[3] Figura clave de la reforma pedagógica de la España del siglo XIX, Pablo Montesino estuvo influenciado por las ideas de Rousseau, Kant o Pestalozzi, "al considerar que la educación no es exclusivamente instrucción para desarrollar un determinado oficio, sino que es un aspecto fundamental del desarrollo humano" (Sureda 1994: 116). Montesino pone en marcha la creación de la Escuela Normal Central en 1839 y, previamente, en 1838 la Sociedad para Propagar y Mejorar la Educación del Pueblo, entidad encargada de editar su *Manual para los maestros de escuelas de párvulos* (Madrid, Imprenta Nacional, 1840).

[4] "Dicho método, al aprovechar la ayuda de los alumnos más adelantados para la enseñanza de los más retrasados, permitía enseñar con menos profesorado a un mayor número de alumnos. Con ello se hacía posible una más rápida instrucción y difusión de las ideas liberales propias de los hombres que, a principios de nuestro siglo XIX, y después de las Cortes de Cádiz, vivían ilusionados en su implantación" (Noguera 1984: 49).

[5] En esta línea, salen a la luz las "Instrucciones que deberán observar D. Ángel Villalobos y D. Diego Leonardo Gallardo, comisionados por S. M. para estudiar en Londres el sistema de enseñanza mutua lancasteriana, según se enseña en el día en la escuela establecida por la sociedad, denominada de Escuelas británicas y extranjeras" (*Gaceta de Madrid*, 270, 11 de noviembre de 1834). En este documento se señala el objetivo de los dos comisionados, a saber, "aprender bien, teórica y prácticamente, el sistema de enseñanza elemental denominado *británico, mutuo* o *lancasteriano* [...] para dirigir la primera escuela del reino y sobre todo generalizarlo en la nación, formando a este fin maestros en una escuela normal". Además, se indica que "es indispensable saberlo bien con todos los detalles más minuciosos, adquirir la práctica, y familiarizarse con todas las operaciones". Llama la atención la referencia al llamado "principio interrogatorio o práctica de preguntar el significado de las palabras". Además, se alude a la gramática castellana en dos ocasiones: (i) en cuanto a libro de texto ("llevarán consigo ejemplares de la gramática castellana últimamente publicada para que puedan conocer en este y otros puntos las diferencias características de los dos idiomas") y (ii) en lo que respecta a la enseñanza de la gramática en las escuelas lancasterianas ("no se

Sin embargo, como indica Vicente (1994, 33), aunque "el 3 de febrero de 1835 se anunciara el establecimiento de una escuela de enseñanza mutua para servir de escuela práctica a la futura escuela normal, cuando los dos comisionados regresaron a España encuentran abandonado aquel brillante proyecto".

De hecho, sabemos que la institucionalización del método lancasteriano no se efectúa debido al cambio de concepción que conlleva el Plan de Instrucción Pública de 1836[6], que prevé el establecimiento de una Escuela Normal Central a la que acudieran los alumnos pensionados por cada una de las provincias españolas[7]. En concreto, se recoge que "habrá en la capital del reino una Escuela Normal Central de Instrucción Primaria, destinada principalmente a formar maestros para las escuelas normales subalternas y pueblos de la provincia de Madrid". Para ello, en una circular publicada en abril de 1837[8] se recuerda la petición realizada a las Diputaciones consistente en la elección de dos candidatos "de los más acreditados por su aplicación, aptitud y buena conducta para que concurriesen a dicha escuela [Central], pagándose su pensión por los fondos de propios de sus respectivas provincias". Como recuerda Sancho (1999ª, 67), en la circular se especifica la edad ("de 18 a 20 años") y los conocimientos previos exigidos a los estudiantes ("conocer la lectura, escritura y aritmética como debe

---

enseña gramática, o se enseña por el método común, individual o simultáneo; pero en las escuela central se enseña por el mismo método que todo lo demás, es decir, en semicírculos, sin más libro que el que sirve de texto al Monitor").

[6] "Real Decreto Plan de Instrucción Pública de 4 de agosto de 1836" (Gaceta de Madrid, Suplemento, 9 de agosto de 1836). Conocido como Plan Duque de Rivas, está considerado el primer sistema liberal de educación en nuestro país. Este plan regula el funcionamiento de los centros docentes y remodela las materias de estudio. Como recuerdan Ávila y Holgado (2008: 30), "este plan no tuvo vigencia alguna, ya que fue derogado poco tiempo después de su promulgación tras el golpe de Estado ocurrido nueve días más tarde de la firma del mismo, lo que va a imposibilitar su ratificación, pero virtualmente ponía las bases para una futura Ley de Educación, como iba a ser la ley Moyano".

[7] Es preciso señalar que, fruto del trabajo de la comisión de instrucción primaria, se publica la "Real orden resolviendo se observe la siguiente instrucción para el régimen y gobierno de las escuelas de primeras letras del reino" (*Gaceta de Madrid*, 251, 23 de octubre de 1834). Este documento, previo al Plan de educación primaria, recoge la composición y las competencias de tres tipos de comisiones (de provincia, de partido y de pueblo) así como una serie de disposiciones generales.

[8] "Circular disponiendo que los alumnos aspirantes á escuelas normales de instrucción primaria de cada provincia serán nombrados por la diputación provincial" (*Gaceta de Madrid*, 859, de 12 de abril de 1837).

conocerlas un mediano maestro de primeras letras, con algunos rudimentos de gramática castellana")[9].

Al mes siguiente, en mayo de 1837[10], se vuelve a publicar otra circular de advertencia a las Diputaciones, en la que, además, se adjunta el Reglamento de la Escuela Normal Central. Nos interesa especialmente la noticia publicada acerca de la abertura de este centro[11], el día 8 de marzo de 1839. En la misma circular se aprovecha para reclamar a las Diputaciones la pensión de los alumnos ("a la mayor brevedad, pues siendo tan módicas las cantidades con que deben contribuir para un objeto tan útil y necesario, no puede haber motivo razonable que impida el hacerlo") y, consecuentemente, a instar a los jefes políticos a "excitar el celo de las citadas corporaciones a fin de que ayuden con toda eficacia a la realización de un establecimiento del que depende que la instrucción primaria llegue en España al grado de perfección que se advierte en algunos países extranjeros, y que tanto se desea"[12].

Ya cuando la Central comienza a funcionar, se da noticia del número de alumnos asistentes (38 internos y 3 externos) y de su origen, así como de "la aplicación, el deseo de saber, y la noble emulación que muestran". Además, se anima a las Diputaciones provinciales a que confíen en los beneficios que supondrán la creación de las escuelas en cada capital a fin de construir "la verdadera base de la reforma moral del pueblo y de su prosperidad"[13]. Este llamamiento responde, según comenta Sancho (1999ª, 68), a que "las provincias

---

[9] Según explica Sancho (1999a: 124), "Jaén fue una de las primeras [provincias] esas ayudas económicas". Para conocer cómo se realizó la provisión económica y cómo se elige a los candidatos, *vid.* Sancho (1999a:124-141).

[10] "Circular remitiendo ejemplares de la escuela normal de instrucción primaria, resolviendo que si la diputación provincial no hubiese ya nombrado los alumnos que han de concurrir á dicho establecimiento, lo verifique á la mayor brevedad" (*Gaceta de Madrid*, 910, de 31 de mayo de 1837).

[11] "Real orden circular señalando para la apertura de la escuela normal de instrucción primaria el día 8 del próximo mes de Marzo" (*Gaceta de Madrid*, 1537, de 30 de enero de 1839).

[12] En este sentido, Sancho (1999a: 66) advierte de que "de 1835 a 1839 diversas circunstancias políticas alteraron el plan real. El cambio de ministro, la guerra civil en plena virulencia y la escasez de medios económicos hicieron que las provincias no respondieran a la llamada del Gobierno, que se vio forzado a rebajar las exigencias y a reducir las pensiones de los alumnos".

[13] "Noticias relativas á la escuela normal de instrucción primaria" (*Gaceta de Madrid*, 1604, de 7 de abril de 1839).

no acudieron inicialmente al llamamiento, bien por el gasto que conllevaba el desplazamiento de los pensionados, o bien porque las autoridades provinciales y locales no veían muy claras las ventajas de estos nuevos centros"[14]. A fin de conmemorar el primer aniversario de la escuela, se publica un discurso del director de la misma, Pablo Montesino[15]. En él se hace hincapié en el esfuerzo de las diputaciones al costear a los alumnos y se asegura a la reina regente que "no han sido infructuosos sus desvelos al fundar y proteger esta benéfica institución, dirigida a mejorar y extender la educación intelectual y moral del pueblo, fundamento de todos los progresos útiles, y medio esencial de paz y de prosperidad para toda la nación". Además, Montesino recuerda las materias que han cursado los alumnos[16], indica el método que se ha llevado a cabo para enseñarlas ("oral en casi todas las asignaturas") y da cuenta de los contenidos tratados en cada una de ellas. Nos interesa la información que se da sobre la Gramática castellana, en concreto, se indica que los alumnos han conocido los "principios de gramática universal", "las partes de la oración con sus accidentes, propiedades y modificaciones", "la sintaxis", "la prosodia", "la ortografía" y "los medios de cultivar y conservar en su pureza nuestro idioma". Al final se alude al manual empleado, "un texto acomodado al objeto, que con el título Conferencias gramaticales ha publicado el respectivo profesor". Llama la atención que el nombre oficial de la materia sea Lengua castellana, pero que Montesino aluda en su resumen a la Gramática castellana. Según Sancho (1999b, 370-371), el cambio

---

[14] En efecto, las provincias de Alicante, Ávila, Coruña, Canarias, Guipúzcoa, Huelva, Pontevedra, Teruel, Valencia, Valladolid y Zaragoza no llegan a seleccionar a ningún alumno. Por su parte, las diputaciones de Castellón, Córdoba, Cuenca, Lérida, Logroño, Málaga, Orense y Vizcaya únicamente eligen a un candidato. Además, observamos que, si bien algunas provincias nombran dos candidatos, ninguno de ellos se presenta como alumno de la Escuela Normal Central, tal es el caso de Albacete, Almería, Barcelona, Cádiz, Huesca, Madrid, Murcia y Sevilla ("Noticias relativas á la escuela normal de instrucción primaria", *Gaceta de Madrid*, 1604, de 7 de abril de 1839).

[15] "Celebración de exámenes de los alumnos de la escuela normal de instrucción primaria y discurso leído por el Ilmo. Sr. D. Pablo Montesinos, director general de estudios y de la escuela normal por este motivo. Acta general de dichos exámenes" (*Gaceta de Madrid*, 1959, de 20 de marzo de 1840).

[16] Religión y moral; Lengua castellana; Aritmética y elementos de geometría; Dibujo lineal; Elementos de física; Elementos de historia natural; Geografía e historia; Principios generales de educación moral, intelectual y física; Métodos de enseñanza y pedagogía; Lectura y escritura.

de denominación obedece a un mayor interés por el estudio reflexivo y teórico de la lengua, pues "la materia era estrictamente descriptiva y normativa y no existía un planteamiento didáctico, salvo que en las clases de lectura y escritura dedicaran atención a la metodología".

Nos interesa referirnos a una orden, publicada en diciembre de 1840, en la que se prescribe el establecimiento de una escuela de instrucción primaria en las distintas provincias representadas por los primeros alumnos de la Central[17]. En este documento se vuelve a aludir al "sacrificio" realizado por las distintas ciudades, que merecen "establecer sus escuelas normales" a fin de "mejorar los sistemas de educación primaria" y "contribuir eficazmente a la formación de buenos maestros". Para ello, las diputaciones provinciales y los ayuntamientos fijarían el emplazamiento de las escuelas, "prefiriendo siempre las capitales de provincia o poblaciones de mayor importancia", si bien el Gobierno es consciente de las dificultades económicas y asume, en los casos necesarios, el mantenimiento de la escuela normal. En cuanto al personal, se explicita que se debe contratar a los alumnos que hayan terminado sus estudios en la Escuela Normal Central, "provistos de su correspondiente aprobación".

Ya en octubre de 1841 ve la luz un documento donde se recoge el objetivo principal de las escuelas normales, así como su organización y ventajas[18]. Llama la atención que, al inicio del texto, se plantea una reflexión sobre la denominación de estas escuelas: en lugar de escuela normal se prefiere el término seminario de maestros, que finalmente no prospera. En cuanto a los objetivos de estos establecimientos, se señalan los dos más importantes (i) dar "mayor importancia y extensión" a la primera enseñanza y (ii) formar "maestros capaces y en número suficiente para dar esta enseñanza". Además, cabe destacar el plan previsto para los dos alumnos representantes de cada provincia: "plantearán la escuela provincial [...] uno solo bastará para establecer la escuela de niños que debe

---

[17] "Real orden circular para que se establezca una escuela normal de instrucción primaria en cada provincia ó en el punto más conveniente" (*Gaceta de Madrid*, 2249, de 15 de diciembre de 1840).

[18] "Escuelas normales. Su objeto principal. Su organización. Medios y modo de establecerlas. Ventajas que deben resultar de su establecimiento" (*Gaceta de Madrid*, 2552, 11 de octubre de 1841).

preceder a todo [...] podrá el otro preparar lo necesario para la enseñanza superior y también ocuparse en visitar las escuelas de la provincia".

A finales de octubre de 1843 se publica el Reglamento de las Escuelas Normales de Instrucción Primaria, firmado por el ministro de la Gobernación Fermín Caballero[19]. Su cometido principal consiste en "formar maestros idóneos para las escuelas elementales y superiores de instrucción primaria". La formación dura dos años y se centra en diez materias[20]. En el artículo 9 del Reglamento se especifica que "los libros de texto serán los que elijan los respectivos maestros de entre los aprobados al efecto por el Gobierno". Dos maestros se ocupan de la formación de los estudiantes: uno enseña las materias de letras ("gramática castellana y las nociones de literatura, los elementos de geografía e historia y los métodos de enseñanza") y el otro se ocupa de las materias relacionadas con las ciencias ("la aritmética y geometría con sus aplicaciones, el dibujo lineal, y las nociones de física, química e historia natural"). En la llamada escuela práctica ("una de las mejores que sostenga el ayuntamiento"), los aspirantes a maestros perfeccionarán la lectura y la escritura. Los estudiantes podían ser externos o internos y debían cumplir una serie de requisitos para su admisión: "no bajar de 16 años", "no tener ningún defecto corporal, dolencia o achaque", "buena conducta moral acreditada con certificación del cura y alcalde del pueblo de residencia" y "probar que sabe leer y escribir, las cuatro reglas de aritmética, que posee algunas nociones de gramática castellana y principios de la religión".

2. El 19 de marzo de 1843 tuvo lugar la inauguración de la Escuela Normal de Jaén, "situada en el edificio exconvento de los jesuitas, en ese momento propiedad del Ayuntamiento" (Sancho 1999ª, 138) [21]. Previamente, el 12 de

---

[19] "Reglamento Orgánico de las Escuelas Normales de Instrucción Primaria" (*Gaceta de Madrid*, 3319, 21 de octubre de 1843).

[20] Moral y religión; Lectura y escritura; Gramática castellana; Leves nociones de retórica, poética y literatura española; Aritmética; Principios de geometría; dibujo lineal, nociones de física, química e historia natural; Elementos de geografía e historia; Principios generales de educación y métodos de enseñanza.

[21] Sancho (1999a, 109) advierte del desconocimiento sobre la preparación de los maestros en la provincia de Jaén antes de la creación de la Normal, si bien "es de suponer que se atendrían a la legalidad vigente" ("Plan y reglamento general de escuelas de primeras letras" de 16 de febrero de 1825). En este sentido esta investigadora constata que en el archivo del

noviembre de 1842 se había publicado la Real orden que anunciaba la creación de la misma22.

Como cabía esperar, según la legislación que hemos revisado, el Gobierno designó los cargos de director y vicedirector de la Escuela Normal de Jaén a los dos alumnos que, pensionados por la Diputación provincial, se habían formado como maestros en la Central, Miguel Garrido y Manuel Ruiz Romero, respectivamente (vid. Sancho 1999ª, 172)[23].

La de Jaén fue la primera escuela en inaugurarse en su distrito universitario, pues las de Granada y Almería empezaron a funcionar en 1846 (vid. López 1979 & Ballarín 1987). Sancho (1999ª, 38) destaca "el gran interés inicial por la creación de la escuela"[24], materializado en la inversión en la formación de los dos alumnos pensionados para estudiar en la Central, si bien, posteriormente, las autoridades jiennenses "se fueron desentendiendo de su mantenimiento, con lo que su vida transcurrió entre penurias económicas".

En cuanto a la organización de la Escuela Normal de Jaén, Sancho (1999ª, 139-141) detalla los puntos fundamentales del proyecto de Reglamento de la misma, firmado el 18 de junio de 1842, que sigue el de la Central: objetivos, tipos de alumnos (externos e internos), personal, materias, comidas y horarios, libros recomendables, etc. En lo que respecta a la materia que nos interesa en este trabajo, se señala como imprescindible y se cita como obra útil para impartirla las *Conferencias Gramaticales* (1839) de Mariano Rementería y Salvá, profesor de Gramática castellana de la Escuela Normal Central, según reza en la portada de la obra.

Ayuntamiento de Jaén se conservan numerosos expedientes de limpieza de sangre, "condición necesaria sin la cual no podían realizar las pruebas correspondientes ante el tribunal calificador" (Sancho 1999a: 109).

[22] "Real orden creando en Jaén una escuela normal" (*Gaceta de Madrid*, 2955, 12 de noviembre de 1842).

[23] Como detalla Sancho (1999a: 127-133), Manuel Ruiz Romero fue seleccionado a principios de 1840 tras la renuncia de dos alumnos, Gabino Rubio (que no pudo viajar a Madrid debido a "falta de salud y circunstancias particulares") y Juan Carrión (obligado a renunciar a su pensión por motivos de salud).

[24] Sobre el fomento de la enseñanza primaria, atendiendo especialmente a la gramática, llevado a cabo a partir de finales del siglo XVIII por la Real Sociedad Económica de Amigos del País, *vid.* Torres (en prensa).

Este manual se divide en las partes clásicas de la Gramática: Analogía, Sintaxis, Prosodia y Ortografía. En las bases de la escuela jiennense, según detalla Sancho (1999ª, 170-172), el director era el encargado de impartir tres lecciones de Gramática castellana a la semana, cada una de ellas de una hora de duración.

En lo que respecta a los alumnos, en su completo estudio sobre la Normal de Jaén, Sancho (1999ª, 192) se lamenta de la falta de datos acerca de los primeros matriculados tanto en el Archivo de la Escuela Normal de Jaén como en el de la Universidad de Granada, centro del que dependía, e incluso en el Archivo de la Administración de Alcalá de Henares. Esta circunstancia motiva que solo se pueda obtener información sobre los alumnos de la Normal de Jaén a partir de 1849. En nuestra consulta en el Archivo de la Universidad de Granada —en adelante, AUG—, hemos constatado que el fondo de la Escuela Normal de Jaén se oficializa a partir del año 1857[25]. Entre otros documentos, localizamos registros interinos de matrículas en los que se indica el nombre y los apellidos del alumno, la localidad de procedencia, la provincia, la edad y las materias seguidas[26]. Sirva de ejemplo el registro de los alumnos matriculados en 1859-60:

---

[25] AUG, legajo 946, 30 de septiembre de 1860.
[26] Cabe destacar el gran número de solicitudes encontradas de individuos que desean entrar como alumnos en la Escuela Normal, si bien encuentran como impedimento la edad. Tal es el caso, por ejemplo, de Amador J. Chércoles, que en abril de 1858 solicita la "gracia para poder ingresar", debido a "haberse pasado, aunque poco, de la edad" —entendemos que sería un alumno de índole "interna", para los que la edad límite de ingreso se fijaba en 30 años— (AUG, legajo 946).

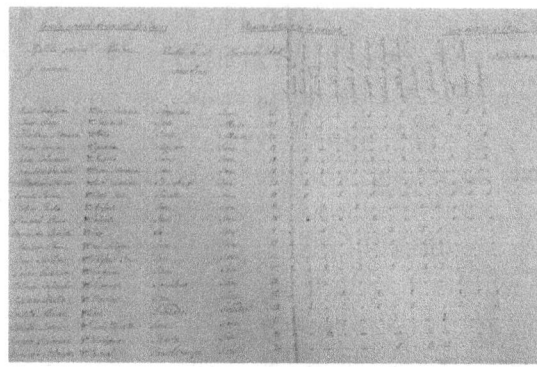

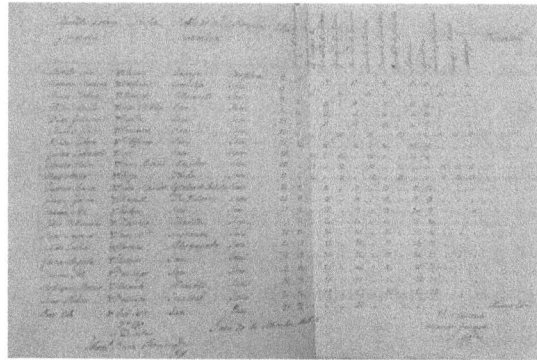

Podemos observar cómo entre las materias, se encuentra la Gramática (entendemos que castellana), dividida en dos cursos. No obstante, superados los planes de estudios de 1843, 1849 y 1853, el programa de estudios de las Escuelas normales elementares de 1858[27], el vigente en la época que comentamos, comprende la materia denominada Lengua castellana con ejercicios de análisis, composición y ortografía, entre otras[28]. Cabe destacar que en el registro de

---

[27] "Real decreto aprobando los adjuntos Programas de las carreras profesionales de Comercio, Maestros de obras, Aparejadores y Agrimensores, y Maestros de primera enseñanza" (*Gaceta de Madrid*, 266, de 23 de septiembre de 1858).

[28] En concreto, Doctrina cristiana y nociones de Historia sagrada; Teoría y práctica de la lectura; Teoría y práctica de la escritura; Aritmética; Nociones de Geometría, Dibujo lineal y Agrimensura; Elementos de Geografía y nociones de Historia de España; Nociones de Agricultura; Principios de educación y métodos de enseñanza.

entradas anterior se hable de la asignatura Gramática (castellana), denominación empleada en los planes de estudio de 1849 y 1853 (Gramática castellana y Gramática de la lengua castellana, respectivamente)[29]. No hallamos rastro alguno de programas de Gramática firmados por profesores jiennenses, a pesar de que "el 10 de abril de 1860 se da una orden por la que se obliga a los profesores a formar los programas de las asignaturas" (Sancho 1999a: 342)[30]. No obstante, sí hemos encontrado sendos documentos de las escuelas hermanas de Málaga y Almería[31]. Se trata de los programas de Gramática castellana del curso 1861-62, enviados a Granada para obtener su visto bueno. En el caso de Málaga, comprende 3 cursos: 1.º curso (Analogía), 2.º curso (Sintaxis, Ortografía y Análisis lógico), 3.º curso (Análisis y composición). Por su parte, el programa de Almería detalla los contenidos de dos cursos: 1.º curso (Analogía y Sintaxis) y 2.º curso (Analogía, Sintaxis, Ortografía, Prosodia, Análisis lógico).

En efecto, ya en el Reglamento para las escuelas normales de instrucción primaria de 1849 se dan indicaciones de las materias que han de explicarse tanto en las escuelas superiores como en las escuelas prácticas que forman parte de las normales[32]. Entre ellas, encontramos la Gramática castellana en el primer curso; mientras que en las escuelas prácticas, divididas en dos secciones, se imparten "la ortografía con sujeción a las reglas de la Real Academia Española" y "los rudimentos de la gramática castellana en que se comprendan la etimología y las reglas principales de la sintaxis" (en la primera sección) y "la perfección de la escritura y la ortografía" y "complemento de la gramática castellana, ampliando la sintaxis y comprendiendo la prosodia" (en la segunda sección). En cuanto a las reformas introducidas en 1853, "tuvieron como consecuencia la reducción de las

---

[29] "Real decreto reformando la organización á las escuelas normales de instrucción primaria, y la necesidad de crear Inspectores para este ramo de enseñanza" (*Gaceta de Madrid*, 5315, de 2 de abril de 1849) y "Real orden circular aprobando el programa general que ha de observarse desde 1.º de Octubre del año corriente en las escuelas normales de instrucción primaria" (*Gaceta de Madrid*, 281, 8 de octubre de 1853)

[30] A juicio de Sancho (1999ª, 342-343), "las Escuelas Normales no debían de hacer mucho caso de estas disposiciones, o la de Jaén era especialmente descuidada en este sentido".

[31] AUG, legajo 947, 6 y 16 de octubre de 1861, respectivamente.

[32] "Real decreto aprobando el adjunto reglamento para el régimen de las Escuelas normales superiores y elementales de instrucción primaria" (*Gaceta de Madrid*, 5366, 23 de mayo de 1849).

asignaturas. Se establecieron dos años comunes para las Escuelas elementales y superiores, y un tercer curso para los que aspirasen a este último título [...] debían cursar, en primero y segundo, Gramática de la lengua castellana" (Sancho 1999b: 372-373)[33].

En 1863 localizamos un informe en el que se da noticia de la Real orden que eleva la Escuela Normal de Jaén de elemental a superior con fecha de 27 de agosto de 1863[34]. Esta medida responde a un cambio de legislación, llevado a cabo ya en 1849, consistente en reducir el número de Normales[35], aumentar hasta tres los años de estudios, introducir la materia de Agricultura, así como crear la figura del inspector[36].

En otro escrito al Rector de la Universidad de Granada[37], el director de la Normal jiennense, Manuel Ruiz Romero[38], informa de la intención de varios profesores de cursar el tercer año, si bien unos días más tarde firma otro documento en el que se queja de que "es imposible dar las clases correspondientes a los tres cursos", debido a que solo se encuentra "servible más que una habitación de veinte varas cuadradas pues otra que hay poco mayor está pericialmente

---

[33] Como advierte Sancho (1999b: 373), "las directrices marcadas por la ley de 1853 fueron recogidas por Claudio Moyano y sirvieron de base para la organización de los estudios de maestro a lo largo del siglo XIX. Con la ley de 9 de septiembre de 1857, las Escuelas Normales se consolidaron como escuelas profesionales, pero, por otra parte, con ella se consagró el modelo moderado de preparación de maestros, con lo que se redujo la cultura de éstos. Supuso un retroceso en los aspectos científico y pedagógico con respecto a las aspiraciones de los ideales progresistas".

[34] Manejamos algunos documentos interesantes como el escrito del ministro Alonso Martínez donde se da noticia de esta transformación, que se lleva a cabo a costa del retraso de la creación de la Escuela Normal de Maestras, que se pospondrá hasta bien entrado en siglo XX, en 1913 ("al propio tiempo ha dispuesto S. M. se aplace el establecimiento de la de Maestras hasta tanto que pueda dotarse de una manera conveniente para responder a las necesidades de la enseñanza", AUG, legajo 949, 27 de agosto de 1863).

[35] Como señala (Sancho 1999b: 372), "el cambio de orientación que produjo la llegada de los moderados al poder, en 1849, marcaría la organización de las Normales durante el resto del siglo".

[36] "Real decreto reformando la organización á las escuelas normales de instrucción primaria, y la necesidad de crear Inspectores para este ramo de enseñanza" (*Gaceta de Madrid*, 5315, de 2 de abril de 1849).

[37] AUG, legajo 949, 26 de septiembre de 1863.

[38] Según indica Sancho (1999a: 283-284), el primer director, Miguel Garrido, fue trasladado a Córdoba, donde desempeñó el cargo de inspector de enseñanza primaria. De esta forma, Manuel Ruiz Romero es nombrado director desde 1849 hasta su muerte (1895).

denunciada por tener ruinoso un techo"[39]. En otro escrito, Manuel Ruiz indica estar a la espera de la incorporación de un nuevo profesor para hacerse cargo del tercer curso, además sigue insistiendo en la imposibilidad física de impartir las clases de los tres cursos, para lo que recomienda el arrendamiento de otro edificio más amplio[40]. A fin de probar las penosas circunstancias en las que se desenvolvía la docencia, Manuel Ruiz adjunta el programa completo de enseñanzas para el curso 1863-64, donde detalla los siguientes aspectos: asignaturas, profesores, cursos de estudios, días, horas y libros de texto[41]. Gracias a este documento comprobamos que la Lengua castellana es impartida por el secretario de la escuela, Manuel Fernández y Salas (los lunes, martes y miércoles de 8.30 a 10 en el 1.º curso elemental; y los jueves, viernes y sábado de 8.30 a 10 en el 2.º curso elemental y en el 3.º superior). Los manuales empleados son la Gramática de la Academia y el libro de Calderón, del que hablaremos más adelante.

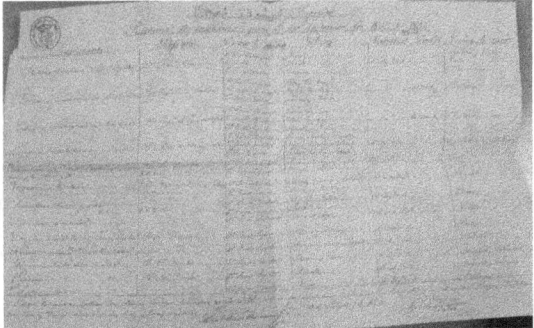

Sin duda, es interesante observar cómo se alude ya al término Lengua castellana, en lugar de a Gramática. No en vano, como hemos comentado más arriba, en el plan de estudios de 1858 la materia se denomina Lengua castellana con ejercicios de análisis, composición y ortografía.

A propósito de la materia que nos interesa, en el archivo de la Universidad de Granada, hemos hallado un programa del curso 1866-67[42], del que ya daba noticia Sancho (1999a, 345). Se trata de un curso extraordinario elemental de Gramática castellana firmado por Manuel Fernández y Salas, anexo al final del presente artículo[43]. Contiene 51 lecciones y se divide en las cuatro partes clásicas. Las tres

---

[39] AUG, legajo 949, 5 de octubre de 1863.
[40] AUG, legajo 949, 16 de octubre de 1863.
[41] AUG, legajo 949, 19 de septiembre de 1863.
[42] AUG, legajo 952, 6 de junio de 1867.
[43] Sancho (1999a: 344) recuerda que el Decreto de 9 de octubre de 1866, en su artículo 3.º, indicaba que "habrá en las Escuelas Normales cursos ordinarios de estudios y cursos

últimas tituladas mediante los epígrafes Sintaxis, Prosodia y Ortografía. Los primeros puntos del programa no aparecen encabezados por título alguno, si bien hacen referencia a la Analogía. Como ya observamos más arriba, Fernández y Salas sigue la doctrina de la Academia y en este programa lo hace explícito en el primer punto a tratar: "1. Cuántas y cuáles son las partes de la oración en nuestro idioma, según la academia, dando la definición de cada una de ellas". En la primera parte del programa, relativa a la tradicional Analogía, se ocupa de describir las partes de la oración (artículo, nombre sustantivo y adjetivo[44], verbo, participio, adverbio, preposición, conjunción e interjección), en cuya clasificación y descripción sigue de cerca los principios de la Gramática académica. También en la Sintaxis, que divide en regular y figurada, sigue de cerca a la GRAE. Concretamente, en su edición de 1858, se indica, por ejemplo, que un tipo de concordancia es la de "nominativo y verbo", sintagma que emplea también Fernández y Salas en su programa y que demuestra el apego a la terminología y descripción tradicional, vinculada a la gramática latina. La Prosodia y la Ortografía son las partes que menos contenidos engloban[45]. La Prosodia solo cuenta con una lección, centrada en la sílaba y su acento, mientras que bajo la Ortografía se revisan las letras del alfabeto y su pronunciación, las reglas de acentuación y los signos de puntuación.

---

extraordinarios". Tras revisar los cursos extraordinarios llevados a cabo en otras escuelas normales, como la de Sevilla, esta investigadora indica que "dicho curso extraordinario estaba concedido para los maestros que hayan descuidado su instrucción; a las personas que se propongan adquirir los conocimientos más indispensables [...] y por último a los alumnos del establecimiento que no se presentaron a probar el curso en los exámenes ordinarios, así como a los suspensos" (Sancho 1999a: 345).

[44] Como ya señalamos en Torres (2010, 309, nota 7), a partir de 1870 la Academia considera el sustantivo y el adjetivo como clases autónomas y, por consiguiente, les dedica sendos capítulos. En ediciones anteriores las *GRAE* agrupan sustantivo y adjetivo bajo la denominación nombre: "Tan inseparables suelen andar el Adjetivo y el Substantivo [...] que no anduvieron del todo desacertados los primeros gramáticos al incluirlos en un solo grupo" (*GRAE* 1870, XIV). En este sentido, Gómez Asencio (1981, 126) indica que "fueron los gramáticos escolásticos medievales del siglo XII (Abelardo, Pedro Helías) los primeros que llevaron a cabo una división del nombre en esas dos subclases".

[45] Hemos de recordar que la Gramática de la Academia, desde 1796 hasta 1858, reconoce cuatro partes (Ortografía, Analogía, Sintaxis y Prosodia) pero solo analiza dos (Analogía y Sintaxis). Ya a partir de 1870 se describen las cuatro partes.

Junto a este programa de Gramática, encontramos los relativos a materias como Sistemas y métodos de enseñanza, Escritura teórica o Lectura teórica. Además, en el mismo legajo se conserva un documento donde se especifica "la distribución del tiempo y del trabajo para la enseñanza en el año académico de 1866-67"[46]. En él comprobamos de nuevo cómo Fernández y Salas, encargado de impartir la Lengua castellana, emplea el libro de la Academia y de Calderón. Si avanzamos en el tiempo y echamos un vistazo al "programa de enseñanza para el año académico 1875-76"[47], aunque varía el profesor (Gabriel Pancorbo) se siguen usando los mismos textos para la enseñanza de la Lengua castellana.

En cuanto a los manuales, como recuerda Sancho (1999ª, 347-48), "aunque hasta la Ley Moyano de 1857[48] no se indicó de manera taxativa qué libros de texto deberían estudiarse en las Escuelas Normales, sin embargo, cada tres años venía apareciendo su lista en las publicaciones oficiales"[49]. Por ejemplo, en septiembre de 1852[50], entre las obras recomendadas para la enseñanza de la Gramática se listan tres: la publicada por la Real Academia Española, la Análisis lógica y gramatical de la lengua castellana de Juan Calderón[51] y los Elementos de gramática castellana y nociones de retórica, poética y literatura española de Joaquín Avendaño. Además, al final de la nómina de libros de las distintas

---

[46] AUG, legajo 952, 30 de octubre de 1866.
[47] AUG, legajo 953, 30 de octubre de 1875.
[48] Se trata de la Ley de Instrucción Pública, firmada el 9 de septiembre de 1857 por el Ministro de Fomento Claudio Moyano y, por este motivo, conocida como Ley Moyano. Se caracterizada por su tendencia centralizadora y por su carácter moderado.
[49] En Torres (2012: 53) se indica que, ya en el Proyecto de Ley de Instrucción Pública —presentado el 9 de diciembre de 1855 y firmado por el Ministro de Fomento Manuel Alonso Martínez—, bajo el artículo 39 del Título V se exige que todas las asignaturas se impartan mediante libros de texto, "señalados por el Gobierno en lista que publicará cada tres años", si bien se impone que "La gramática y ortografía de la Academia Española serán texto obligatorio y único para estas materias en la enseñanza pública".
[50] "Real Orden circular aprobando la lista especial de las obras que han de servir de texto en las escuelas normales, elementales y superiores de instrucción primaria que á continuación se inserta" (*Gaceta de Madrid*, 6655, de 11 de septiembre de 1852).
[51] Haßler (2012: 28) comenta que "Calderón era un intelectual manchego cuyo espíritu inconformista lo llevó a Francia e Inglaterra, donde se ordenó sacerdote de la religión anglicana y desempeñó la cátedra de español en el King's College de Londres desde 1852 hasta su muerte en 1854. Antes había regresado a España en 1843, coincidiendo con la Regencia de Espartero y el comienzo de una etapa de tolerancia y apertura, donde se quedó tres años en Madrid".

materias, se indica otra obra "de consulta" para la materia gramatical, el primer tomo del Fundamento del vigor y elegancia de la lengua castellana de Gregorio Garcés[52], anotado y adicionado por Francisco Merino Ballesteros, inspector general de instrucción primaria que también anotó la Gramática de Bello. Precisamente, según Haßler (2012, 28), "el texto del Análisis de Calderón fue adoptado como libro de texto en las Escuelas Normales, a petición de Don Francisco Merino Ballesteros".

Ya en noviembre de 1854[53], solo aparece como "obra aprobada y justipreciada" la Gramática de la lengua castellana (1854) de la Real Academia Española, en tanto que no se recomienda las Nociones de gramática española de José Aguilera López.

Como detalla Sancho (1999ª, 348), la Gramática de la Academia fue recomendada en todas las relaciones publicadas entre 1852 y 1857, si bien la obra de Calderón se incluye solo en las listas de septiembre de 1852 y de octubre de 1856. Estos dos libros son los exigidos por Manuel Fernández y Salas, tal como ya observamos en el programa de la Normal de Jaén para el curso 1863-64. Entendemos que la Gramática de la Academia satisfacía los contenidos relacionados con las cuatro partes clásicas de la Gramática (Analogía, Sintaxis, Prosodia y Ortografía), mientras que el Análisis de Calderón se emplearía fundamentalmente para trabajar esta materia.

Precisamente, en relación con el análisis, Calero y Zamorano (2012, 188) recuerdan que "los gramáticos filósofos del siglo XVIII francés llegaron a considerar en su teorización del lenguaje que la función principal de las palabras

---

[52] La obra de Garcés, de 1791, consta de dos tomos, dedicados al "propio y vario uso de las partículas" y al "propio y vario uso de los nombres y verbos", respectivamente. En cuanto a su finalidad, a primera vista, y como indica su título, apreciamos que este tratado no es una gramática al uso, sino más bien un manual cuyo objeto de estudio se centra en los aspectos contenidos en la tradicional Analogía. El propio Garcés deja claro que el objetivo que persigue su obra varía del que pretende alcanzar el resto de libros de Gramática publicados hasta el momento, pues el autor no desea estudiar sistemáticamente los aspectos contenidos en ellos sino ensalzar y alabar las partes de la oración de que consta nuestra lengua.
[53] "Real orden circular aprobando las obras que han de servir de texto en las escuelas de instrucción primaria que señala la lista número 18, declarando que también puedan servir en las escuelas normales, elementales y superiores las contenidas en la lista núm. 19, y desaprobando las de las lista número 20" (Gaceta de Madrid, 692, de 24 de noviembre de 1854).

es analizar o descomponer el pensamiento", de tal forma que "el análisis se convirtió, pues, en un concepto (y una práctica en la didáctica de las lenguas) clave para esta corriente filosófica gramatical"[54]. Así, Haßler (2012, 28) explica que Calderón distingue claramente entre el análisis lógico (en que analiza el pensamiento y sus manifestaciones sintácticas) y el análisis gramatical (en que ofrece una breve descripción de las partes de la oración)[55].

Según apunta Sancho (1999^a, 520), "al publicarse el Decreto de 21 de octubre de 1868, los profesores recuperarían la libertad para señalar los libros de texto que desearan, pero nuevamente en 1875 se dispuso que volvieran a entrar en vigor las directrices de la legislación anterior". No obstante, en Gramática se seguía empleando el manual de la Academia (vid. Sancho 1999^a, 522). Llama la atención que, al revisar los fondos bibliográficos de la Biblioteca de la Universidad de Jaén, hemos localizado ejemplares de la gramática académica con el sello de la Escuela Normal de Maestros, pero no del manual de Calderón.

En lo que respecta a los exámenes, hemos tenido acceso, ya en el Archivo de la Universidad de Jaén —en adelante AUJ—, a actas de exámenes de maestros, de

---

[54] En otro trabajo anterior, Calero & Zamorano (2010) señalan tres fases en la evolución y transferencia de la lógica a la gramática: (i) hasta 1843 se da una convivencia de análisis lógico y gramatical, con un peso más acusado del aporte lógico; (ii) 1843 y 1880/1882 son los límites temporales de una etapa de transición en la que existen puntos de inflexión importantes. El más significativo es el que constituyen Juan Calderón (1843) y Ramón Merino (1848[1843]), en donde la distinción entre análisis lógico y gramatical es precisa, clara y definida con cierta extensión. A partir de estos autores y hasta los años ochenta del siglo XIX los picos de fluctuación hacia lo lógico o hacia lo gramatical varían, tanto en calidad como en cantidad de datos, aunque se empieza a apreciar un despunte del contenido gramatical en favor del lógico; (iii) a partir de 1880/1882 comienza a detectarse la (con)fusión entre términos y conceptos lógicos y gramaticales. La gramática comienza a acoger terminología de la lógica y, aunque sigue hablando de análisis y distinciones dentro del análisis, se hace –en su evolución– desde el ámbito lingüístico; es decir, se habla de tipos de análisis pero estos no son sino subtipos dentro del análisis gramatical.

[55] De hecho, como afirma Calero (2008: 24), la *Análisis lógica y gramatical de la lengua española* (Madrid, 1843) de Juan Calderón "supone un hito en el proceso de recepción de los métodos de análisis franceses, por su acabado tratamiento del tema y por el elevado número de ejercicios de análisis de textos –extraídos de autores clásicos españoles– con que ilustra la teoría, proporcionalmente escasa en el texto, lo que demuestra que fue una obra concebida para la práctica educativa". Por su parte, a juicio de Sinner (2009, 437), esta obra es "clave en el canon gramatical hispano, por su representatividad teórica y su influencia posterior determinada por su utilización como manual para la formación de maestros tanto en España como en América".

clase elemental y superior, realizados en 1868 y 1869, que siguen el Reglamento de 1864[56]. En estos documentos se hace referencia especialmente a los artículos 11, 12, 13, 15, 15 y 16, tal como comprobamos en esta acta del examen de maestro elemental realizado por el alumno Ygnacio Noguera y Poveda[57]:

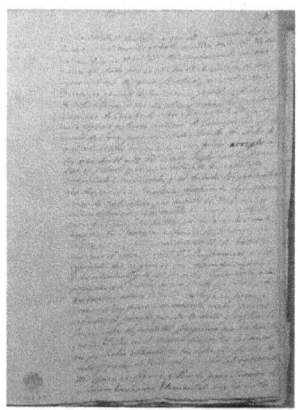 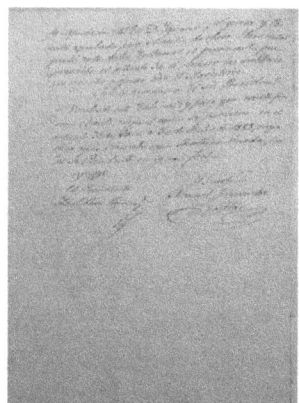

Al consultar los expedientes de algunos alumnos, solo hallamos las pruebas de Caligrafía, los problemas de Aritmética y el desarrollo del tema de Pedagogía[58]. No encontramos rastro alguno de la prueba de análisis gramatical debido a que, tal como se especifica en el Reglamento, esta era de índole oral ("análisis gramatical de las palabras y oraciones del párrafo que se dictare").

3. En este estudio nos hemos aproximado a la Escuela Normal de Maestros de Jaén, atendiendo especialmente a la segunda mitad del siglo XIX. A pesar de que en la consulta de documentos en los archivos de las Universidades de Granada y Jaén, no hemos hallado una muestra demasiado representativa del papel de la Gramática y de la Lengua castellana en este establecimiento —tan solo hemos

---

[56] Real decreto aprobando el reglamento de exámenes de Maestro de primera enseñanza (*Gaceta de Madrid*, 169, 17 de junio de 1864).
[57] AUJ, legajo 4018/A-109, 30 de julio de 1868.
[58] AUJ, legajo 14055/1, 1861-67; legajo 14012/19, 1862-77.

podido localizar un programa extraordinario de Gramática elemental de 1866-67—, lo cierto es que, gracias a los datos sobre profesores, asignaturas, horarios o libros de texto manejados, hemos podido constatar que en la normal jiennense se seguían de cerca las normativas oficiales en materia de instrucción pública. Prueba de ello muestra un extracto del libro de registro de la escuela del año 1883[59], donde se alude a la visita del inspector del distrito universitario, que hace constar el buen funcionamiento del centro:

> Tengo la satisfacción de felicitar a V.S. por el orden y acierto con que dirige el establecimiento; y debo manifestarle que quedo altamente satisfecho del estado en que se encuentra tanto en lo referente a la parte facultativa como a la administrativa, pues no deja nada que desear el orden y la disciplina escolástica; el celo de los profesores; el aprovechamiento de los alumnos; el orden y exactitud con que se llevan todos los trabajos de Secretaría, tanto en la parte académica como en la económica.

Referencias bibliográficas

ÁVILA FERNÁNDEZ, Alejandro & HOLGADO BARROSO, Juan A. 2008. *Formación del magisterio en España. La legislación normalista como instrumento de poder y control (1834-2007)*. Madrid: Ministerio de Educación, Política social y Deporte.
BALLARÍN DOMINGO, Pilar. 1987. *La Escuela Normal de maestros de Almería*. Granada: Ediciones de la Universidad.
CALERO VAQUERA, María Luisa. 2008. „Análisis lógico y análisis gramatical en la tradición española: hacia una (r)evolución de la sintaxis", in: Maquieirra Rodríguez, Marina A. & Martínez Gavilán, María Dolores. edd. *Gramma-Temas 3, España y Portugal en la tradición gramatical*. León: Universidad de León, 11-42.
CALERO VAQUERA, María Luisa & ZAMORANO AGUILAR, Alfonso. 2010. „El término 'análisis' en las gramáticas de la tradición hispánica: estudio metalingüístico", in: Wieland, Katharina et al. edd. *Aspectos del desarrollo de la lingüística española a través de los siglos*. Hamburg: Buske, 13-29.
CALERO VAQUERA, M.ª Luisa & ZAMORANO AGUILAR, Alfonso. 2012. „La transferencia del análisis lógico al gramatical en España durante el primer tercio del siglo XX: el caso de Ezequiel Solana (1863-1931)", in: *Revista de Investigación Lingüística* 15, 187-205.
GOBIERNO DE ESPAÑA, Ministerio de la Presidencia, Agencia Estatal Boletín Oficial del Estado: Gazeta: colección histórica, http://www.boe.es/buscar/gazeta.php, consulta: 16.02.2014.
GÓMEZ ASENCIO, J. J. 1981. *Gramática y categorías verbales en la tradición española (1771-1847)*. Salamanca: Universidad de Salamanca.

---

[59] AUJ, legajo 4026/A-145, 1883.

GUTIÉRREZ ZULOAGA, Isabel. 1989. „Contexto histórico en el que se produce la creación de las escuelas normales en España", in: *Revista interuniversitaria de formación del profesorado* 5, 45-60.
HAßLER, Gerda. 2012. „Los conceptos de "análisis lógico" y "análisis gramatical" en gramáticas de la primera mitad del siglo XIX", in: *Revista Argentina de Historiografía Lingüística* IV, 1, 23-37.
LÓPEZ, M. A. 1979. *La Escuela Normal de Granada*. Granada: Ediciones de la Universidad.
NOGUERA ARROM, Juana. 1984. *La Escuela Normal de Tarragona, 1843-1931: cien años de la vida de una escuela normal*. Barcelona: Ediciones de la Universidad.
REMENTERÍA Y SALVÁ, Mariano. 1839. *Conferencias gramaticales sobre la lengua castellana o elementos esplanados de ella*. Madrid: Imprenta de Ferrer y Compañía, http://books.google.es/books?id=bsQVM8u_OLoC&printsec=frontcover&hl=es&source=gbs_ge_summary_r&cad=0#v=onepage&q&f=false, consulta: 24.02.2014.
SANCHO RODRÍGUEZ, M.ª Isabel. 1999a. *La Escuela Normal de Jaén, 1843-1940*. Jaén: Ayuntamiento de Jaén.
SANCHO RODRÍGUEZ, M.ª Isabel. 1999b. „Los planes de estudio: lengua, literatura y didáctica", in: Román Rayo, Manuel. ed. *Educar enseñando. Antología de estudios científicos en homenaje a la profesora Mercedes Lamarque Forn*. Jaén: Universidad de Jaén, 367-384.
SINNER, Carsten. 2009. „Las gramáticas francesas como fundamento, modelo e inspiración del análisis lógico y el análisis gramatical en España", in: *Revue de Linguistique Romane* 73, 427-460.
SUREDA GARCÍA, Bernat. 1994. „El pensamiento pedagógico: Pablo Montesino", in: Delgado Criado, Buenaventura ed. *Historia de la educación en España y América. La educación en la España contemporánea (1789-1975)*, vol. III. Madrid: Fundación Santa María-SM, 114-119.
TORRES MARTÍNEZ, Marta. 2010. „Tratamiento de la formación de palabras en gramáticas del español del siglo XIX", in: *Estudios de Lingüística de la Universidad de Alicante* 24, 305-325.
TORRES MARTÍNEZ, Marta. 2012. „La enseñanza de la formación de palabras en la gramática escolar académica (1857-1949)", in: *Revista Argentina de Historiografía Lingüística* IV, 1, 51-78.
TORRES MARTÍNEZ, Marta. en prensa. „La enseñanza de la gramática en la Real Sociedad Económica de Amigos del País de Jaén", in: *Códice. Revista de Investigación Histórica y Archivística*. Jaén: Asociación de Amigos del Archivo Histórico Diocesano de Jaén.
VICENTE JARA, Fernando. 1994. „La formación del profesorado. Su acceso a la docencia", in: *La Escuela Normal de Murcia, 150 aniversario*. Murcia: Ediciones de la Universidad, 25-44.

Anexo

Programa elemental extraordinario de Gramática castellana (curso 1866-67)

Programa elemental extraordinario de Gramática castellana

Gramática elemental. Curso extraordinario

1.ª Cuántas y cuáles son las partes de la oración en nuestro idioma, según la academia, dando la definición de cada una de ellas.
2.ª División de las partes de la oración en declinables e indeclinables –Accidentes comunes a las partes propiamente declinables, dando a conocer los diferentes géneros que admiten los gramáticos – Accidentes del verbo.
3.ª Artículo: para qué sirve, cuántos admite la Academia y cuáles son sus accidentes gramaticales – Diferentes casos que comprende la declinación manifestando qué denota cada uno de ellos – Declinación del artículo en sus diferentes formas y números.
4.ª Nombre, su división y diferencia entre el sustantivo y adjetivo – Carácter esencial de los adjetivos – División del nombre sustantivo en genérico y propio.
5.ª Nombre adjetivo: sus propiedades y accidentes – Adjetivos de una y de dos terminaciones – Particularidades que ofrecen en su uso los adjetivos bueno, malo, alguno, ninguno, santo, grande, cada, demás, ambos y sendos – Nombres primitivos y derivados, gentilicios y patronímicos y reglas que siguen en la formación de algunos derivados.
6.ª Nombres aumentativos y diminutivos, y terminaciones más usadas en esta clase de nombres – La terminación no basta por sí sola para caracterizarlos – Palabras que sin ser nombres sustantivos pueden formar aumentativos y diminutivos – Nombres despreciativos.
7.ª Nombres colectivos, verbales, simples y compuestos.
8.ª Diferentes grados de significación de los adjetivos. Comparativos simples y compuestos. Superlativos primitivos, derivados y compuestos – Principales adjetivos que carecen de superlativo – Nombres numerales y su división.
9.ª Principales reglas para distinguir el género de los nombres por su significación y terminación.
10.ª Pronombre y su división – Cuántos y cuáles son los pronombres personales y cómo se declinan – Casos en que se hace uso el pronombre se – Cuándo la palabra el será artículo, y cuándo pronombre.
11.ª Pronombres demostrativos, posesivos, relativos e indeterminados, manifestando las particularidades que algunos de ellos ofrecen en su uso.
12.ª A qué damos el nombre de conjugación y en qué se divide – Cuántos y cuáles son los modos del verbo y qué indica cada uno de ellos.
13.ª Tiempos fundamentales del verbo y subdivisión de estos en cada uno de los modos – Reglas para el uso de las diferentes formas que corresponden al pretérito perfecto de indicativo y al imperfecto de subjuntivo.
14.ª Formación de los tiempos del verbo: tiempos simples y compuestos – Raíz radical, letras radicales y terminaciones. Verbos regulares e irregulares. Números del verbo.
15.ª Verbos auxiliares – Diferentes acepciones del verbo haber y conjugación del mismo como activo, auxiliar e impersonal.
16.ª Conjugación del verbo auxiliar y sustantivo ser – Además del servir el verbo haber para la formación de los tiempos compuestos, en qué otros casos puede considerarse como auxiliar, así como los verbos tener, deber, dejar, estar, quedar y llevar.
17.ª Conjugación de los verbos regulares acabados en ar, poniendo por tipo uno de ellos.
18.ª Conjugación de los verbos regulares acabados en er, poniendo por tipo uno de ellos.
19.ª Conjugación de los verbos regulares acabados en ir, poniendo por tipo uno de ellos.
20.ª Uso antiguo de algunos tiempos – Verbos irregulares: en qué consiste su irregularidad – Qué cambios ortográficos experimentan algunos verbos en su conjugación, sin que por eso constituyan irregularidad.

21.ª Verbos impersonales: cuáles son y por qué se llaman así – Verbos que sin ser propiamente impersonales se suelen usar en este sentido – Verbos defectivos.
22.ª Participio: sus propiedades, accidentes y formación – Participios pasivos irregulares – Verbos que tienen dos participios pasivos, uno regular y otro irregular, y diferente uso que se hace de cada uno de ellos.
23.ª Adverbio: su división en cuanto a su estructura y significación – Adverbios simples y compuestos – Yd. de lugar, tiempo, modo, cantidad, comparación, orden, afirmación, negación y duda, y advertencias sobre el uso de algunos de ellos.
24.ª Preposición: su uso, auxilio que prestan en nuestro idioma y su clasificación. Uso y significación de algunas preposiciones.
25.ª Conjunción: para qué sirve y sus diferentes clases. Conjunciones copulativas, disyuntivas, adversativas, condicionales, continuativas, comparativas, finales e ilativas, y advertencias sobre el uso de algunas de ellas.
26.ª Interjección y sus diferentes clases. Voces en que algunas ocasiones hacen el oficio de interjecciones – Figuras de dicción – Metaplasmos, sus diferentes especies: metátesis y contracción; aféresis, síncopa y apócope; prótesis, epéntesis y paragoge – ¿Cuándo será lícito usar de estas figuras?

Sintaxis

27.ª Sintaxis y su división. Diferencia entre la sintaxis regular y la figurada – Condiciones que pide el orden regular de colocar las palabras – Principios regulares en que se funda la sintaxis regular.
28.ª Concordancias – Partes de la oración susceptibles de concierto – Diferentes clases de concordancias – Concordancia de sustantivo y adjetivo – Concordancia de un solo adjetivo con varios sustantivos.
29.ª Concordancia de nominativo y verbo; casos que pueden ocurrir y particularidades que ofrece el uso cuando el sugeto es un colectivo indeterminado – Anomalías que se observan con los pronombres nos, vos y usted – Concordancias de relativo con un antecedente.
30.ª Régimen y clasificación de las palabras en regentes y regidas – Palabras que carecen de régimen – Cómo rige un nombre sustantivo a otro y al verbo.
31.ª Cómo rige el verbo a un nombre sustantivo, al verbo y al adverbio.
32.ª Régimen del participio, de la preposición y de la conjunción.
33.ª Construcción gramatical – Principales reglas para la construcción del nombre, pronombre y otras partes de la oración que preceden al verbo – Construcción del verbo con las demás partes de la oración.
34.ª Principales reglas para la construcción de unos verbos con otros, y del verbo con el pronombre personal.
35.ª Oración gramatical – Clasificación de las oraciones en primeras y segundas – Partes de que constan las oraciones de sustantivo, de activa, de verbo recíproco y de pasiva.
36.ª Partes de que constan las oraciones llamadas de infinitivo y de relativo – Particularidades que ofrecen las oraciones de gerundio, y las que llevan el verbo al imperativo. Nombre que suelen dar los gramáticos a las oraciones según las conjunciones que les sirven de enlace.
37.ª Sintaxis figurada. Figuras de construcción y sus diferentes clases – Hipérbaton: cuándo se comete esta figura y principio que debe tenerse presente en su uso.
38.ª Elipsis, pleonasmo, silepsis y traslación, y casos en que se cometen estas figuras.

Prosodia

39.ª Prosodia y sus fundamentos – Cantidad y acento prosódico – Sílaba –Diptongos y triptongos – Clasificación de las palabras según el número de sílabas de que constan – Palabras regulares, agudas y esdrújulas.

Ortografía

40.ª Ortografía: partes en que se divide y principios en que se funda – Letras de que se compone nuestro alfabeto usual, y diferentes divisiones que pueden hacerse de ellas, atendiendo a su figura, valor, pronunciación y funciones que desempeñan.
41.ª Casos en que se confunde la b con la v, y reglas que han de tenerse presentes para el uso, tanto de la una como de la otra.
42.ª Diferentes sonidos que tiene la c, y letras con que se confunde – Reglas para el uso de la c, z, g y k – Diferentes sonidos de la g y casos en que debe usarse esta letra y de la j.
43.ª Reglas para el uso de la h – Yd. de y, y m.
44.ª Distintas pronunciaciones que tiene la r, y reglas que debe tenerse presentes en el uso de esta letra – Yd. de la s, u y x.
45.ª Reglas para el uso de las letras mayúsculas.
46.ª División de las palabras en fin de renglón – Acento ortográfico y reglas para su uso en las palabras monosílabas.
47.ª Reglas para el uso del acento en las palabras agudas, breves y esdrújulas – Yd. para la acentuación de algunos vocablos que pueden tener doble significación.
48.ª Necesidad de los signos de puntuación, cuáles son los que se usan en castellano, y qué indica cada uno de ellos. Casos en que se hace uso de la coma.
49.ª Casos en que debe hacerse uso del punto y coma, dos puntos, punto final y línea de puntos.
50.ª Reglas para el uso de los signos de interrogación, admiración, paréntesis y crema o diéresis.
51.ª Casos en que se hace uso del guion, dos puntos y comillas – Cómo deben escribirse los vocablos compuestos – Abreviaturas y reglas que deben observarse en su uso.

Jaén, 6 de junio de 1867

Manuel Fernández y Salas

Habla, norma y enseñanza de la gramática en las comarcas valencianas de habla castellana

Alexandre Bataller Català (Valencia)

Resumen

Abordamos la cuestión de la enseñanza de la gramática en las comarcas valencianas de habla castellana (de base aragonesa o murciana). Ponemos en relación la consideración social negativa hacia el uso de las hablas locales con la enseñanza de la norma basada en la "corrección de defectos", todavía vigente en las prácticas escolares a las cuales hemos tenido acceso en una investigación basada tanto en fuentes escritas como en testimonios orales recogidos de maestros y estudiantes de magisterio. Formulamos propuestas para aquello que consideramos una adecuada "formación lingüística" que integre el estudio de la gramática, a partir del conocimiento del habla local consideramos necesaria una adecuada formación del profesorado que integre el conocimiento lingüístico de la lengua estándar y de las variedades históricas dialectales con unas actitudes positivas hacia el uso y prestigio social de estas hablas, que destierre los prejuicios existentes. Proponemos una formación lingüística que valore y reconozca las hablas valencianas locales como un elemento apto para ser descrito gramaticalmente y un objeto enseñable dentro del área de lenguas.

Palabras clave: hablas valencianas, enseñanza de la gramática, norma y uso, variedad estándar, educación lingüística, prejuicios lingüísticos.

1. Propósito

Con el presente trabajo pretendemos un acercamiento a la cuestión de la enseñanza de la gramática en las comarcas valencianas de habla castellana, el castellano-aragonés, también llamado churro,1 de base aragonesa, que se extiende hasta Enguera y la Canal de Navarrés y el castellano-murciano, de base castellana o substrato catalán, que se extiende al sur (Casanova 2001), vecinas de las históricas comarcas de habla valenciana, habitantes de las comarcas valencianas de interior, con un menor peso demográfico que las costeras.2 Las hablas de estas

---

[1] El *churro* es definido como castellano con rasgos aragoneses ("Dícese de los aragoneses y de los habitantes de la parte montañosa del Reino de Valencia que hablan castellano con rasgos aragoneses", DRAE, *sub voce*), además de contar con interferencias lingüísticas del catalán ("Parla de base aragonesa de la zona interior de la Comunitat Valenciana, que inclou molts vocables valencians", DNV, *sub voce*).

[2] La legislación educativa sobra la introducción del valenciano en el sistema educativo vigente desde 1983 (Ley de Uso y Enseñanza del Valenciano LO 4/1983) delimita estas comarcas

comarcas constituyen unas variedades lingüísticas heterogéneas caracterizadas por la presencia de rasgos lingüísticos aragoneses y valencianos, producto de una historia de interferencias lingüísticas. Desde el punto de vista sociolingüístico, los hablantes presentan una débil conciencia lingüística hacia la propia habla.

La bibliografía específica referida a la presencia de estas hablas es, más bien, escasa. En todo caso, ha despertado más un interés filológico que no una reflexión orientada hacia su papel en la enseñanza. En los últimos años, destacamos las dos ediciones de Jornades de Parlars Valencians de Base Castellano-aragonesa, celebradas en Valencia el 2008 (Casanova 2010) y en Enguera el 2013, con la significativa presencia de Joseph Gulsoy.

Para enmarcar las creencias existentes entre los docentes de estas comarcas sobre la educación lingüística en relación a los conceptos de norma y habla, emplearemos datos, sincrónicos y diacrónicos, extraídos de maestros valencianos (en activo y jubilados, de hoy y de hace más de un siglo) que nos ofrecen observaciones diversas sobre aquello que consideran el obstáculo que suponen las hablas locales para el correcto dominio de la norma lingüística y el conocimiento de lo que se considera el "uso correcto" de la lengua castellana.

En el momento actual, como muestra próxima del efecto de prestigio de la lengua tradicionalmente postergada, nos sirve de referente la situación existente en la práctica de la enseñanza del valenciano, presente oficialmente en el sistema educativo desde 1983. En estas comarcas todavía está vigente el procedimiento que permite la exención a la asignatura. Esta presencia es una ocasión inmejorable para dignificar el estatus de estas modalidades lingüísticas. La enseñanza del valenciano acostumbra, además, a contrastar la enseñanza del estándar con las formas y realizaciones lingüísticas de las hablas históricas, entre la prescripción de unos usos y la condena de otros. Por otro lado, en otras áreas del dominio lingüístico español, más visibles social y demográficamente, sí que se han llevado a cabo experiencias educativas que promueven un método dialectal para la enseñanza de la lengua, que pueden servirnos como marco de actuación. En este sentido, formularemos una un conjunto de propuestas para aquello que consideramos una adecuada "formación lingüística" (tal como reclaman

---

como "términos municipales de predominio lingüístico castellano", que regulan, entre otras situaciones, la tramitación de exenciones de la materia Valenciano.

genéricamente los currículums oficiales para el área de lenguas) que integre el estudio de la gramática, a partir del conocimiento del habla local, tanto en los niveles de primaria como de secundaria.

2. La enseñanza lingüística en las comarcas valencianas de hablas castellana

2.1 Un presente que evoca el pasado

El conocimiento de la presencia explícita de la variedad lingüística local en un documento interno de un centro escolar, y la inmediata asociación con textos de otros tiempos que expresaban idénticos términos, ha sido el disparador que nos ha motivado la redacción del presente trabajo. El Plan de Mejora del CEIP núm. 3 de Cheste de 2012[3] contempla un muy significativo concepto de "educación lingüística" que contempla "combatir" el habla popular (llamada popularmente "chestano"), por la dificultades lingüísticas que supuestamente entraña para la adquisición de una buen competencia oral y escrita. En concreto se notan rasgos fonéticos –como el "seseo" o una presunta falta de claridad en la pronunciación-, morfológicos –referidos a la morfología verbal alejada de la norma o el "leísmo"– o una denominada "pobreza léxica", concepto engañoso que oculta precisamente la "riqueza" del habla histórica dialectal, en contraste con la simplificación que supone la norma estándar:

> El cuadro lingüístico que presenta el municipio es bastante peculiar. La mayoría de sus habitantes se comunican en castellano, aunque un grupo minoritario de residentes proviene de zonas de habla valenciana. El habla coloquial de nuestro pueblo es "el chestano", una forma de expresión con altas dificultades lingüísticas que repercuten negativamente en la adquisición de una buena competencia tanto de la lengua oral como de la escrita. Dicha dificultad no puede quedar fuera de los planes de mejora: pronunciación poco clara; utilización incorrecta de los verbos (*vesiros, fuendo, dijendo, juguemos—pasado*); pobreza léxica; seseo, leismo; léxico propio evolucionado a partir

---

[3] No hemos encontrado disponibles, en las web de este centro escolar, los textos de los planes de mejora del centro ("Plan de mejora de la comprensión lectora", "Plan lector primer ciclo", etc.), tan solo podemos encontrar alguna alusión recogida dentro del Plan de convivencia (http://ceip3xest.blogspot.com.es/p/plan-de-convivencia.html). Agradezco la comunicación de esta información a la estudiante de magisterio chestana Luz María Ferrando.

de la influencia del dialecto valenciano (*enjuamanos*, *granera*) y aragonés *(-iqui@)*.

Giramos la vista más de un siglo atrás, concretamente a 1896, y, en la misma comarca, en Yátova, el maestro de la población Modesto Castillo, en una singular monografía local, condena los "desatinos" del habla local que se oponen al "arte de hablar y escribir correctamente" y al conocimiento de las "partes de la gramática", fruto de una ideología lingüística que, como acabamos de ver, resulta aún hoy plenamente vigente en esta misma comarca de frontera lingüística castellano-valenciano:

> Que el lenguaje de algunos lugareños, plagado de barbarismos y otros desatinos, constituye en los tiempos que corremos de moderno progreso un ataque a las instituciones gramaticales, nadie que conozca la condición y modo de ser de aquellos hijos del trabajo puede dudarlo. Sin embargo, como en los pueblos esencialmente agrícolas como lo es el que nos ocupa, la labor del campo exige, antes que el conocimiento de las partes de la Gramática, el de les diferentes operaciones que abraza la agricultura práctica, de aquí que los labradores especialmente se cuiden muy poco de todo cuanto se relacione con el arte de hablar y escribir correctamente y suelten a destajo todo género de desatinos, capaces muchos de ellos de volver loco al mismísimo *Sursum Corda*. (Castillo 1896, 196)

En 1908, en la escuela del municipio de Enguera, el maestro en prácticas Joaquín Canet Gómez elige el tema "Observaciones sobre la enseñanza del castellano en la localidad donde el autor de la memoria preste sus servicios y resultado de los medios que haya puesto en práctica para perfeccionar y ampliar el estudio del idioma local" para la redacción de su memoria de prácticas (véase una contextualización de estas memorias en Fernández & Agulló 2002). Según la percepción del maestro, que expresa una actitud lingüística habitual en su tiempo, el castellano de Enguera es una variante adulterada, la manera de expresarse de sus hablantes es viciosa y, además, está acompañada de una mala sintaxis y una peor pronunciación. La construcción gramatical de los aprendices es defectuosa y la función del maestro –como no puede ser de otra manera– consiste en combatir todo este conjunto de "malos hábitos adquiridos":

> Hablan estos vecinos el castellano, pero sumamente adulterado por haber tomado gran número de voces valencianas, resultando una mezcla en el habla, que podríamos decir que tienen su dialecto propio.
> Sabido que la formación del lenguaje principia por el conocimiento de las palabras que dan nombre a los objetos e ideas que los niños van adquiriendo, y que este aprendizaje empieza en el hogar doméstico, dicho se está, que los padres tienen que trasmitir a sus hijos su viciosa manera de expresarse, acompañada de su mala sintaxis y peor pronunciación.

> Los hijos entran en posesión de esta poco envidiable herencia y de ella usan, no solamente con sus padres de quienes la adquirieran, sino con sus hermanos, sus compañeros de estudio y demás personas con las cuales tengan establecido trato, y de tal manera se les queda arraigada tan defectuosa construcción gramatical, que el forastero que por primera vez les oye expresa ciertas frases, se queda perplejo, como dudando del valor ideológico de las mismas.
>
> Con esta mala disposición ingresan los niños en la escuela, y a combatir los malos hábitos adquiridos, para expresar con claridad y perfección sus pensamientos, su correcto idioma castellano, tienden los esfuerzos del Maestro que subscribe. (Canet 1908)

Entre los medios que el maestro Canet destaca para corregir los defectos se cita una variada, y hasta cierto punto novedosa, gama de procedimientos metodológicos: conversación familiar, conocimiento del valor ideológico de las palabras, análisis gramatical, corrección mutua en los diálogos sostenidos por los niños, narraciones sobre hechos ejecutados y redacciones sobre cosas sabidas y elección de buenos libros de lectura. Reproducimos las ideas que se aducen en relación con el concepto de gramática como objeto enseñable:

Corregir defectos por conversación

Nos es fácil a cada momento sorprender a los niños expresarse en su dialecto puesto que la escuela es para ellos continuación de la casa paterna. Allí estamos presentes para hacerles comprender que en una frase por ellos pronunciada hay una, dos, tres, etc. palabras que no son castellanas y les obligamos a que las repitan en alta voz varias veces. Acompañamos a estas correcciones la traducción de las palabras que llevan mezcla de valenciano dando a continuación el sentido y valor analógico de las mismas.

Corregir defectos por análisis gramatical

Escribimos un párrafo en el encerado, y de propio intento les damos la construcción defectuosa, tal como ellos, los niños, acostumbran darle, con su misma ortografía y pronunciación. Invitamos a uno de los presentes a copiar el mismo párrafo con sujeción a las debidas reglas gramaticales. Después interrogamos a otros niños para que señalen si en la copia hay algún defecto que corregir. Cuando queda perfectamente escrito pasamos a practicar el análisis por las cuatro partes de la Gramática.

Damos gran importancia a este ejercicio porque es donde mejor podemos combatir la malísima conjugación que estos vecinos dan a los verbos. Dicen, por ejemplo: "ayer me va encontrar un libro y yo se lo va tornar a su amo": por "ayer me encontré un libro y se lo devolví a su dueño". (Canet 1908)

2.2 La situación actual: entre el olvido y el desinterés por el habla local

Para trazar un esbozo que nos aproxime a la situación actual de estas hablas en el sistema educativo hemos acudido –entre otras fuentes escritas– a maestros jubilados y, principalmente, a estudiantes que han realizado sus prácticas en escuelas de estas comarcas.[4] Durante los cursos 2012-2013 y 2013-2014, 111 alumnos de la Facultat de Magisteri de la UV realizaron sus prácticas escolares en alguna escuela de estas comarcas. En concreto, la Hoya de Buñol (Buñol, Cheste, Chiva, Godelleta), el Valle de Cofrentes (Ayora) y la Canal de Navarrés (Bicorp, Bolbaite, Enguera y Quesa).

Emili Martí, maestro en la localidad de Chella (la Canal de Navarrés) durante los cursos 1981-2002, en el centro CP Juan Lacomba, y coautor del libro *El hablar de Anna* (Martí-Aparicio 2005), recuerda aún el contexto que provocaba que pudiera escucharse, en alguna sesión de evaluación, la expresión "suspendido en castellano; es que habla chellino", que expresa el desinterés, el olvido y la falta de sensibilidad por las hablas locales, también entre colectivos docentes:

> Les parles locals han estat oblidades en el procés d'ensenyament de tots els pobles de la comarca. En cap reunió comarcal he sentit cap al·lusió al tema. Cal tenir en compte que gran part del professorat provenia de fora i els haguera resultat impossible entrar en el tema. (Emili Martí)

El proceso de desaparición y destrucción de las hablas locales durante las últimas décadas podemos detectarlo en otras comarcas valencianas. Así ha sido descrito el caso de Fanzara, un enclave lingüístico marcado por las interferencias, en la comarca castellonense del Alto Mijares:

> Durante los treinta últimos años, la lengua de Fanzara ha sufrido una estandarización brutal entre los más jóvenes, ello se debe a numerosos factores como la escolaridad obligatoria (en castellano), la influencia de los medios de comunicación o el aumento de los contactos inter-grupo. La escuela en castellano ha logrado uno de sus objetivos: reducir las peculiaridades lingüísticas de las hablas autóctonas y uniformizar de manera

---

[4] Para obtener datos para este trabajo he de agradecer la colaboración de dos maestros jubilados de la Canal de Navarrés –Emili Martí (Chella) y José Antonio Palop (Enguera)–, antiguas alumnas docentes estas comarcas –Paula Pérez (Almoradí) y Rosa Simó (Orihuela)– y alumnos en activo procedentes de estas comarcas que, en algunos casos, han realizado sus prácticas escolares en ellas –Ángela Garnes (Altura), Ángela Gómez (Buñol), Lucía Pardo (Enguera) y Daniel Pla (Enguera)–. A todos ellos pasamos un cuestionario que nos ha servido para obtener algunas percepciones sobre la situación de la enseñanza de la lengua en los lugares señalados.

progresiva el castellano. (Ortells 2010)

Entre los múltiples testimonios recogidos, en el caso de Fanzara, me detengo en éste que llega a proponer cambios, incluso, en la toponimia.

> Un día hemos tenido una disputa con una profesora porque aquí hay una fuente típica que se llama Alchup. Resulta que es una palabra árabe que en castellano se dice Aljibe y ella, la profesora, preguntaba por el nombre de esta fuente y quería que le contestábamos Aljibe. Y le contestábamos Alchup porque es la fuente de Alchup. (Ortells 2010)

Un poco más al sur, en la escuela de Altura (Alto Palancia) la situación que se nos ha descrito es similar:

> Recorde que quan deiem qualsevol cosa acabada amb "-ico", ens corregien amb "-ito": "No se dice bonico sino bonito" deien. També "pá" en lloc de "para", la "c" moltes vegades sona "s" "cesta", sona "sesta"…Però no sols amb les desinències d'Aragó, també amb les paraules que "hem calcat" del valencià com ara "bachoqueta" per a "judía", "almácera" per a "almazara", "veas a ver" per a "ándate con cuidado" del valencià "veges a vore". (Ángela Garnes)

Nuestra informante Lucía Pardo, que realizó sus prácticas escolares en el CEIP López Palop de Enguera, nos acerca a la relación entre la lengua estándar y las realizaciones del dialecto local:

> Las clases de lengua se hacen siguiendo el libro con normalidad. Con ciertas palabras o expresiones los niños tienen problemas ya que les suenan extrañas o no son como están acostumbrados a oírlas. Los niños son conscientes de la peculiaridad de la zona y saben que pueden utilizar la lengua dialectal en contextos menos formales pero que en escuela deben procurar hablar una lengua más estándar. (Lucía Pardo)

Por su parte, José Antonio Palop, maestro jubilado de este mismo centro nos explica la experiencia puntual de introducción de unas clases de lengua, en el curso 2012-2013, en los cursos de tercero y cuarto de primaria de este mismo centro de Enguera:

> Este hito en la enseñanza, que marca la primera vez que se da una clase de lenguaje autóctono, esperamos se repita en años venideros y, si fuera posible, preparar toda una semana (en las horas de lenguaje) para que los alumnos hagan ejercicios, lean, escuchen las expresiones, traduzcan textos, se percaten de la idiosincrasia local que va implícita en nuestra forma de ser y hablar. (José Antonio Palop)

Un joven estudiante, recién llegado a la comarca desconocida hasta entonces, mientras realiza sus prácticas escolares en el IES de Enguera nos ha explicado la aceptación detectada entro los estudiantes a la asignatura de valenciano y la relación que se establece en las aulas en relación al habla local:

> estem sorpresos de la integració que té el valencià en els alumnes de tots els cursos i de la importància que li donen com a llengua, arribant al punt de valorar-la i estimar-la. A la seua parla castellana hi ha un fum de barbarismes provinents del valencià com per exemple «el paño de la puerta» o «estoy gelao». Aquest fet els professors el toleren perquè respecten i valoren la modalitat de parla local però els corregeixen... la majoria de personal docent no són d'aquesta localitat ni dels voltants, les professores de valencià i de castellà tampoc ho són (Daniel Pla)

En los centros escolares Hoya de Buñol (en concreto, el Ceip Francisco Martínez Culla de Chiva y el Ceip Cervantes de Buñol), consultados por la estudiante de Buñol Ángela Gómez la situación descrita habla del papel que ejerce el habla local en relación con la enseñanza de la norma estándar y con la enseñanza del valenciano.

> Dentro de la asignatura de Castellano se emplea el castellano estándar, sin realizar comparaciones con el castellano local. Así mismo, aunque a la hora de hablar los profesores respetan que los alumnos utilicen expresiones típicas del pueblo, sí que se corrige a la hora de escribir. Dentro de la asignatura de Valenciano sí que se hacen comparaciones con el castellano local (Ángela Gómez)

El Proyecto Educativo de buena parte de los centros valencianos, impulsado por los últimos cambios legislativos en esta materia, reconoce el plurilingüismo, pero deja en el olvido las peculiaridades de la lengua histórica, como muestra el del Ceip de Almoradí: "La lengua de aprendizaje utilizada por el Centro es el castellano, si bien de forma gradual y como parte del currículo el valenciano se va incorporando en algunos ámbitos de intervención. Actualmente se está iniciando un proyecto de plurilingüismo". Nuestra informante en este centro, con experiencia como maestra interina en la comarca y en la región de influencia del murciano, reconoce haber sido testigo de comportamientos lingüísticos cuanto menos sorprendentes:

> La parla local del Baix Segura és un aspecte a evitar quan dones classe. Es tracta d'amagar-se i utilitzar un castellà el més estàndard que pugues. De les classes en valencià no es pot comparar res perquè sols donem vocabulari i quatre frases mel fetes. Quan treballava "Las Cuevas de Reyllo" (Múrcia), hi havia una mestra que parlava estrany. Un dia li vaig preguntar si era de fora o què, i em va dir que no, que era de Múrcia. El que passava és que utilitzava un accent estàndard, marcant molt les eses... (Paula Pérez)

Después de seis cursos impartiendo la asignatura de valenciano en un centro de la comarca de Orihuela nos indican que no es común la contextualización de la variedad local en la enseñanza del castellano:

La parla local fa servir un bon grapat de paraules valencianes, que el professorat de llengua castellana no contextualitza. Aquesta tasca la du a terme el professorat de llengua valenciana (Rosa Simó)

También ha habido lugar para aquello que consideramos "buenas prácticas". El maestro Emili Martí nos cuenta su experiencia como maestro del area de lenguas y de conocimiento del medio, un escenario donde el uso de la lengua local devuelve el nombre de cada cosa:

Vaig confeccionar una espècie de llibre de camp, "La vegetació de Xella" on respectava al màxim la toponímia local. El nom de les plantes venia en "xellino", Valencià i Castellà, per aquest ordre, utilizant el vocabulari local (garrofero, pebracho, melón de to'laño... amb tota naturalitat i amb preferencia als altres. El mateix podríem dir d'altres molts mots: garranchero, mardajón, etc. Em va semblar ridícul que un mestre d'un altre poble es sentirá orgullós que els seus xiquets conegueren la paraula "juncia", quan a tots els pobles la gent coneix aquesta herba com a "chunsa". Per resumir, jo diría que, al marge d'algun mestre, molt contrari a la parla local, la majoria n'ha estat al marge. (Emili Martí)

La introducción del valenciano en la enseñanza sí que ha servido para reconocer y reivindicar las peculiaridades gramaticales del habla local

A Xella funcionàrem com a Centre pioner en l'aprenentatge del Valencià. El Valencià "passiu", em permetia parlar en classe amb tota normalitat, sense l'extranyesa de cap alumne ni de cap pare. Tot el món m'entenia... A nivell lèxic, el coneixement de vocabulari no els resultava gran problema... La conjugació dels verbs resultava relativament fácil, ja que ells utilizaven normalment el passat perifràstic: «jo vai ir», «tu vas ir», etc. La vigencia de verbs com "cal", etc. A nivel fonètic, a Xella no arriben les vocals e, o obertes, però sí la essa sonora. (Emili Martí)

3. ¿Qué elementos gramaticales del habla no normativa pueden llegar a ser objetos enseñables?

Sabida es la importancia de la metodología constructivista en la enseñanza de la gramática. Pero en la base del cómo enseñar se encuentra el qué enseñar. En este punto entendemos que han de tener un lugar en el aula de lengua el conocimiento de las variedades del habla local y su adecuado uso en función de los contextos. Consideramos que podemos llegar a la normativa y a los conceptos gramaticales a partir de secuencias didácticas que estimulen el deseo de conocer como es la lengua que utilizan los hablantes próximos. Este planteamiento, en consonancia con las propuestas que arrancan de Anna Camps (2005), puede desarrollar el razonamiento metalingüístico de los escolares a partir de la investigación, revisión, comparación y descubrimiento de las regularidades y variaciones de los usos. Sin entrar en cuestiones fonéticas y de pronunciación, sin ánimo de exhaustividad y como simple muestra de las posibilidades que se abren para este acercamiento a la gramática por la vía de la lengua histórica y sus interferencias lingüísticas, ofrecemos una relación de características lingüísticas susceptibles de llegar a ser objetos enseñables.

Si nos acercamos al habla de la Hoya de Buñol podemos extraer ejemplos léxicos, el primer observatorio sobre usos y registros. En concreto, encontramos que muchos catalanismos vivos en el habla aparecen registrados en el DRAE: *abadejo, ajeta/jeta, albacora, amargor, bajoca, bleda, boira/ emboirado, bolicembolic, bote, caparra, corcar, devantal, esclafar, gola, helor, laminero, -a, melsa, mudarse, perol, pésol, puncha, sargantana, socarrar, tristor...* (Penalba/Navarro 2005). Otros, en cambio, no aparecen en el diccionario normativo: *estralica, pencholl, rapifuch, rebuchar, replanell, reviscolear, sofregit...* (Penalba/Navarro 2005).[5] Lo mismo podemos decir de los aragonesismos, presentes en esta y otras comarcas, también registrados en el DRAE: *almendrera, badallar, bresca, canalera, caramullo, correntía, empentar, falca, farfalloso, femar, fiemo, forigar, fuchina, garba, niquitoso, plegador...* (Gargallo 1992; Gargallo 2007). Los particularismos gramaticales de esta misma comarca abarcan peculiaridades diversas que permiten ser tenidos en cuenta en la elaboración de propuestas. Desde los morfemas verbales (el participio de la 1ª conjugación -*au* y los participios de la 2ª y 3ª conjugaciones -*io*) a la morfología (los diminutivos -*ico*/-*ica* o -*iquia* en Xest, el morfema -*ero*/-*era*: *naranjero albercoquero presquillero*), pasando por las expresiones fijas (*hacer gozo* y *tener gana*), el verbo *ser* como estado civil (*ser casao*), los pronombres *tu* y *mi* (*me voy con tu, vente con mi*) y las variantes de género (*la calor, el señal*).

Por su parte, las interferencias gramaticales en la Canal de Navarrés combinan los aragonesismos y los valencianismos, como ya señalaran en su momento

---

[5] La presencia del sustrato catalán es viva en la toponímia de la comarca, en Chiva (el Bojet, el Riuet, la calle del Clot...), en Cheste (el Barranquet, el Safareig...), en Buñol (el río Bajoca, Molino Corrons, el Maset del Dolset, el Llano Tomaset, el barranco Fustal...) o Yátova (el Conill, la Fuente Horteta, Peña Llisa...), por citar algunos ejemplos.

Hadwiger (1905), Gulsoy (1968) y Sanchis Guarner (1969). Se consideran aragonesimos los participios sobre el tema de perfecto (*tuvido, supido, trujido*…), los imperativos (*ves* (de *ir*), *dis* (de *dir* o *dizir*)), el uso de *tu* y *yo* en caso preposicional (*pa yo, a tu, a yo, con mí, con tú*…) o el uso del adverbio pronominal (*ende: vestendé; me'n voy, se'n vamos*). Por su parte, la influencia sintáctica del valenciano en esta comarca se comprueba en el mantenimiento del perfecto perifrástico y la conservación de la sibilantes sonoras, dos rasgos en retroceso, como se nos ha comentado:

> El procés de desaparició i substitució de les parles locals pràcticament s'havia produït, si no del tot, almenys en la seua major part; de manera que els xiquets arribaven a l'escola amb un mínim de la parla local. És aquest un tema a estudiar, però ja en 1905 al·ludeix Hadwiger a la continua recessió d'aquestes parles i en vaticina la ràpida desaparició.
> (Emili Martí)

En el extremo sur del territorio valenciano, en la comarca del Bajo Segura, marcada por el contacto lingüístico castellano-catalán (Colomina 2000), resulta de interés la extensión de las isoglosas del léxico, como muestra el estudio de de geografía lingüística (Sempere 1995) basado en el análisis y extensión de cuarenta y siete formas (*bajoca, pésol, rebuche*, etc.), así como las interferencias léxico-semánticas (*a quiebracuello, a todas pasadas, hacer la higuereta, tener buena barra, estar botinchado, ser un sarpeta, la sangre me bulle*…) la fraseologia (*Dios le da habas a quien no tiene quijales; en la Virgen de Agosto, a las siete ya esta fosco*) o las mismas fórmulas presentes en los cuentos (*cuentecico arrematao, por la chimenera se fue al tejao*). Y especialmente productiva resulta la adaptación de sufijos catalanes en la lengua hablada (Monjo/Pérez 2005):

-ada: (resultado de una acción): *bufá, culá, roá, torrá*
-aire: (valor de agente): *yesaire*
-aje (cantidad o proceso): *companaje, noviaje, oraje, solaje*
-alla: (cantidad o intensidad): *furumalla, adivinalla*
-aria: (extensión o magnitud): *alzaria, ancharia, gordaria, grandaria*
-ell(e)/-ello, -ella: (diminutivo): *cansel, regomello, capillo, corbilla, crilla*
-era: (actividad): *cacera, pesquera, picacera*
-ero, era (árboles y plantas): *albercoquero, almendrero, fresquillero, garrofero, limonero, lironero, perero*
-el/-ete (et, eta): (diminutivo): *bollete, bufeta, cordeta, ferrete, gaveta, morterete, volteta*

-ol (diminutivo): *cociol, verderol*
-ón (diminutivo): *alterón, botijón, calderón, corcón, remijón*
-oso (calidad, defecto): *agualoso, amanoso, apegaloso, punchoso*
-ote, -ota (aumentativo y despectivo): *cabesote, perdigote*
-ús/-uso/-ucio (peyorativos): *carnús, pallús, carussa, menjusa*

4. El prejucio de "hablar mal" en hablantes de variedades no estándar

La "aceptación de la variedad dialectal propia" y el "uso adecuado de la variedad dialectal propia y del estandar según la situación comunicativa" (Cassany/Luna-Sanz 1994) son actitudes y normas de uso intralingüísticas, entre variedades y registros de una misma lengua, que aparecen en los currículos educativos desde los años noventa.[6] A pesar de ello, la variedad estándar acaba marginando y en gran medida invisibilizando a las otras variedades, perpetuando prejuicios relacionados con la "corrección" lingüística. La variedad estándar goza de un prestigio social y es la lengua escolar por definición: "La lengua estándar se transmite en las escuelas y favorece el ascenso social; frente a los dialectos y sociolectos, es el medio de comunicación más abstracto y de mayor extensión social (Lewandowski 1982, 201). A pesar de ello se suele presentar el estándar "como neutral políticamente, no localizado socialmente y no contaminado ideológicamente" (Parakrama 1995, 71). Además las variantes no estándar de una lengua no son objeto de estudio habitual por "ese mayor interés de los lingüistas y gramáticos por hacer respetable su objeto de estudio mediante el acercamiento casi exclusivo a la variedad lingüística que se considera más respetable y social y académicamente rentable" (Moreno Cabrera 2000, 58). El supone un modelo gramatical de referencia que sistematiza y simplifica la lengua espontanea. Como sabemos, esta norma lingüística puede ser causa de conflicto entre variedades regionales y nacionales (Sinner 2005). Referido al ámbito valenciano, Maria

---

[6] Del mismo modo, la *Nueva gramática de la lengua española* (2009) hace consideraciones en relación a las variedades de uso y los registros en que se puede utilizar la lengua y sobre la adecuación de las formas gramaticales, con mayor o menor prestigio social, al discurso formal o informal, a la lengua oral o escrita o al propósito comunicativo (NGLE: I, XLII).

Josep Cuenca se plantea una enseñanza de la gramática normativa que no oponga norma a uso:

> La normativa és, com hem dit, una necessitat de la comunicació i no una imposició que limita les nostres possibilitats expressives i converteix en incorrectes les formes que habitualment usem. No s'ha d'oposar norma i ús: la norma es complementa amb l'ús formal de la llengua i demana el reconeixement dels usos no formals, els quals, pel fet de ser informals, no s'han de desprestigiar però sí que s'han de delimitar dels usos formals. (Cuenca 2003, 25)

Los prejuicios lingüísticos, derivados de esta situación, están presentes en discursos sociales diversos (Tusón 2003), por más que deban ser reconocidos en el ámbito escolar para poder evitarlos (Longa 2008). Si en los años ochenta uno de cada tres andaluces consideraba que los andaluces "hablaban mal" (Ropero 1989, 29), la tendencia de estigmatización de la propia habla es un fenómeno muy extendido hoy en día, como se ha señalado muy especialmente en el área del murciano: "hablamos un español echado a perder" (Jiménez 2004). Un revelador estudio sobre las actitudes lingüísticas de rechazo hacia la propia variedad realizado en un grupo de escolares murcianos destaca la tensión actitudinal sobre la propia variedad lingüística: "Los murcianos hablamos bien; pero hay otras personas que hablan mejor, y nos gustaría hablar como ellos porque nosotros no hablamos bien" (Boluda 2004, 115). La idea generalizada, encontrada en las comarcas de habla de transición, muestra el conocido y ciertamente comprensible fenómeno de la desconsideración hacia la propia variedad, obstaculizadora del ascenso social:

> L'expressió «aquí hablamos muy mal» és una Idea molt generalitzada entre la gent i encara se sent. Per això no podem dir que la desaparició d'aquestes parles haja vingut des de fora només. L'enemic n'han sigut els propis parlants que han preferit "el castellano correcto". Un dels majors prejudicis que teníem per a la introducció del Valencià era: si no saben hablar "bien" el Castellano, ¿por qué tienen que gastar tiempo aprendiendo Valenciano? (Emili Martí)

La conciencia de "hablar mal" es una constante en unos hablantes, cuya variedad ha sido históricamente desconsiderada socialmente por la imposición del estándar, como se ha señalado para el murciano de la Huerta de Orihuela:

> Entre els habitants de l'Horta d'Oriola castellanoparlant existeix, per una banda, la mala consciència de parlar malament, no tenim cap dubte que imposada des de fora, per una mala educació secular que tan sols ha considerat bo i útil un model únic de llengua, tot estigmatitzant com a dolent i pervertit tot el que se n'eixira. La gent que pretén persumir

de cultura ho té ben fàcil de criticar la manera d'expressar-se de les persones sense instrucció escolar o, sense el domini suficient de l'estàndard castellà, notablement diferent del parlar tradicional oriolà. L'estereotip del llaurador sense instrucció, rústic i analfabet (*campero, campusino*), que no parla com els llibres –o com la televisió i la ràdio– ha calat fons en la societat oriolana, que pateix d'un grau elevat de diglòssia interna. (Monjo/Pérez 2005, 39)

Finalmente, una nueva educación lingüística, que comienza a dar sus frutos, considera la superación de los prejuicios como una necesidad de futuro, idea compartida por las nuevas generaciones de filólogos y enseñantes de estas comarcas:

> Queremos hacer un llamamiento en contra de los prejuicios difundidos entre los hablantes de nuestra comarca, tanto de su propia lengua como de la catalana. La Hoya de Buñol-Chiva, punto de contacto entre el catalán y el castellano, ha adoptado al último como lengua de uso habitual. El prejuicio lingüístico puede canalizarse tanto hacia la lengua extraña (en este caso el catalán), como hacia la propia (el habla particular). Sin embargo, el habla particular de esta zona es debida en su mayor medida a una importante presencia de raíces catalanas. Si parte de nuestra propia habla, y por tanto de nuestras raíces, tiene un elemento catalán, primero, no podemos avergonzarnos de un dialecto, con una riqueza de matices heredada del catalán y del aragonés, que muchos tachan de vulgar, y segundo, tampoco deberíamos rechazar una lengua de la que diariamente usamos muchas estructuras. (Penalba/Navarro 2005)

5. Una enseñanza gramatical des del habla hacia la norma (y viceversa)

Desde el ámbito educativo, algunos docentes del sistema educativo valenciano han expresado la necesidad de integrar las variedades locales no estándar en las aulas, incluso con alumnos que aprenden castellano como L2. Así concluye un profesor de Albatera (el Bajo Segura), en relación al ámbito de la fonética de la variedad castellano-murciana, opinión que puede hacerse extensiva al estudio de la gramática:

> Creemos que estigmatizar esta variante meridional es negativo. La función del profesor de EL2 es la de concienciar al alumno de que existen una variedad llamada canónica, general, del español, y múltiples variantes geográficas. Para ello, se han de realizar en la clase de EL2 ejercicios de fonética donde se estudien ambas normas: la estándar y la local. (Roca 2007, 950)

Por su parte, desde la Universidad de Murcia, el profesor José María Jiménez hace las siguientes propuestas para una variante estigmatizada por los propios hablantes:

> 1) La incorporación de los resultados de los estudios de la variedades lingüísticas murcianas a las actitudes de defensa de lo vernacular (*Carta europea de las lenguas regionales*). 2) La dotación de recursos para la formación actitudinal del profesorado. 3) La preparación de materiales formativos. 4) La creación de una institución de normalización lingüística regional. (Jiménez 2004)

Posiblemente, los avances en la consideración de las variedades consideradas no estándar se han producido en el caso andaluz. Contra una educación lingüística que condenaba las lengua hablada, se ha construido una valoración positiva a partir de normas de uso razonables: "Conseguir que los alumnos se sientan orgullosos de sus usos lingüísticos y tomen conciencia de que hablar en andaluz no es otra cosa que utilizar su propia lengua materna para comunicarse y entenderse con sus congéneres" (Ropero 1988). Ello ha llevado a elaborar un nuevo modelo de enseñanza que contemple la norma local y regional para, desde aquí, llegar a la norma estándar general:

> Todo proceso de enseñanza-aprendizaje de la lengua propia en la escuela ha de construirse a partir de la modalidad de habla materna, así como partiendo del entorno más inmediato del alumno para llegar en etapas sucesivas al mayor dominio posible de las destrezas de la lengua ejemplar. Pues bien, en este camino será siempre menos traumático y más eficaz encauzar las tareas didácticas partiendo de la norma local y la norma regional para llegar a la norma general del español. (Carbonero Cano 1995, 54)

Actualmente, los currículums de Andalucía regulan la introducción en el sistema escolar de las hablas andaluzas[7] y, en este marco, encontramos propuestas prácticas elaboradas por docentes que recogen estos planteamientos.[8] Así y todo,

---

[7] El currículo de la ESO Andalucía (Orden 10-8-2007) recoge muchos de estos planteamientos: 1.- En el ámbito de la escucha: "Reconocer y saber escuchar la diversidad de hablas andaluzas en los medios de comunicación". 2.- En el ámbito del habla: "debemos tratar de manera especial y con niveles progresivos de desarrollo y complejidad la modalidad lingüística andaluza como forma natural de expresión y conocimiento [...]". "Será de interés la creación y recreación de textos de intención literaria que partan de la realidad cultural andaluza" 3.- En el ámbito del leer: "Practicar la lectura y comprensión de textos cercanos a la experiencia vital, local y regional de los jóvenes". 4.- En el ámbito de la escritura: "Escribir desde la experiencia cercana al alumno".

[8] Como ejemplo, las propuestas que el profesor Víctor Cantero (IES Fernando Savater, Jerez de la Frontera) hace para la ESO: a) El andaluz: variedad lingüística, modalidad, dialecto, habla o lengua. B) Norma lingüística, lengua ejemplar e indicadores de prestigio lingüístico

se detectan obstáculos entre los mismos enseñantes, durante tanto tiempo transmisores de la variedad estándar: "Quizá el sector menos entusiasta ante la sugerencia de tomar las hablas andaluzas como tópico de enseñanza-aprendizaje sea el docente" (Díaz Castillo 2007, 107). Es por ello que el reto, para la enseñanza de la lengua y sus variedades, pasa por una formación en la lengua del entorno escolar: "un exacto conocimiento de la realidad lingüística del entorno, para lo cual resulta imprescindible dotar a los docentes de un instrumento de diagnóstico que les permita analizarlo (Morillo-Velarde 2001, 144), el conocimiento en suma la lengua y su norma, de las variedades encontradas en el ámbito escolar porque, como se ha afirmado: "la enseñanza de la lengua materna será más eficaz cuando los docentes conozcamos las peculiaridades y circunstancias dialectales y sociolingüísticas que se dan en el medio físico del que proceden y donde se ubican nuestros alumnos" (Carbonero 2004, 36).

6. Conclusiones: por una enseñanza de la gramática a partir de la norma local

Por todo lo expuesto en este trabajo, consideramos que se hace absolutamente necesaria una adecuada formación del profesorado que integre el conocimiento lingüístico de la lengua estándar y de las variedades históricas dialectales con unas actitudes positivas hacia el uso y prestigio social de estas hablas, que destierre los prejuicios existentes. En un contexto determinado por un sentimiento de rechazo y desprecio por parte de los hablantes hacia la propia variedad, cada vez más nivelada respecto al estándar formal, reivindicamos una enseñanza de la gramática que integre el conocimiento y la valoración positiva y digna de estas hablas tan históricas cómo vigentes. Una enseñanza de la gramática basada en el deseo de investigación y en la reflexión metalingüística.

En consecuencia, consideramos necesaria una formación permanente y específica para los docentes que trabajen en estas comarcas, en una doble

---

Determinación y selección de los contenidos del dialecto andaluz objeto de estudio en el 2º Ciclo de la ESO. C) Estudio de los rasgos fonéticos, morfosintáctico y léxico-semántico del andaluz.

dirección: el conocimiento de las peculiaridades dialectales y sociolingüísticas y la creación de vías integración de esta realidad lingüística dentro de la escuela. En síntesis, proponemos una enseñanza lingüística que contemple:

- Una formación lingüística universitaria que valore y reconozca las hablas valencianas locales como un elemento apto para ser descrito gramaticalmente y un objeto enseñable dentro del área de lenguas.
- La identificación de prejuicios lingüísticos para poder superarlos.
- La profundización en el concepto de Tratamiento Integrado de Lenguas, que haga de las hablas locales un elemento de confluencia lingüística valenciano/castellano.
- La elaboración de propuestas didácticas para la enseñanza de la lengua, con presencia de las variantes y los registros, que integre la lengua histórica y la variedad estándar.

Referencias bibliográficas

BOLUDA, A. 2004. "Actitudes lingüísticas y variación dialectal en el ámbito escolar de Mula (Murcia)", in: *Tonos digital: Revista electrónica de estudios filológicos* 8, 103-118.
CAMPS, A. (coord.). 2005. *Bases per a l'ensenyament de la gramàtica*, Barcelona: Graó.
CANET, J. 1908. *Memoria técnica*, Memorias técnicas de maestros, Archivo de la Diputación Provincial, 1908, Signatura: E.9.3.15 1908. Caja 3.
CANTERO, V. 2010. "Hacia una revitalización de los usos lingüísticos del dialecto andaluz en la enseñanza de la lengua materna en Andalucía: una propuesta didáctica para la E.S.O.", in: *Didáctica. Lengua y Literatura* 22, 33-67.
CARBONERO, P. (1995): "El concepto de norma andaluza: su adecuación al contexto didáctico", in: de las Heras, J. & Carbonero, P. & Torrejón, V. edd. *Actas del III Congreso sobre enseñanza de la lengua en Andalucía*, Huelva: Diputación de Huelva.
CARBONERO, P. 2004. "Repercusiones de la sociolingüística andaluza en la didáctica de la lengua", in: *Cauce: Revista de Filología y su Didáctica* 27, 35-48.
CASANOVA, E. 2001. "La frontera lingüística castellano-catalana en el País Valenciano", in: *Revista de Filología Románica* 18, 213-260.
CASANOVA, E. ed. 2010. *Els altres parlars valencians. I Jornada de Parlars Valencians de Base Castellano-aragonesa*, València: Denes.
CASSANY, D. & Luna, M. & Sanz, G. 1994. *Enseñar lengua*, Barcelona: Graó.
CASTILLO MÁS, M. 1896. *Ecos de mi lugar: Historia, topografía, costumbres y otras menudencias del pueblo de Yátova*, Valencia: Imprenta de M. Manaut.
COLOMINA, J. 2000. "El dialecto murciano como resultado del contacto lingüístico medieval castellano-catalán", in: *Estudios de Sociolingüística* 1/1, 153-172.
CUENCA, M. J. 2003. "Formació lingüística dels enseñants", in: Martines, C. ed. *Llengua, societat i ensenyament*, Alacant: Institut Interuniversitari de Filologia Catalana, vol. I, 67-

88.
DÍAZ CASTILLO, M. 2007. "Las hablas andaluzas en el bachillerato", in: Moya Corral, J. A. & Sosiński, M. edd. *Las hablas andaluzas y la enseñanza de la lengua*. Actas de las XII Jornadas sobre la enseñanza de la lengua española, Granada, 105-108.
DNV = *Dicccionari Normatiu Valencià*. Acadèmia Valenciana de la Llengua. http://www.avl.gva.es/dnv
DRAE = Real Academia Española. *Diccionario de la lengua española*. Real Academia Española. http://www.rae.es/recursos/diccionarios/drae
FERNÁNDEZ, J. M. & AGULLÓ, M. C. 2002. *Los temas educativos en las Memorias del Magisterio Valenciano (1908-1909)*, València: Universitat de València.
GARGALLO, J. E. 1992. "Sobre el registro de aragonesismos en las sucesivas ediciones del DRAE", in: Vilanova, A. ed. *Actas del X Congreso de la Asociación Internacional de Hispanistas*, vol. 4, 1169-1182.
GARGALLO, J. E. 2007. "Joan Coromines i el lèxic dels altres valencians", in: *Zeitschrift für Katalanistik* 20, 35-61.
GULSOY, J. 1968. "L'origen dels parlars d'Énguera i de la Canal de Navarrés", in: *Estudis Romànics* 12, 317-338.
HADWIGER, J 1905. „Sprachgrenzen und Grenzmundarten des Valencianischen", in: *Zeitschrift für romanische Philologie* 29, 712-731.
JIMÉNEZ, J. M. 2004. "La enseñanza de la lengua española en contexto dialectal. Algunas sugerencias para el estudio del caso murciano", in: Jiménez Cano, J. M. ed. *Actitudes lingüísticas en Dialectología. Estudios Sociolingüísticos del dialecto Murciano. Revista electrónica de estudios filológicos* 8, http://rua.ua.es/dspace/bitstream/10045/19235/2/MUESTRARIO.pdf, consulta: 27.10.2014.
LEWANDOWSKI, T. 1982. *Diccionario de Lingüística*. Traducción de *Linguistisches Wörterbuch*, Quelle & Meyer, a cargo de Mª L. García Denche y E. Bernárdez. Madrid: Cátedra.
LONGA, V. M. 2008. "Sobre prejuicios lingüísticos y la necesidad de desterrarlos del ámbito educativo: dialecto estándar y dialectos no estándares", in: *Aula de Encuentro* 11, 167-186.
MARTÍ, E. & APARICIO, S. 2005. *El habla de Anna*, Canals: Gràfiques Marai.
MONJO, J-Ll. & PÉREZ, V.-J. 2005. "Interferències lèxiques a l'Horta d'Oriola", *Revista Valenciana de Folclore* 6, 35-80.
MORENO CABRERA, J. C. 2000. *La dignidad e igualdad de las lenguas. Crítica de la discriminación lingüística*. Madrid: Alianza Editorial.
MORILLO-VELARDE, R. 2001. "La ecología dialectal como método de desarrollo sociolingüístico en el aula", in: de las Heras, J. et al. edd. *Estudios sobre la modalidad lingüística andaluza en el aula*, Huelva: J. Carrasco, 143-166.
NGLE = REAL ACADEMIA DE LA LENGUA ESPAÑOLA (RAE) Y ASOCIACIÓN DE ACADEMIAS DE LA LENGUA ESPAÑOLA (ASALE). 2009. *Nueva gramática de la lengua española*, 2 vols., Madrid: Espasa.
ORTELLS, S. 2010. "Actitudes y conciencia lingüística en Fanzara", in: Casanova, E. ed. *Els altres parlars valencians. I Jornada de Parlars Valencians de Base Castellano-aragonesa*, València: Denes, 399-433.
PARAKRAMA, A. 1995. *De-hegemonizing language standards. Learning from (Post) Colonial Englishes about English*. Basingstoke: Palgrave Macmillan.

PENALBA, T. & NAVARRO, A. 2005. *Aproximación a la historia del habla de La Hoya de Buñol-Chiva*, in: http://www.iecomarcales.org/htm/REV2/B5.HTM, consulta: 06.08.2014.

ROCA, S. 2007. "Norma o variedad fonética: análisis en el IES de Albatera (Alicante)", in: Balmaseda, E. ed. *Las destrezas orales en la enseñanza del español L2-LE,* vol. 2, 943-952.

ROPERO, M. 1988. "La modalidad lingüística andaluza en el aula: actitudes y comportamientos sociolingüísticos", in: Heras, J. ed. *Actas de las II Jornadas sobre la Modalidad Lingüística Andaluza,* Huelva: Ed. J. Carrasco, 85-103.

ROPERO, M. 1989. *Estudios sobre el léxico andaluz*, Sevilla: Ediciones el Carro de la nieve.

SANCHIS GUARNER, M. 1969. "Noticia del dialecto de Énguera y la Canal de Navarrés (Prov. de Valencia)", in: *Revista Valenciana de Filología,* Anejo del Tomo VII / *Actas del XI Congreso Internacional de Lingüística y Filología Románicas,* Madrid, (1965-68), 2039-2045.

SEMPERE, J. A. 1995. *Geografía lingüística del murciano con relación al substrato catalán*, Murcia: Academia Alfonso X el Sabio.

SINNER, C. ed. 2005. *Norm und Normkonflikte in der Romania,* München: Peniope.

TUSÓN, J. 2003. *Los prejuicios lingüísticos*, Barcelona: Octaedro.

Escritura en Educación Primaria: análisis de resultados de una secuencia didáctica sobre la nota crítica

Eduardo España Palop (València)
Paulina Ribera Aragüete (València)

Resumen
Este artículo se enmarca en la orientación que desde hace un tiempo rige una buena parte de la investigación en el campo de la Didáctica de la Lengua: la creación de un dispositivo de enseñanza asociado a proyectos de escritura. La enseñanza de la escritura mediante secuencias didácticas se ha revelado como un método eficaz para que el alumnado adquiera las capacidades necesarias para producir textos escritos. Aquí presentamos la investigación desarrollada con alumnos de cuarto curso de Educación Primaria del colegio público Jaume el Conqueridor de la localidad valenciana de Catarroja en relación con el género textual de la biografía. Este trabajo ha constado de las siguientes partes: elaboración de unos criterios de análisis de los textos, creación e implementación de una secuencia didáctica a partir del estudio de notas críticas escritas por el alumnado, análisis comparativo de los textos iniciales y finales de la secuencia Mediante la secuencia didáctica se ha conseguido que los alumnos sean conscientes de las dimensiones que componen una biografía y que mejoren la escritura de este género textual.

Palabras clave: Educación Primaria, secuencia didáctica, género textual, biografía, análisis resultados.

1. Introducción

Desde hace años se viene defendiendo la idoneidad de que la enseñanza de la lectura y la escritura tome como base los géneros discursivos (Dolz 1995: Camps 1994; Ribera 2008). Si se toma el texto como unidad fundamental de comunicación (tanto oral como escrita), el objetivo último de la enseñanza de lenguas debe ser que los alumnos sean capaces de producir e interpretar los distintos géneros textuales que tienen cabida en la sociedad; pues, como ya señalaba Bajtín (1982, 267), estos géneros están en la base de cualquier comunicación: "Nos expresamos únicamente mediante determinados géneros discursivos, es decir, todos nuestros enunciados poseen unas formas típicas para la estructuración de la totalidad, relativamente estables".

El trabajo que aquí presentamos está incluido en una investigación más amplia del Grupo GIEL en la que se trabaja con proyectos de escritura para Educación Primaria. Estos proyectos de escritura se materializan en secuencias didácticas que abarcan diversos géneros (biografía, nota crítica, cuento...) y diversas lenguas (español, catalán e inglés). Concretamente, aquí presentamos los resultados de la implementación de una secuencia didáctica sobre la nota crítica en cuarto curso de Educación Primaria. El trabajo que respalda estos resultados ha constado de la elaboración de un conjunto de criterios para analizar los textos, la creación de una secuencia didáctica basada sobre todo en las carencias observadas en notas críticas escritas por el alumnado, la puesta en práctica de la secuencia didáctica en el aula y, finalmente, el análisis comparativo de los textos iniciales y finales para indagar si la implementación de la secuencia didáctica había sido provechosa para los alumnos.

La elección del género no fue aleatoria, sino que se decidió junto con el profesorado y respondía a necesidades del centro. En este caso, los alumnos realizaron, como texto inicial de la secuencia didáctica, una nota crítica sobre libros pertenecientes a la biblioteca de cada aula. La finalidad era formar un archivo de notas críticas que permaneciese en esta biblioteca para ayudar a los estudiantes en futuras elecciones de libros. Como texto final de la secuencia, realizaron una nota crítica sobre la película *El diario de Greg*, también con el propósito de que las mejores se quedaran en la biblioteca para que los futuros alumnos tuvieran más información sobre qué películas escoger para ver en clase.

Estos proyectos de escritura toman como base las propuestas sobre las secuencias didácticas desarrolladas por Jean Paul Bronckart, Joaquím Dolz y Bernard Schneuwly en la *Université de Genève*. La estructura de secuencia didáctica seguida sería la siguiente (Dolz/Noverraz/Schneuwly 2001, 7):

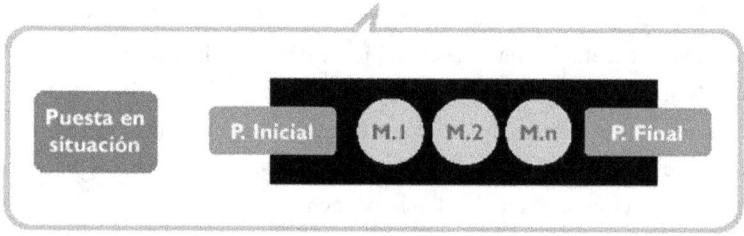

El hecho de adoptar las secuencias didácticas como herramienta metodológica para nuestra propuesta viene como consecuencia de tener los géneros textuales como referente y base de nuestros proyectos de escritura. Los géneros textuales, tal y como defienden Dolz/Gagnon (2010, 508) son herramientas culturales y didácticas a la vez:

> Las herramientas culturales son también herramientas didácticas; al mismo tiempo herramientas de enseñanza y herramientas de aprendizaje. Como herramienta de enseñanza, el género fija significaciones sociales. [...] El texto se presenta como la unidad de base de la enseñanza, en lo que es a la vez unidad funcional de la comunicación y una unidad comprobable de la actividad lingüística. [...] Trabajar a partir de representaciones sociales facilita el «sentido» de los aprendizajes. La representación del género fija el horizonte de expectativa para el productor y el receptor.

Consideramos las secuencias didácticas como una metodología propicia para desarrollar estos proyectos de escritura ya que, por un lado, posibilitan la producción de textos reales basados en géneros concretos que son útiles en nuestra sociedad; y por otro lado, permiten un trabajo secuenciado y estructurado alrededor de estos géneros, tal y como indica Zayas (2012, 72):

> La secuencia didáctica se formula como la integración de dos tipos de actividades:
>
> • Una tarea global consistente en la composición de un determinado género discursivo, es decir, de un texto situado en un contexto social, con una finalidad, un destinatario, etcétera.
>
> • Unas actividades encaminadas a lograr unos aprendizajes de acuerdo con unos objetivos explícitos que están relacionados con la tarea global y que, por tanto, sirven de ayuda para la composición del texto y como criterio s de evaluación.

2. Plan de trabajo

El trabajo se ha llevado a cabo en el Colegio Público *Jaume el Conqueridor* (Catarroja, Valencia) en segundo y tercer ciclo de Educación Primaria (3º, 4º, 5º y 6º). Este es un colegio que trabaja con un programa de inmersión lingüística. La primera lengua en el colegio es el valenciano; el español se introduce progresivamente. Además, el colegio se ha caracterizado desde sus inicios por contar con una potente dinámica de innovación. El alumnado que integra el centro proviene de un sustrato de población de clase media-baja y cuenta con la presencia de alumnos inmigrantes. El trabajo en las aulas se ha realizado en colaboración con el profesorado de cada curso. Esta colaboración ha sido previa a la implementación de la secuencia; cabe destacar que las actividades fueron presentadas a los maestros antes de llevarlas al aula y su opinión sirvió para introducir diversos cambios en ellas). Una vez finalizadas las actividades de aula, los docentes y los investigadores se volvieron a reunir para conocer la opinión de los primeros sobre cuál había sido la respuesta de la clase ante las actividades y qué aspectos consideraban que podían mejorarse de cara a futuros trabajos.

Se realizaron dos secuencias didácticas: una para segundo ciclo de Educación Primaria y otra para tercer ciclo. Ambas secuencias trabajaban el mismo género con la misma estructura de talleres y el mismo tipo de actividades. Dos eran las diferencias básicas: el nivel de complejidad de los contenidos y el peso concedido al valenciano y al castellano en cada secuencia. Las diferencias en el peso concedido a una y otra lengua en cada secuencia vinieron marcadas por la realidad lingüística del centro, el cual, como ya se ha indicado, lleva a cabo un programa de inmersión lingüística en valenciano. Esto implica que los alumnos, desde Educación Infantil hasta segundo curso de Educación Primaria, únicamente utilizan el valenciano como lengua académica. En tercer curso de Educación Primaria se empieza a introducir el castellano en las clases y esta lengua va ganando cada vez más peso durante el quinto y sexto curso. Este hecho propició que en la secuencia didáctica de segundo ciclo, el valenciano tuviese mayor protagonismo, mientras que en la de tercer ciclo, fuese el castellano el que adquiriese más espacio.

El plan de trabajo seguido fue, en primer lugar, concretar los criterios de análisis (aunque posteriormente sufrirían variaciones); en segundo lugar, identificar los conocimientos que ya tenían y aquellos de los que carecían los alumnos sobre el género de la nota crítica a partir de textos previos al diseño de la secuencia didáctica (para su escritura, les propusimos unas consignas en las que sus producciones tenían una finalidad real). En tercer lugar, crear e implementar una SD en la que los distintos módulos respondiesen a las necesidades de los alumnos. En cuarto lugar, comprobar si había habido una mejora en las producciones de notas críticas comparando los textos iniciales y finales.

En un principio, los propósitos que se buscaba conseguir con esta investigación eran: elaborar secuencias didácticas adaptadas a las necesidades de los alumnos; detectar las capacidades y los obstáculos de los alumnos a la hora de enfrentarse a un género escrito concreto; trabajar simultáneamente con dos lenguas (español y catalán) en una misma secuencia, con lo que se pretendía que los alumnos realizasen transferencias positivas entre una lengua y otra y comprobar los beneficios de la implementación de la secuencia didáctica..

3. Criterios de análisis de los textos

Para la realización del análisis de textos, el equipo investigador elaboró una serie de criterios (España 2012) a los cuales se incorporaron otros propuestos por Dolz (1994, 2009) y Dolz/Gagnon/Toulou (2008). Estos criterios fueron adaptados especialmente para el género de la nota crítica, y las dimensiones a partir de las cuales se realizó el análisis giraron en torno a tres grandes núcleos: la contextualización, la organización y la textualización.

Contextualización y contenidos temáticos	– ¿Es pertinente lo que se dice en relación con la consigna? – ¿Explica el contenido del libro? – Da argumentos en relación con la opinión que defiende? ¿Son pertinentes?
	– ¿Contrapone aspectos positivos y negativos a la hora de hacer la valoración del libro?
Organización	– ¿Se manifiesta el destinatario y el contexto en que se engloba el texto? – ¿Aparecen voces distintas a la del enunciador?
	– ¿El texto tiene título? ¿Es adecuado? – ¿Quedan diferenciadas las partes del texto (informaciones sobre el libro y opiniones acerca de él)? – ¿Los contenidos temáticos y los argumentos que proporciona el alumno siguen una evolución coherente?
	– Otros aspectos: Presentación del texto (márgenes, distribución espacial...)

	Adecuación del texto a los aspectos contextuales (pronombres, formas verbales)	– ¿Aparece el emisor en el texto? ¿Cómo se manifiesta (pronombres, formas verbales...)? – ¿Aparece el destinatario en el texto? ¿Cómo se manifiesta? – ¿Cuáles son los tiempos verbales que aparecen?
Textualización	La referencia	¿Cómo utiliza el alumno: – los sinónimos, hipónimos, hiperónimos...? – los pronombres, los adverbios? – la correlación de los tiempos verbales?
	La conexión	¿Cómo se enlazan las ideas?: – ¿mediante conectores? – ¿mediante signos de puntuación?
	Léxico	– ¿Se utiliza léxico específico? – ¿Qué léxico valorativo se utiliza?
	Otros aspectos: ortografía y algunas cuestiones normativas	¿Hay errores – en el trazo de los signos gráficos? (para los primeros niveles escolares) – en las correspondencias letra-sonido? – en la separación entre palabras? (contracciones y decontracciones) – en la acentuación? – vinculados a la morfosintaxis y al léxico? – de ortografía arbitraria?

4. Ejemplo de texto inicial

[Texto manuscrito: LA XIQUETA DEL BENICADELL]

Traducción al castellano (en esta traducción se han obviado, por irrelevantes para el trabajo que aquí nos ocupa, los errores ortográficos que presentaba el texto original):

La niña del Benicadell

Viernes 22 de febrero de 2013

Cuando Rosella era pequeñita sus padres sus padres se murieron y sus abuelos se hicieron cargo de ella. Su abuelo conocía muy bien todas las plantas. Un día cuando sus abuelos eran mayores su abuelo le dijo – Rosella ve n que te quiero contar un secreto. Y se murieron.

Rosella se fue a vivir a la montaña se hizo amiga de todos los animalitos. Un día se encontró una oveja de un pastor que está muriéndose estaba embarazada y la curó. El pastor muy contento avisó a todo el mundo, pero un mago se enfadó y empezó a hacer

> maldades con su magia. El secreto que le había dicho su abuelo era cómo invocar a la hada de los vientos la invocó y detuvo al mago; todo el mundo fue feliz.
>
> Descripción: Rosella es una niña a quien le gusta mucho curar y ayudar a la gente, es muy buena persona y es de pelo castaño y de estatura mediana.
>
> Recomendaciones: A mí me ha gustado mucho la parte en la que llama a la hada de los vientos y salva el mundo porque pienso que ha sido muy valiente por irse de casa y luchar contra un mago.

5. Análisis de los textos iniciales

Como primer paso de la secuencia didáctica, se pidió a los alumnos que leyeran un libro de la biblioteca del aula y, una vez leído, escribieron individualmente el texto inicial.

En las producciones iniciales se observa, en cuanto a la contextualización, que todos los alumnos siguen la consigna propuesta, es decir, todos realizan un texto en el que explican el contenido del libro y dan su opinión. En cuanto al argumento del libro, todos lo explicitan, pero de forma demasiado extensa y sin integrar la información sobre la historia y los personajes; suelen escribir primero de qué trata la historia y después aportan la descripción de los personajes.

En la cuestión de si dan argumentos en relación con la opinión que defienden, la mayoría aporta argumentos pertinentes de acuerdo con su recomendación. El problema es que son argumentos demasiado abstractos ("es divertido", "es chulo", "es guay") o demasiado ligados a algún aspecto concreto de la historia que les ha llamado la atención ("A mí me ha gustado mucho la parte en la que llama a la hada de los vientos y salva el mundo"). No se basan en aspectos concretos del libro como la historia global, el estilo… Además, no contraponen aspectos positivos y negativos de la obra. Si el libro les ha gustado, todo lo que señalan es positivo, aunque sin concretar. Y si no les ha gustado, lo contrario. Normalmente no suele aparecer el destinatario ni voces distintas a la del enunciador a lo largo de los textos.

En el ámbito de la organización, todos los textos cuentan con el título del libro y el nombre del autor. Las diferentes partes del texto (contenido del mismo y opinión del autor) quedan diferenciadas ya que los alumnos siguen unos epígrafes propuestos por la maestra (resumen, personajes y recomendación). Sin embargo, los contenidos temáticos y los argumentos no siguen una evolución coherente, ya que, al seguir el esquema indicado por la maestra, los contenidos y los argumentos se presentan con un orden, pero el resultado no es un texto cohesionado, sino que aparece fragmentado en función de los distintos epígrafes.

En la textualización, empezando por la adecuación del texto a los aspectos contextuales, si atendemos a la aparición del emisor y el recepto r en el texto, se puede observar que el emisor aparece en las opiniones y se manifiesta mediante pronombres, formas verbales y adjetivos calificativos. El receptor no suele aparecer en estos textos iniciales. En cuanto a los tiempos verbales, los pasados son los más frecuentes en la parte referente a la información acerca de la historia, aunque a vece s escriben en presente. En la recomendación domina el presente.

En cuanto a la referencia, los elementos utilizados son los propios del nivel. En la conexión, se utilizan conectores y signos de puntuación, si bien de forma reducida (pocos conectores; puntos y aparte sobre todo).

Si nos adentramos en el aspecto terminológico, sí que aparece un léxico específico en las notas críticas, determinado por el contenido de cada libro. En cuanto al léxico valorativo, este aparece tanto en forma de verbos ("recomiendo, me gusta") o de adjetivos valorativos ("divertido", "chulo", ...). Sin embargo, este vocabulario valorativo se reduce casi exclusivamente a estas formas mencionadas.

Finalmente, en lo relativo a las características relacionadas con la ortografía y las cuestiones normativas, todos los fenómenos que se encontraron eran propios del nivel que se presupone a los alumnos. También aparecen algunos fenómenos de interferencia entre el castellano y el valenciano, aunque, al igual que los anteriores, son los esperables en este nivel educativo.

Como resumen, las principales carencias que se encontraron en las notas críticas iniciales de los alumnos fueron:

- Resumen demasiado extenso del argumento del libro.
- Falta de integración de las distintas informaciones que aportan en el texto: información sobre el argumento, sobre los personaje s, aspectos que les han gustado del libro, aspectos que no les han gustado y recomendación final.
- Falta de argumentos razonados para recomendar o no el libro.
- Contraposición de características positivas y negativas de una misma obra.
- Omisión sistemática de la figura del interlocutor en el texto.
- Falta de variedad en el léxico valorativo empleado.
- Uso reducido de conectores y de signos de puntuación.
- Errores ortográficos y de interferencia lingüística.

6. Módulos de la secuencia didáctica y ejemplo de actividades.

Los distintos módulos de la secuencia didáctica se realizaron tomando como base los resultados del análisis expuesto en el apartado anterior. De los cuatro módulos, únicamente el primero, que sirve para fijar este género concreto frente a los demás, no está íntimamente relacionado con ninguno de los aspectos observados en el análisis. En el segundo módulo, se focaliza a mejorar la extensión de los resúmenes y la creación de argumentos. El tercero, se intenta que integren todas las informaciones como un texto cohesionado y que aporten argumentos positivos y negativos sobre la obra. En el cuarto, se trabajan los signos de puntuación, los conectores y la riqueza de léxico valorativo. Todo esto sin olvidar los errores ortográficos y de transferencia lingüística, que se tratan de manera transversal a lo largo de toda la secuencia.

El primer módulo sirve como introducción al género y su objetivo básico es que los alumnos reconozcan la nota crítica entre otros géneros. Un ejemplo de actividad sería el siguiente:

5. Aquí tienes una serie de finalidades que pueden tener los textos. ¿Cuáles corresponden a los textos anteriores? Pon el nombre del texto junto a la finalidad que corresponda. Fíjate que hay más finalidades que textos, por lo que en algunas de ellas no tendrás que poner ningún nombre.

> receta de cocina, folleto publicitario, cuento, noticia deportiva, nota crítica de película

- Explicar cómo se realiza una comida: ....
- Organizar una evacuación en caso de incendio: ....
- Informar de un acontecimiento: ....
- Contar la vida de una persona: ....
- Anunciar una tienda para que la gente vaya a comprar: ....
- Dar una opinión sobre una película aportando argumentos: ....

En el segundo de los módulos, se trabaja qué tipo de información se debe incluir en los textos de este género. Valga la siguiente actividad, que hace referencia a unos textos que han aparecido anteriormente como muestra:

5. Realiza las siguientes preguntas a tu compañero/a y anota sus respuestas.

¿Has visto las películas de las que se habla en estos textos?	
¿Estás de acuerdo con las opiniones que expresan los textos?	
¿Cuál es tu opinión sobre *Shrek 4*?	
¿Cuál es tu opinión sobre *Toy Story 3*?	

En el tercer módulo, se trabaja la organización de contenidos en una nota crítica. Una actividad trabajada en este módulo fue:

> **1. Es el cumpleaños de Marina, una niña de Manises.** Sus padres le quieren regalar unos dvds de dibujos animados. Le han dejado elegir entre dos: *Bob Esponja* y *Phineas y Ferb*. El problema es que ella no sabe cuál elegir. Para poder decidirse, les ha pedido consejo a sus compañeros de clase. Aquí tienes dos consejos que le han dado. Lee cada consejo y completa la ficha que hay después.
>
> A.
>
> > En mi opinión, Bob Esponja es la mejor elección. Bob siempre se está metiendo en líos, aunque él lo único que quiere es estar tranquilo en su trabajo y disfrutar de su vida en el mar. En sus aventuras siempre le acompañan sus amigos Patricio y Arenita, y su mascota Gary. Además, su vecino Calamardo Tentáculos siempre está enfadado con él.
> >
> > Creo que con Bob Esponja no te vas a aburrir nunca, porque cada capítulo tiene una aventura diferente y todas son muy extrañas y entretenidas a la vez. Además, todos los personajes de la serie son muy divertidos.

La ficha a la que hace referencia el enunciado de esta actividad es la siguiente:

> **Pensad las respuestas en pareja y completad la ficha.**
>
> ¿Qué serie está recomendando? _____
>
> ¿Qué información da sobre el argumento de la serie?
> 1. _____
> _____
> 2. _____
> _____
>
> ¿Qué argumentos da para defender que le gusta la serie?
> 1. _____
> _____
> 2. _____
> _____
>
> ¿Cuál es tu opinión sobre esta serie? _____
> _____
> _____

El cuarto módulo trabaja los aspectos de textualización de la nota crítica y presta atención al léxico que se debe emplear y a los marcadores del discurso. Una de las actividades trabajadas en este módulo es la siguiente:

4. Observa la siguiente lista de palabras. Divídelas en dos columnas según sean palabras que sirvan para introducir una opinión o según sean palabras que expresen un sentimiento concreto.

Creo, me agrada, me disgusta, opino, agradable, divertido, me hastía, me repele, gracioso, me fascina, pienso, me parece, entretenido, aburrido, considero, en mi opinión, me encanta, pesado, para mí, desde mi punto de vista, bueno, magnífico, tedioso, monótono, me gusta, me desagrada.

Palabras que sirven para introducir una opinión	Palabras que expresan concretamente los gustos, sentimientos, opiniones...
Creo, opino	me agrada, me disgusta,

7. **Ejemplo texto final**

[texto manuscrito ilegible: "EL DIART DE GREEG..."]

Traducción al castellano:

> El diario de Grec
>
> Un niño que se llama Grec, es muy desgraciado porque sus hermanos no paran de hacerle rabiar, tenía un amigo que dejó de ser su mejor amigo porque casi lo tiran de la patrulla de seguridad por su culpa, sus compañeros no lo tratan bien en la escuela. Su sueño era ser famoso. Pero aprendió que él no necesita ser famoso ni que la gente lo trate como a una estrella, solo necesita amigos que lo quieran tal y como es.
>
> A mí me ha gustado mucho, algunas escenas me han dado pena por Grec y otras me han encantado su obra es muy chula nunca pararía de verla.

8. Análisis final

Para la realización del texto final se les pidió a los alumnos que realizasen una nota crítica sobre la película *El diario de Greg*. Como principales características, y en comparación con los textos iniciales, el análisis de los textos arrojó los siguientes resultados:

En lo relativo a la contextualización y los contenidos temáticos, todos los textos se ciñeron a la actividad propuesta y todos incluyeron una explicación del contenido de la película. La diferencia con los textos iniciales es que la información sobre el contenido es más reducida, tal y como se había trabajado en la secuencia y, además, a diferencia de lo que ocurría en los textos iniciales, integra la información sobre la historia y los personajes. Muchos de los alumnos continúan centrándose demasiado en acciones concretas, pero algunos son capaces de hablar del tema general.

En relación con los argumentos que se aportan, casi todos los alumnos ya son capaces de basar su opinión en impresiones globales sobre la película y los argumentos que aportan son variados. En los primeros textos, los argumentos se basaban en hechos más concretos relacionados con la historia y eran, en general, poco variados. Al igual que en los textos iniciales, no se suelen contraponer aspectos positivos y negativos ni aparecen voces distintas a las del enunciador; sin embargo, sí que aumenta el número de alumnos que manifiestan el destinatario mediante el uso de la segunda persona en la parte argumentativa.

En cuanto a la organización, al igual que en los textos iniciales, todos los textos empiezan con un título, aunque este no tiene nada de creativo, pues es el título de la película, que escribieron todos al principio por indicación de las maestras. Sobre la ordenación del contenido, por un lado se observa que la mayoría las diferencia claramente: en primer lugar la información sobre la película y después la opinión; por otro lado, los contenidos temáticos y los argumentos sí que siguen una evolución coherente, y resultado de esto, es que disminuye el número de alumnos que marca explícitamente esta separación mediante epígrafes; prácticamente todo el alumnado hace una redacción integrada.

Si nos adentramos en la textualización, y centrándonos en primer lugar en la adecuación del texto a los aspectos contextuales, el emisor sigue apareciendo en los textos sobre todo en la parte de la opinión y recomendación; en cuanto al receptor, sí que se ha notado un incremento de su presencia en los textos finales (mediante pronombres y formas verbales) en la parte de la recomendación, hecho este que nos indica que los alumnos son más conscientes de que escriben para un destinatario. El uso de las formas verbales no sufre ningún cambio con respecto a los textos iniciales, sigue predominando el pasado en la parte de narración del argumento y el presente en la parte de opinión.

En cuanto a la referencia no se encuentran cambios significativos, pero sí en la conexión, ya que en los textos finales hay un mayor índice de aparición de conectores textuales, como "en primer lugar", "en segundo lugar", "para finalizar", trabajados en la secuencia didáctica. En esta misma línea, se observa un incremento en la variedad del léxico valorativo utilizado para opinar sobre la película. Se utilizan expresiones observadas en la secuencia como "me ha fascinado", "me ha encantado", "entretenido", "interesante", "graciosa", ...

Finalmente, la ortografía y los aspectos normativos, como ya se ha mencionado más arriba, no se trabajaron en la secuencia, por lo que no se analizaron ni en las producciones iniciales ni en las finales. Sí que se observó, sin embargo, que había menos errores debidos a la interferencia de lenguas que en los textos iniciales, hecho este que pudo venir provocado por haber trabajado la secuencia de una forma plurilingüe integrando el castellano y el valenciano.

9. Resumen de mejoras

Una vez realizados los análisis de las producciones finales, se puede establecer que mediante el trabajo con la secuencia didáctica la mayoría de los alumnos mejoraron los siguientes aspectos en sus notas críticas:

- El escrito final es un texto integrado con dos partes diferenciadas y no una suma de epígrafes.
- Se cuenta el contenido de la película de forma más abstracta, no se cuenta la película desde el principio hasta el final. El fin de una nota crítica es dar una idea del contenido de un libro o de una película sin desvelar toda la trama. En los primeros textos se hacía un resumen completo de todo el libro, en los textos finales se explica el argumento pero sin dar detalles.
- Los argumentos que se aducen en los textos finales son más variados que en los iniciales. Además, argumentan basándose en impresiones generales sobre la película y no en hechos concretos de la historia.
- El destinatario se hace más presente en los textos finales. La mayoría de los alumnos hace explícito el destinatario de los textos mediante formas verbales o pronombres.
- Se utilizan más conectores y más variados.
- El léxico valorativo empleado es mayor y, al igual que ocurre con los conectores, más variado.
- Se reducen los errores que son consecuencia de estar aprendiendo castellano y valenciano a la vez.

10. Conclusión

Todos somos conscientes de que en nuestras clases, las tareas de escritura han de tener como finalidad la producción de un texto, así como las tareas orales deben conducir a la producción de un discurso. Siguiendo a Casalmiglia y Tusón (1999, 15):

> Hablar de discurso es, ante todo, hablar de una práctica social, de una forma de acción entre las personas que se articula a partir del uso lingüístico contextualizado, ya sea oral o escrito. El discurso es parte de la vida social y a la vez un instrumento que crea la vida social. Desde el punto de vista discursivo, hablar o escribir no es otra cosa que construir piezas textuales orientadas a unos fines y que se dan en interdependencia con el contexto (lingüístico, local, cognitivo y sociocultural).

Estas premisas son las que han guiado este trabajo con alumnos de Educación Primaria tomando como base las secuencias didácticas. Los resultados de nuestra investigación han respondido a los objetivos preliminares que se habían planteado. En primer lugar, se han creado secuencias didácticas adaptadas a las necesidades de los alumnos, pues para la creación de los distintos talleres se partió de un análisis previo de textos que evidenció cuáles eran las principales carencias de los alumnos en relación con los textos que se iban a trabajar. Además, las secuencias didácticas se insertaron temáticamente dentro del trabajo habitual del centro al aprovechar contextos escolares reales para que los alumnos elaborasen los textos. Todos los alumnos, en diferentes medidas, han experimentado una mejoría en sus producciones textuales después de trabajar los distintos talleres que componían las secuencias. Finalmente, también se ha podido comprobar que el hecho de realizar las secuencias didácticas introduciendo dos lenguas ha sido beneficioso para los alumnos, pues les ha permitido realizar transferencias positivas en aspectos textuales comunes (por ejemplo, el uso de marcadores discursivos).

Referencias bibliográficas

BAJTÍN, M. 1982. *Estética de la creación verbal*. México, DF: Siglo XXI.
CAMPS, A. 1994. *L'ensenyament de la composició escrita*. Barcelona: Barcanova.
CASALMIGLIA, H. & TUSÓN, A. 1999. *Las cosas del decir*. Barcelona: Ariel.
DOLZ, J. 1994 "Seqüències didàctiques i ensenyament de la llengua: més enllà dels

projectes de lectura i d'escriptura", in: *Articles de didàctica de la llengua i de la literatura* 2, 21-34.

DOLZ, J. 2009. "Los cinco grandes retos de la formación del profesorado de lenguas", in: *V SIGET (Simposio Internacional de Estudos de Gêneros Textuais Internacional-O Ensino) em Foco. Agosto, 2009*, Caxias do Sul, RS, Brasil (comunicación).

DOLZ, J. 1995. "Escribir textos argumentativos para mejorar su comprensión", in: *CL &E: Comunicación, lenguaje y educación* 26, 65-78.

DOLZ, J., & GAGNON, R. 2010. "El género textual, una herramienta didáctica para desarrollar el lenguaje oral y escrito", in: *Lenguaje* 38 (2), 497-527.

DOLZ, J. & GAGNON, R. & Toulou, S. 2008. *Production écrite et difficulties d'apprentissage*. Ginebra: Carnets des sciences de l'éducation.

DOLZ, J. & NOVERRAZ, M. & SCHNEUWLY, B. 2001. *Séquences didactiques pour l'oral et pour l'écrit; Notes méthodologiques*. Bruselas: De Boeck.

ESPAÑA PALOP, E. 2012. "Reflexiones sobre la implementación de una secuencia didáctica", in: *Normas. Revista de estudios lingüísticos hispánicos* 2, 63-75.

RIBERA, P. 2008. *El repte d'ensenyar a escriure. L'inici de la producció de textos en Educació Infantil*. Valencia: Perifèric.

ZAYAS, F. 2012. "Los géneros discursivos y la enseñanza de la composición escrita", in: *Revista Iberoamericana de Educación* 59, 63-85.

Combinatoria léxica como parte de las habilidades lingüístico-discursivas de los escolares de Primaria

Vladimir Shyshkov (Valencia)

Resumen
A diferencia del sintagma, que es la unidad del análisis de la oración, la combinatoria léxica se observa como la unidad de síntesis, elemento de la producción del enunciado. La unidad de la síntesis lexemotáctica es frasema que actúa como medio para guardar los conocimientos que se conservan en las imágenes conceptuales. Enseñar a formar el conjunto frasémico con las designaciones que desintegran el concepto, presentado con un lexema, es una de las tareas de gran importancia para los maestros.

Palabras clave: combinatoria léxica, enseñanza, competencia lingüística y discursiva.

1. En la lengua generalmente se habla de tres niveles: el nivel de sonido (fonético), el nivel de palabra (léxico), y el nivel de oración (sintáctico). No obstante, en el campo sintáctico, además de la oración, tienen trato las unidades sintácticas como los sintagmas, frases, cláusulas. El sintagma es una unidad sintáctica obtenida como resultado del análisis oracional. Con el objetivo comunicativo de enseñar el proceso de expresión oral o escrita, es decir, que engloba la producción discursiva, la dirección cambia y al primer plano sale la operación mental de síntesis que se refiere a la concatenación del léxico para formar oraciones. En este caso vale la pena hablar del nivel que abarca la combinatoria léxica y se denomina frasémico. La combinatoria léxica, en este sentido, puede ser observada como el eslabón de paso del nivel léxico al nivel sintáctico, formando el nivel lexemotáctico, frasémico.

La unidad lexemotáctica, frasema, es una unión léxico-gramatical que no designa una idea acabada (como lo hace la oración), sino que crea una designación desintegrada de un concepto (por ejemplo, el concepto de *'camino'* se desintegra en *'camino largo'*, *'camino ancho'*, *'camino angosto / estrecho'*, *'camino correcto'*, *'camino polvoriento'*, *'camino de ida y vuelta'*, *'fin / final de camino'*, *'principio del camino'*, *'trayectoria del camino'*, *'la mitad del camino'*, *'elegir el camino'*, *'tomar el camino'*, *'asfaltar el camino'*, *'buscar el camino'*, *'cerrar el camino', 'encontrar el camino', 'recorrer el camino', 'cruzar el camino', 'cruzarse en el camino con alguien', 'atravesar el camino', 'emprender un camino'*, etc.). Como podemos ver, la palabra no es solo el "analizador" universal del objeto o fenómeno que designa, sino es, al mismo tiempo, el "instrumento" para sistematizar los conocimientos. Todas estas unidades son frasemas que en suma forman un conjunto conceptual del lexema "camino", desglosando, desintegrando su significado léxico-semántico polisémico en monosémico. Dentro de este conjunto el lexema revela su función, su semántica, mostrando el contenido concreto en cada uno de los frasemas, obteniendo así el sentido, apto para el uso monosémico, tan imprescindible para ser parte de la producción (síntesis) de la oración.

Los frasemas, como unidades del sistema de la lengua, forman parte de la línea de estratos sistémicos de la lengua compuesto de: *fonemas, morfemas, lexemas, frasemas, proposemas, dictemas y temas* etc. A pesar de que la combinatoria léxica se revela en la actividad discursiva, finalmente, se deposita en la memoria del ser humano en forma de unos vínculos rígidos (siguiendo los modelos reproductivos, lexemotácticos) dentro de las redes semánticas del intelecto humano. Con todo lo mencionado podemos incluirlos entre las unidades que forman el código de una lengua.

La combinatoria léxica (o el frasema, como su unidad) es conocida también con el término de *colocación*. El primero en hablar de la colocación fue J.R. Firth (1932), pero este científico ingés mencionaba el nombre de *collocation* en el contexto de *meaning by collocation* ('significado por colocación'), estudiando el significado léxico por su colocación en la oración. Los cambios de orden de los componentes frasémicos conllevan unas consecuencias semánticas de muy variada envergadura que proponemos ver en la colocación de los componentes frasémicos, por ejemplo, los típicos: *hombre pobre – pobre hombre, mujer bella – bella mujer*, así como: *océano de problemas – problemas del océano, serie de idiotez – idiotez de serie, grado de ignorancia – ignorancia de grado, practicante de la religión – religión del practicante, Valencia en fiestas – fiestas en Valencia, actuar por cuenta – cuenta por actuar, lucha sin desmayo – desmayo sin lucha, reconstruir por completo – completo por ser reconstruido*, etc. Como menciona Inmaculada Penadés (2001, 63), J. R. Firth tampoco ha aclarado el término de colocación. Posteriormente, el nombre de colocación pasa a caracterizar la relación entre los componentes del sintagma. Debido a que el término lingüístico 'colocación' cumple solo parcialmente el requisito para ser término referente a la combinatoria léxica en general, resulta ser evidente la función técnica del término *frasema*. Destacando el nivel frasémico en la didáctica de la lengua y literatura, en esta obra planteamos abordar los objetivos referentes a su propio aporte en el desarrollo de las competencias lingüística, discursiva y socio-cultural de los estudiantes. Para ello la presentación del material se ha dividido en partes argumentadas para mostrar la necesidad y la complicación, la problemática y la posible solución para que los estudiantes obtengan conocimientos efectivos sobre el sistema de la lengua, y mejoren sus propias destrezas y habilidades en la lectura y en el habla.

2. Para una breve argumentación de la necesidad de llamar la atención al trabajo del maestro en las clases de lengua y literatura referentes al conjunto frasémico, hemos de recurrir a unos cuantos momentos de carácter psíquico y lingüístico, referente a la lengua, habla, percepción, memoria, intelecto. Actualmente, los científicos llegan al acuerdo de que los conocimientos no están codificados en forma lingüística de signos de lengua, sino en forma de los "frames" que son marcos o cuerpos, estructuras, sistemas que representan el conocimiento unificado, generalizado sobre unas situaciones típicas, objetos y fenómenos que están detrás de los significados de palabras, de sus redes semánticas y de las relaciones predicativas. Como parece, el ser humano utiliza en su actividad discursiva las tres formas de codificación informativa sobre lo designado en sus expresiones lingüísticas. Podemos afirmar que el conjunto de frasemas como designaciones que desintegran el concepto presentado con un lexema engloba en sí las formas mencionadas. La lexemotáctica o la combinatoria léxica actúa como uno de los medios para conservar nuestros conocimientos (tanto cotidianos, como profesionales). Precisaremos con ello que la lengua no es lo que contiene nuestros conocimientos; estos no se conservan en la lengua, sino en las imágenes que contiene la memoria humana.

La lengua a través de los significados de los signos, a través de las expresiones lingüísticas sobre los conceptos de distinta índole, entre las cuales se encuentra el frasema, asegura su conservación. Junto con lo dicho hemos de comprender muy bien que memorizamos no tanto solo las palabras, las expresiones y los textos, sino el contenido que está detrás de ellos que, originariamente, no tiene forma lingüística, sino la forma de imágenes.

En este contexto hemos de recordar que en el transcurso del desarrollo ontogenético el ser humano asimila primeramente un sistema determinado de relaciones en la estructura del objeto percibido, igual que entre distintos objetos, y solo después "fija" estas relaciones en su lenguaje. Precisamente la lengua, realizada en la actividad discursiva, sirve para que el hombre obtenga una visión y entendimiento conscientes, así como otras formas de la percepción puramente humana.

Como lo consideran muchos psicoligüistas, el ser humano memoriza o "selecciona para recordar", en primer lugar, las expresiones predicativas, por ejemplo: "el perro ladra", "la hierba crece" "soñar es bueno", "dos por dos son cuatro", etc. y solo en segundo lugar, las palabras como tales, sean sustantivos, adjetivos, verbos, etc. Es posible que esto explique con que durante el aprendizaje de la lengua en la ontogénesis las expresiones predicativas sirven a los niños para destacar las palabras y que los niños asimilan y "reproducen" el léxico, pensándolo dentro de unos paradigmas (categorías y clases) de palabras muy variados.

Como ya hemos mencionado, los conocimientos se conservan en forma de los marcos conceptuales, de las redes semánticas y del "mecanismos semántico" de la predicación. No obstante, en el proceso de memorización el mecanismo de predicación es constante. Sin embargo, necesitamos codificar cierta parte de nuestra experiencia en una forma bastante "rígida". La lengua en este momento también viene a ayudarnos. Los fragmentos (las partes integrantes) de la experiencia humana forman una aleación con unos u otros signos de la lengua, con unas estructuras lingüísticas determinadas que llegaron al estado de automatismo. La lengua y el habla, indudable y muy activamente, participan en los procesos de reproducción. Es sabido que la reproducción de las imágenes memorizadas puede ser hecha adrede o no, y con estos propósitos o su ausencia acudimos al servicio de la lengua con una reproducción intencionada de los datos de nuestra memoria.

La lengua, a través del habla, como la actividad discursiva, asegura la categorización de lo percibido. Por ejemplo, al observar los rasgos de unos objetos agudos, nosotros los remontamos a una clase determinada, es decir, los categorizamos, diciendo que "estos objetos son agudos". En la percepción se vislumbra la unidad entre lo sensorial y lo racional, lógico. Percibimos los objetos que nos rodean como unas cosas que tienen para nosotros una importancia práctica determinada.

La lengua ayuda a formar, "estructurar" el material que se reproduce. La mayor parte de nuestras imaginaciones, como regla, no se reproduce mecánicamente, sino con creatividad y así se sistematizan, se precisan, se reconstruyen, etc. En esto el mismo empaquetamiento lingüístico de una expresión discursiva favorece a la formación de lo reproducido: las particularidades estructurales y funcionales de una lengua "incorporan" lo reproducido en unos marcos conceptuales determinados. En este empaquetamiento se produce una "aleación" intelectual de las imágenes y de los signos. Junto con esto la visión del objeto o el fenómeno cambia en dependencia de cómo lo denominamos, qué parte (característica suya) destacamos.

Si la memorización se produce con la participación de la lengua, el ser humano prefiere recordar, como regla, las unidades de información más grandes en comparación con más pequeñas. Se nota cierta jerarquía: los textos o, mejor dicho, su contenido – las oraciones con su sentido real, actual – las palabras con su significado generalizado; o las palabras – combinaciones de letras – letras, etc.

A pesar de que la lengua (el sistema de signos lingüísticos) desempeña un papel importante en los mecanismos de memorización, en realidad es solo uno de los medios de su "superestructura" y de su realización. No debemos olvidar que precisamente la actividad práctica, el habla como tal, y no la lengua, determina la memoria del individuo (su volumen, el contenido y las posibilidades funcionales). Junto con ello, como lo atestigua la experiencia, es muy complicado fuera de la lengua y sin su uso recordar, mantener y reproducir la información en un volumen grande y variado en su contenido. Por consiguiente, es muy importante el hecho de que el contenido de la actividad cognitiva, como lo subrayó W. Chafe, ha de ser "empaquetado" de la mejor manera posible.

Con esta tesis en el conjunto frasémico, como producto de lengua y habla, se refleja el concepto que engloba todo nuestro conocimiento y, por consiguiente, la posible información sobre el objeto o fenómeno, desintegrado en unidades monosémicas, y expresado en la combinatoria léxica observada en el conjunto frasémico. Desde el punto de vista de contenido se le aplica el análisis conceptual. La "actualización" de esta información en nuestra conciencia, en nuestra imaginación y la reflexión de los rasgos y cualidades más importantes de un objeto, de su "funcionalidad" es imposible que se realicen sin el uso de los signos lingüísticos, precisamente porque estos son capaces de fijar en una variante óptima y conservar la información sobre uno u otro objeto que viene a ser empleado en las acciones mentales.

En la práctica discursiva, el frasema, como regla, no tiene uso independiente, sino que actúa en la formación del enunciado. Como hemos dicho, el frasema no coincide con el sintagma, puesto que el sintagma es la unidad de análisis de la oración. Se puede afirmar que el frasema descubre las asociaciones de tipo sintagmático, pero no siempre coincide con el sintagma, por ejemplo, si lo comparamos con el sintagma preposicional (S Prep.) *en el salón* (¿cual?), o el sintagma nominal (SN) *aquella mujer* (¿qué?), o el sintagma predicativo de Vcop.+SAdj. *es bueno* (¿qué cosa?), puesto no presentan la idea en su enteridad, que les falta otro elemento que exprese cierta parte de la idea. El concepto de sintagma puede abarcar, por ejemplo, todo el sintagma predicativo (SP) que a su vez puede incluir los sintagmas de complementos.

Debido a que el frasema es la unidad de síntesis de las palabras en la producción del enunciado, hemos de mencionar que representa una idea en el proceso de su formación, en el establecimiento de ella: enseñar la frasémica a los estudiantes significa trabajar sobre los elementos del pensamiento que son elementos de la creación de ideas.

En este sentido merece recordar la tesis vygotskiana sobre el entramado que sobreviven el habla y el desarrollo psíquico-intelectual del niño. Como lo menciona el insigne psicólogo, las partes externa (formal) y la interna (semántica) del habla del niño se desarrollan en direcciones opuestas. La idea, generándose en el niño como "algo entero, confuso y no desintegrado", gracias al habla "se desintegra y pasa a ser construida de unas partes integrantes", mientras el niño "en su habla pasa de las partes a formar un entero desintegrado" (Vigotski 1996, 107).

El ser humano asimila los modelos de combinatoria léxica desde la niñez. Las actividades dedicadas a destacar, construir y usar los frasemas, desarrolla el lenguaje de los estudiantes, hace crecer su cultura discursiva. En el frasema se fijan los vínculos y las relaciones tradicionales entre las palabras, se muestra su combinatoria: se puede decir *atravesar el campo, cruzar el campo, atravesar el cristal*, pero no se puede decir *cruzar el cristal*, a pesar de que las palabras *atravesar* y *cruzar* son sinónimos. Se puede decir *olla de presión* y *olla exprés*, pero no se suele decir *olla de vapor*, etc.

3. El aspecto didáctico del problema de la relación entre la lengua y el pensamiento, desde nuestro punto de vista, concierne a lo siguiente. Por causa de que el aparato de imágenes y conceptos de nuestro pensamiento presenta por sí mismo un derivado muy complicado que se forma, por un lado, de los procesos psíquicos de la percepción y de la memoria, y, por otro lado, de los signos con una carga semántica de la lengua, entonces es producto del desarrollo intelectual y lingüístico del estudiante se centra en estos dos componentes. Los mecanismos mencionados se llevan a desarrollarse durante las actividades de habla coherente, por lo cual han de ser el centro de una atención especial en el desarrollo de las habilidades discursivas. Así como es imposible realizar una actividad mental efectiva sin una previa formación de las imágenes-representantes exactas, con un contenido sensorial e informativo sobre los objetos y los fenómenos de la realidad (aspecto pedagógico de la labor discursiva), de la misma manera esta actividad será infundada sin el apoyo en los signos universales de la lengua (aspecto de la formación de la competencia lingüística y de la competencia referente al uso adecuado de los signos lingüísticos en la actividad discursiva).

Sería menester recalcar que en el desarrollo de la competencia tanto lingüística, como discursiva, el papel primordial pertenece al desarrollo de la observación de los estudiantes tanto en el análisis, como en la síntesis de su experiencia, vivencias sensoriales y racionales de su cognición. Subrayando la determinación y el carácter socio-cultural de la observación, B. G. Ananiev destaca que además del "alfabeto de las imágenes visuales" (2008, 93), esta incluye una "peculiar sintaxis de la observación" (2008, 97). En el contexto del presente artículo los aspectos mencionados han de formar el centro de estudio de la combinatoria léxica en la educación primaria.

Los resultados de nuestro experimento hecho en tres colegios públicos en el 4º de segundo ciclo han mostrado que la palabra *el tiempo* evoca en los escolares las asociaciones más triviales con las palabras *bueno (buen tiempo), malo (mal tiempo), frío (el tiempo frío), caliente (el tiempo caliente)*, etc. Las asociaciones que surgen en la mente de los estudiantes son objeto de estudio y trabajo sobre el léxico, sobre su combinatoria, el enriquecimiento del vocabulario. Por lo cual, a los maestros de primaria les queda enseñar otra variedad del conjunto frasémico del lexema *tiempo*: *tiempo caluroso, tiempo cambiante, tiempo estable/ inestable, tiempo invernal/ otoñal/ primaveral/ estival, tiempo soleado, tiempo tormentoso, tiempo turbulento, tiempo veraniego; el tiempo se despeja/ cambia/ refresca, el tiempo amarga algo (el tiempo nos ha amargado la fiesta); inclemencias del tiempo*, etc.

4. El desarrollo de la competencia lingüística en el seno de la frasémica ha de seguir el camino de lo más amplio a lo más estrecho. Debido a que los frasemas son el material utilizado para la construcción de la oración, suelen ser estudiados desde el punto de vista sintáctico, desde la oración. La tarea de la escuela Primaria es enseñar a distinguir los frasemas y realizar las preguntas de la palabra principal a la dependiente o secundaria. Con ello toda la oración puede presentarse ante los escolares como una cadena que parte de los grupos de predicados y de complementos:

En el mar arrecia el viento,
pone el barco en movimiento,
y la nave a toda vela,
en pos deja blanca estela
ante la orilla escarpada
con la ciudad encantada.

En primer lugar, este trabajo es importante para los estudiantes de todos los ciclos. Es muy útil no solamente para el desarrollo del habla coherente, sino para el análisis sintáctico, y en primer lugar para el dominio de la puntuación. Sirve para que el alumno pueda orientarse en la estructura de la oración y en las dependencias entre sus miembros, sienta las bases para el uso consciente de las construcciones sintácticas en el lenguaje individual del estudiante, especialmente del escrito.

En segundo lugar, permite componer frasemas durante el estudio de las clases morfológicas de las palabras y otros temas de gramática y ortografía, para activar diferentes clases de palabras y de palabras nuevas. Las actividades de ejercitación unen el trabajo gramático-ortográfico con el desarrollo de las habilidades comunicativas de los escolares. Así, en el estudio del adjetivo los estudiantes relacionan el adjetivo con el sustantivo en género y número en base a los frasemas. Estudiando el adverbio componen frasemas: *va a la derecha – va a la izquierda* (incluye el trabajo con la antonimia), *sube arriba – desciende abajo*. Con el estudio del verbo, los estudiantes forman frasemas sin o con rección verbal: *dormir la siesta* y *dormir con ganas, encontrar resistencia* y *encontrarse con los amigos, pagar el viaje / pagar el servicio,* pero *pagar con tarjeta / pagar en efectivo,* etc.

En el trabajo con la frasémica se presta atención a dos partes del frasema. Desde el punto de vista formal, el frasema está compuesto de una palabra principal (lo explicado) y la otra dependiente (el explicante): *cielo azul, lluvia inesperada, parada de autobús, una malla de frutas, salir a la calle, leer en voz alta, comprar una casa.* La estructura gramatical (relaciones sintácticas, preguntas, clases de palabras que forman el frasema, presencia de preposiciones, determinantes, etc.) y la semántica del frasema que expresa uno u otro significado.

La labor con el significado de los frasemas se centra en correlacionarlos con los objetos y los fenómenos reales. Para esto el maestro utiliza la observación, el material ilustrativo y la experiencia vivida de los estudiantes. El significado se comprende mejor con las comparaciones de frasemas: *grano de trigo – grano de razón, grano de pus – grano de seriedad; entro en el despacho – salgo del supermercado.* Se utilizan los medios de sustitución con palabras o giros sinonímicos: *corre rápido – va volando – corre a todo correr; noche oscura – noche toledana – noche cerrada,* etc.

El sistema de enseñanza de los frasemas para la competencia lingüística comprende las siguientes actividades de ejercitación:

1. Encontrar enlaces lógicos entre las palabras de la oración o texto y hacer preguntas a las palabras subordinadas, lo que permite observar y aclarar las relaciones de dependencia entre las palabras.

2. Presentar esquemáticamente los vínculos entre las palabras dentro del enunciado: *El profesor joven estudia mucho: el profesor joven – el profesor estudia – estudia mucho*. La habilidad de encontrar los vínculos entre las palabras en la oración ayuda a los escolares a construir independientemente sus propias construcciones más complejas.

3. Explicar el significado de los frasemas encontrados en el texto. Naturalmente, el maestro elige solo los frasemas que requieren realmente explicaciones. *Las ocas volaron en cuña de las zonas frías a las tierras templadas*. Se explican los frasemas: *volaron en cuña* y *tierras templadas*. Muchas veces la explicación de los frasemas resulta ser más efectiva que la de palabras, puesto que en ellas se revelan los matices de sentido más exacto.

4. Componer posibles frasemas con las palabras nuevas que se han encontrado en el texto, lo que ayuda a entender más profundamente el significado y prepara a los estudiantes para emplearlos en su lenguaje. Por ejemplo, aparece la palabra *inagotable*, los escolares componen frasemas: *fuente inagotable, sed inagotable, fantasía inagotable, talento inagotable, tema inagotable, conversación inagotable, deseo inagotable, manantial inagotable*, etc.

5. Explicar el grado de cohesión, de matices emocionales, por esferas de uso de algunos frasemas, dados en contraste: *memoria buena – memoria excelente; memoria mala – memoria flaca; revisión profunda – revisión completa – revisión parcial; melodía pegadiza – melodía agradable*.

6. Componer frasemas con posibles combinaciones de clases morfológicas de palabras, por ejemplo, *mente*:
- (S+Adj.): *mente clara, mente abierta, mente lúcida, mente despejada*.
- (S+prep.+S): *mente de un malvado, mente de un perverso, mente de un sensato* con posibles incrustaciones: *mente de una persona malvada, mente de un individuo perverso, mente de un hombre sensato, mente de una mujer sensata*.
- (V+S): *ejercitar la mente, alimentar la mente, estrujar la mente* o *la*

mente se despeja, la mente descansa; la mente se distrae.
- (V+ prep.+S): *relajar la mente, grabar en la mente, quitar de la mente, desterrar de la mente, despojar de la mente.*
- (V+Adv.): *pensar seriamente, pensar brevemente, pensar maliciosamente, pensar bien/mal, pensar concienzudamente,* o en giros adverbiales: *pensar a lo grande, pensar en frío/en caliente, pensar a conciencia, pensar ni por asomo, pensar ni de lejos...*
- (Adv.+Adj.) *extremadamente vago, irresistiblemente atractivo, insoportablemente pesado.*

El grupo de ejercicios número 6 está destinado a ejercitar las habilidades para combinar las palabras, y así aumentar el volumen de posibles combinaciones, enriqueciendo de esta manera el vocabulario del estudiante. El grado de cohesión varía entre lo más recto a lo más figurado.

Como se puede observar, el sustantivo forma frasemas combinándose con el adjetivo o con otro sustantivo a través de la preposición.

El adjetivo como palabra principal del frasema, subordina el adverbio: *muy alto, inaguantablemente caliente.*

El verbo produce frasemas de los siguientes tipos: verbo en forma personal con el verbo en infinitivo: *piensa/quiere/suele dormir*; verbo con otro verbo a través de la preposición (rección): *empieza a / termina de / vuelve a leer*; verbo con el sustantivo: *escribe cartas* o con preposición *defendió a su hermana, trabaja en / vive en Logroño, salió del bosque / al camino, estudia con esmero, se preocupa por los viejos*; verbo con adverbio: *estudia bien / mal, giró precipitadamente*; verbo con adjetivo o participio: *resultó malo, salió enfadado.*

Los errores en los frasemas verbales con rección, es el área que implica mayor esfuerzo de trabajo ortográfico en Primaria. La habilidad de emplear la preposición correcta regida por el verbo se adquiere en la práctica de la lectura, en los ejercicios especialmente dedicados para elaborar la lista de verbos con sus recciones (preposiciones obligatorias o CRV - complemento de régimen verbal), lo que en suma permite organizar la prevención de posibles errores: *pensar **en** algo/alguien, soñar **con** algo/alguien, preocuparse **por** algo/alguien, despedirse **de** alguien, enseñar **a** nadar, venir **del** horno, aprender **a** pronunciar, salir **del*** *gimnasio, entrar **en** grupo, quitarse **del** medio, arrepentirse **de** sus hechos, fiarse **de** alguien, apto **para** el empleo,* etc.

La ventaja de la combinatoria léxica destaca en que gran cantidad de las actividades de ejercitación (gramaticales, ortográficas y otras) no se basan en un texto, en una oración, sino en frasemas que son bloques semántico-sintácticos para construir oraciones, por lo cual, el trabajo con ellos es el primer peldaño para componer oraciones, desarrollar la imaginación en el uso de la palabra y pasar a otro peldaño para crear sus propios enunciados, pasar al habla coherente.

5.   Para el desarrollo de la competencia discursiva desde el punto de vista de la combinatoria léxica se destaca la enseñanza de la oralidad presentada en las habilidades de lectura y de habla que han de seguir un camino parecido. El estudio del mecanismo combinatorio en ambas habilidades ha de pasar en un conjunto. La base para el enfoque indicado es la idea de que el mecanismo combinatorio en ambas modalidades de la oralidad es central, aunque se revela de distinta manera: en la lectura la combinatoria léxica es receptiva, en la cual resalta la anticipación y el pronóstico, y en el habla, es productiva, donde resalta la producción o generación del frasema.

En el contexto moderno de la didáctica que resalta la resultatividad del proceso de estudio, lo dicho anteriormente nos ha permitido a determinar y analizar los factores (condiciones) que influyen en las acciones combinatorias en la lectura y en el habla para que lleguen a ser eficientes:

1. *Nivel bien formado de los estereotipos "abiertos" de los vínculos entre las palabras* (que aseguran la velocidad y el automatismo de las acciones en la lectura y en la combinatoria en el habla). Como se sabe, la velocidad de la lectura depende del campo de dominio visual: mientras más amplio es el dominio visual, más rápido transcurre el proceso de lectura. Además, en la lectura el nivel de la formación de los estereotipos "abiertos" de los vínculos de palabras (frasema) y sus relaciones influye positivamente en el proceso combinatorio que se realiza a través del mecanismo de anticipación, por lo cual mientras los estereotipos indicados son mejor desarrollados, más rápido va a efectuarse el pronóstico. La velocidad en el habla también depende si los frasemas son más firmes, lo que

minimiza las acciones de recordar y acelera los procesos de la estructuración gramatical del discurso.

2. *Nivel de desarrollo del habla interna.* En la lectura es la parte fundamental en el proceso de semantización y puede actuar como una fonación interna (en la etapa inicial) o la audición intelectual en un lector más experimentado. En la actividad discursiva el habla interna cumple la función del mecanismo de arranque que pone en marcha el proceso de selección de las unidades necesarias para el enunciado. De esta manera, el habla interna es el mecanismo común para la lectura y la combinatoria léxica que ha de ser desarrollado especialmente.

3. *Nivel de formación de las imágenes contextuales.* En la lectura el contexto desempeña un papel muy importante para el proceso de semantizar el enunciado, puesto que en el contexto se actualiza el significado de las unidades lingüísticas. En el habla, gracias a su carácter situacional, la combinatoria léxica se correlaciona con un contexto determinado que se vislumbra en una u otra posición que revela el hablante en la situación.

4. *Nivel de perfección del mecanismo de anticipación.* De las obras de psicolingüística y didáctica sabemos que la combinatoria léxica se realiza sobre la base de una amplia estructura que abarca toda una oración en forma de un esquema y las palabras de apoyo del habla interna. Estas son las obligaciones lingüísticas y el principio de las obligaciones lingüísticas actúa tanto en la lectura, como en el habla. Por esta razón el mecanismo de anticipación es un mecanismo de mayor importancia que asegura un cumplimiento efectivo de las acciones combinatorias en la comprensión y en la expresión oral.

5. *Nivel de desarrollo de la memoria operativa.* Se sabe que los mecanismos de la memoria operativa poco desarrollados conducen a que las palabras en la lectura se someten fácilmente a una transcodificación y se mantienen en una forma "económica" dentro de los códigos no verbales de la memoria operativa de los niveles superiores. Con ello la memoria de niveles inferiores se libera para elaborar o procesar el componente frasémico siguiente. En el habla, igual que en la lectura, la memoria operativa ayuda a mantener vivos los sentidos semánticos y algunas características estructurales suyas. Todo esto asegura, a su vez, un buen y pleno funcionamiento del mecanismo de automatización durante la combinatoria léxica.

6. *Nivel de formación de los estándares audio-motores correctos de la unidades discursivas.* Como es bien sabido, la lectura y el habla se realizan con el apoyo sobre los estándares audio-motores, depositados en la memoria duradera del individuo. Precisamente las imágenes audio-motores actualizados en la memoria del analizador discursivo-motor, representan el "programa para la secuencia de los movimientos articulatorios" (Zímñaya 2001:149). Ellos mismos controlan y afianzan los movimientos discursivo-motores, lo que tiene una gran importancia para las destrezas articulatorias. Por consiguiente, el proceso de acumular las imágenes audio-motores es una de las condiciones muy importantes para el desarrollo de las habilidades de lectura y de habla.

Apoyándose en los factores mencionados, se puede destacar una serie de objetivos prácticos que en su cumplimiento permitirán utilizar al máximo su interacción en las clases de lengua y literatura. Estos objetivos se centran en:

1) formar unos correctos estereotipos firmes y dinámicos de los fasemas como unidades lingüísticas con sus vínculos típicos;

2) modular la entonación y acelerar la velocidad del habla interna;

3) asegurar un proceso efectivo destinado a que los estudiantes formen unas imágenes contextuales estables, firmes y automátizadas, basadas en los frasemas;

4) desarrollar el mecanismo de anticipación y pronóstico combinatorio en la lectura y en el habla;

5) aumentar el volumen léxico y frasémico de la memoria operativa.

El cumplimiento de estos objetivos es necesario para un buen funcionamiento del mecanismo de combinatoria léxica tanto en la comprensión, como en la expresión orales. No obstante existe una serie de problemas en el camino para obtener los objetivos indicados, por lo cual, pasamos a abordar los problemas que provienen de lo dicho. El primero de ellos es la formación de la imagen contextual de un texto literario.

Como se puede observar en la organización del trabajo con una obra o fragmento literarios en los existentes libros de texto, la imagen contextual empieza a formarse en la lectura y posteriormente se precisa durante el habla (durante el proceso de discusión sobre el contenido del texto). Una imagen contextual alterada o difusa provoca ciertas confusiones dentro de los parámetros cualitativos de la expresión oral que pueden referirse a:

– el contenido del discurso y la posición que ocupa el hablante en la situación se ven poco adecuados (el habla coherente se convierte en una palabrería);
– los estudiantes con mayor dificultad sacan de su memoria las unidades discursivas, guiándose por su rasgo funcional (la combinatoria léxica se atasca);
– el proceso de anticipación en la producción discursiva se altera;
– la flexibilidad de la expresión oral se pierde;
– algunos programas articulatorios se turban, etc.

Los problemas relacionados con la formación de una imagen contextual precisa, se revelan, ante todo, por ausencia de un sistema de gestión del proceso que responde por la formación semántica durante la lectura de parte del maestro. Se puede explicarlo con que durante un largo período el proceso de lectura se consideraba una simple descodificación del texto. Leóntiev (1997, 245) mencionó con justicia que el objeto de un análisis textual no suele ser sobre todo el texto, como una formación discursiva íntegra, que desde el punto de vista comunicativo está dirigida a ser comprendida, sino algunos componentes suyos que suelen ser determinados lingüísticamente. La poca aptitud de mantener en la memoria todo el contexto y una gran carga sobre la imaginación (que en algunos estudiantes puede ser poco desarrollada) llevan a que la lectura y su comprensión provocan un cansancio rápido y unas emociones negativas. Como regla, el resultado negativo llega a ser no solo la ausencia de una imagen contextualizada, sino la pérdida del interés hacia la lectura. Por esta razón en las clases de lectura ha de llegar a ser resuelto el problema de cómo formar en los alumnos una imagen contextualizada.

El segundo problema relacionado con el desarrollo del habla espontánea es el problema de la formación de los frasema correctos y firmes, con sus componentes y relaciones en el lenguaje oral desde el punto de vista fonético-articulatorio. Con un enfoque tradicional la formación de los frasemas en su modalidad visual, lo que crea ya por sí mismo una posible imagen fónica alterada y su posterior corrección en la clase, puede resultar complicada y llevar a unos problemas articulatorios en la expresión oral.

El otro lado de la calidad de los estereotipos combinatorios léxicos es su firmeza. Ser cualitativamente firme supone no solo que el frasema puede ser conservado en su estado inicial en la memoria, sino que puede ser restablecido de un modo espontaneo y rápido. En este caso nos enfrentamos con un problema más, referente a la flexibilidad de la habilidad discursiva, como el habla, que puede ser elaborada solo sobre la base de las actividades comunicativo-discursivas situacionalmente condicionadas (por vía de operaciones de diferentes contextos). Los valores principales suyos se centran en el carácter de la situación y la presencia de tareas discursivas (a excepción del relato del texto que en la mayoría de los casos no tiene base comunicativa).

El carácter situacional de las actividades asegura que los estudiantes memorizan muy bien el léxico y su combinatoria, apoyándose, según Rubinshtein, en la base funcional de la memoria que es el contexto (1986, 46). La presencia de las tareas discursivas favorece a que los estudiantes convivan subjetivamente con el léxico y, por consiguiente, con sus funciones dentro del discurso a nivel de su sentido semántico.

El tercer problema relacionado con el desarrollo de una expresión oral espontánea en las clases de lengua y literatura en Primaria es el aumento de la velocidad y modulación entonacional de la voz sacada del habla interna. La causa de este problema podemos observar, a nuestro parecer, en poca valoración del vínculo que existe entre el habla interna y la externa. La interrelación mencionada ha de tener necesariamente una propiedad de conjunto, es decir, ha de tener presentes todos los componentes estructurales: visuales, auditivos, discursivo-motores y grafo-motores. Se nota cierta tendencia, pero muy poca, de utilizar más la audición (remarcando la comprensión oral) con fines de desarrollar las habilidades de una lectura expresiva o antes de dramatizar los diálogos del texto. La infravaloración de la audición que ha que ser bastante abundante en las clases de lectura (por lo sorprendente que suene) influye negativamente en el desarrollo de la velocidad del habla interna y, por consiguiente, en el ritmo y la espontaneidad de la expresión oral y obstaculiza una modulación de voz y la entonación del texto durante la lectura individual de la obra literaria. Por esta razón hemos de hablar más que nada sobre la necesidad de un uso íntegro de la lectura y la audición en las clases de lengua y literatura, lo que permitirá crear unas condiciones óptimas para el desarrollo del mecanismo de acciones combinadas que es el más importante en el desarrollo de la oralidad en la educación primaria.

6. A base de lo expresado podemos hacer unas cuantas conclusiones didácticas necesarias para designar los jalones principales con el objetivo de desarrollar la competencia discursiva.

1. Para desarrollar la expresión oral espontanea el maestro ha de abastecer todo el proceso de la enseñanza discursiva, saliendo a nivel de sentido semántico, basado en el dominio de los medios léxicos y combinatorios del texto como objeto de estudio.

2. La estrategia de la enseñanza del léxico y su combinatoria en la actividad discursiva ha de prever la inclusión de la palabra en cuatro tipos principales de relaciones (vínculos): con las acciones que tienen lugar en la experiencia del estudiante; con los objetos que abarca su experiencia vivida, con las emociones y los sentimientos provocados por su experiencia; con los conceptos e imaginaciones que se han constituido hasta el momento en la actuación del alumno.

3. Durante la discusión sobre el texto literario y, en particular, en el análisis del lenguaje de los personajes, el maestro ha de llamar la atención del alumnado en las expresiones y, particularmente, en los frasemas que abarcan el problema, el objeto de discusión, los sentimientos, los motivos del texto y los medios discursivos de los protagonistas.

4. Un requisito obligatorio para cada actividad que se propone en las clases de lectura y el habla coherente es la presencia inevitable de una tarea determinada sobre el funcionamiento, la estructura, el carácter de la combinatoria léxica.

5. Para asegurar una actualización de los campos semánticos de palabras y, por consiguiente, de la selección de frasema, como una unidad discursiva, es menester llamar la atención de estudiantes en la formación de los vínculos asociativos firmes entre la "palabra – imagen", "palabra-concepto", "palabra-sentido".

6. Para desarrollar las habilidades en la expresión oral es necesario realizar las actividades encaminadas a entrenar a los estudiantes a saber vislumbrar la conducta categorial y frasémica del léxico, involucrando más y más la combinatoria léxica para primeramente almacenar y luego extraerla de la memoria durante su empleo en la producción del discurso.

Referencias bibliográficas

ANÁNIEV, B. G. 2008. ¹1969. Ананьев Б. Г. *Личность, субъект деятельности, индивидуальность (Personalidad, sujeto de la actividad, individualidad)*, Moscú: Diret-Media.
BOSQUE, I. 2003. „Cuatro sentidos del concepto de 'colocación'. Teoría y aplicaciones", presentado en el *VI Congreso Internacional de Lingüística Hispánica*, Leipzig (texto inédito)
CHAFE W. L. 1975. *Значение и структура языка (Significado y estructura de la lengua)*. Traducción del inglés. Moscú: Nauka
LARA, L. F. 2004. *De la definición lexicográfica*, México: El Colegio de Mégico.
LEÓNTIEV, A. A. 1997. ¹1957. Леонтьев А. А. *Психология общения (Pasicología de la comunicación)*, Moscú: Smysl.
PENADÉS, I. 2001. "¿Colocaciones o locuciones verbales?", in: *LEA* 23, 1, 55-87.
RUBINSHTEIN, S. L. 1989. Рубинштейн С.Л. *Основы общей психологии (Bases de la psicología general)*, Moscú: Nauka.
SHYSHKOV, V. 2011. *Semántica combinatoria. Organización frasémica del lexicón*. Saarbrücken: Editorial Académica Española.
VIGOTSKI, L.S. 1996. *El desarrollo de los procesos psicológicos superiores*. Barcelona: Crítica.
ZÍMÑAYA, I. A. 2001. Зимняя И. А. *Индивидуально-психологические факторы и успешность научения говорению (Factores individuales psicológicos y el éxito de enseñar a hablar)*, Moscú/Voróñezh: Drofa.

Reflexión gramatical sobre los grupos sintácticos en los *hashtags* al hilo de una secuencia didáctica para aprender gramática. Propuesta de *núcleo pragmático*

Ana Veleiro (A Coruña)

A mi profesor Guillermo Rojo
y a mis alumnos.
Por todo lo que me han enseñado.

Resumen
En el presente artículo se propone una secuencia didáctica para aprender gramática en el primer curso de Universidad, en torno a los grupos sintácticos (frases o sintagmas) de los *hashtags*. Se estudian estos enunciados como unidades de conversación coloquial, como actos escritos. Además, a los ejemplos del corpus se aplican los distintos criterios que se han utilizado para definir el núcleo de una unidad. Se concluye proponiendo el concepto de *núcleo pragmático*, que es la unidad sintáctica prominente que orienta la interpretación del receptor, es el elemento que dota de sentido la unidad. Atendiendo a esta definición, serán núcleos todas las clases de palabras léxicas, las interjecciones, las preposiciones y conjunciones, pero no los determinantes. Otra actividad de la secuencia didáctica es, por ejemplo, el establecimiento de la jerarquía constitutiva de los grupos sintácticos, particularmente, de los grupos nominales, para lo cual es útil la *Nueva gramática básica de la lengua española*, de la RAE y AALE. Mi propuesta didáctica evidencia, entre otras cuestiones, la complejidad del actual campo de trabajo de la didáctica de la gramática y la necesidad de ampliarlo hacia las "lingüísticas del uso".

Palabras clave: grupo sintáctico, frase, sintagma, *hashtag*, secuencia didáctica, núcleo, gramática y pragmática, acto escrito.

1. Presentación

El grupo sintáctico (denominado también *frase* o *sintagma*) es una unidad privilegiada para introducir al estudiante en el razonamiento propio de la gramática.[1] Es verdad que la palabra es la unidad mínima de la sintaxis, sin

---

[1] Artículo realizado bajo el proyecto de investigación *Diccionario 'Coruña' de la lengua española estándar actual (continuación)* (FFI2011-23064), financiado por el Ministerio de Ciencia e Innovación.

embargo, hay que tener en cuenta que en esta disciplina la palabra interesa en cuanto que se combina con otras, por tanto, en cuanto que forma grupos sintácticos y unidades superiores. Así pues, el grupo sintáctico es, en cierto sentido, la unidad menor propiamente sintáctica. En suma, su análisis es fundamental para iniciarse en la descripción sintáctica.

El estudio de esta unidad contribuye al aprendizaje constructivo de la sintaxis.

Según Camps (2010, 24), para que este se dé es preciso que los alumnos adquieran los conocimientos debidamente estructurados, y posiblemente la única forma para que esto se produzca en el ámbito de las unidades sintácticas es presentarlas organizadas, ubicando el grupo sintáctico entre la palabra y la oración. En la *Nueva gramática básica de la lengua española* (en adelante, con las siglas *NGBLE*; pp. 6 y ss., 12 y ss., 247 y ss.)[2], se recoge la siguiente relación de unidades sintácticas: la construcción (construcciones coordinadas, construcciones condicionales, concesivas, comparativas, superlativas, entre otras), la oración, el grupo sintáctico y la unidad límite, la palabra.

También, el estudio de los grupos sintácticos afianza la identificación de las distintas clases de palabras. Asimismo, el grupo es la unidad sintáctica menor en la que se trabaja con el concepto de núcleo y en la que se muestran los conceptos de argumentos, adjuntos y estructura argumental[3]. Además, los grupos sintácticos son unidades privilegiadas para mostrar las relaciones constitutivas, la jerarquía de una construcción. Finalmente, el grupo sintáctico es la unidad gramatical menor que se ha de analizar sintácticamente.

Esta importancia del grupo sintáctico contrasta con el hecho de que sea una unidad gramatical muy descuidada en la enseñanza secundaria y en bachillerato. Es verdad que su descripción es compleja; de hecho, incluso resulta difícil para los alumnos de primero de Universidad. Sin embargo, curiosamente, las nuevas tecnologías están ofreciendo múltiples mensajes con estas estructuras: muchas de las etiquetas de Twitter, de los blogs, de los vídeos y también de la publicidad son

---

[2] En la definición inicial de sintaxis de la *NGLE* (§ 1.1a) y del *Manual* (§ 1.1.1a) no se menciona explícitamente la oración como unidad sintáctica, posiblemente se deba a la dificultad teórica que implica la inclusión de la tradicionalmente denominada oración compuesta.

[3] Para ampliar estas cuestiones, véanse *NGBLE* (pp. 10-11); *Manual* (§ 1.6.1c, d); *NGLE* (§ 1.12e, f, i, j).

grupos sintácticos. Y, de entre estos ejemplos, en este artículo estudiaremos los grupos sintácticos en los *hashtag*, como por ejemplo: #*cosasquevanjuntas;* #*mentirasmasusadas;* #*vistoenfacebook.* El término *hashtag* procede del inglés, de *hash,* 'almohadilla' y *tag,* 'etiqueta'. Es una etiqueta de metadatos formada por una o varias palabras concatenadas, delimitada por la izquierda con una almohadilla y por la derecha con un espacio en blanco; el *hashtag* sintetiza un tema o tópico, lo que permite organizar y agrupar la información en las redes sociales.

En la exposición que sigue esbozaré reflexiones gramaticales que, a mi modo de ver, habría que hacer en el aula con los grupos sintácticos de estas etiquetas. Para eso he reunido un pequeño corpus de casi cien *hashtags.* Y, además, con motivo del tricentenario en el 2013 de la fundación de la Real Academia Española, también comprobaremos si la transposición didáctica que se ofrece en la *NGBLE* resulta útil para el aprendizaje de los alumnos.

2. Orientaciones didácticas sobre cómo trabajar los grupos sintácticos de los *hashtags*

A partir de mi experiencia como docente de un curso de introducción a la descripción gramatical del español en primero de Universidad, he diseñado una secuencia sobre un concepto sintáctico explícito (Camps 2006, 36): los grupos sintácticos de los *hashtags*; se ha planificado a partir de las reflexiones de Camps & Fontich (2006, 102) y de Camps (2010, 16, 20).

Esta secuencia didáctica para aprender gramática, como todas en general, se organiza en tres fases, que se someten constantemente a evaluación (evaluación cíclica y recursiva). En la segunda, en la que propiamente se desarrolla la tarea, se hará hincapié en cuestiones teóricas de especial dificultad para los estudiantes, entre ellas, el concepto de núcleo y su aplicación.

2.1 Primera fase

La evaluación inicial ofrece los siguientes resultados. Gran parte de los alumnos llegan a primero de Universidad manejando conceptos lingüísticos espontáneos, no científicos; sin aplicar criterios claros para discriminar e identificar unidades y funciones; sin saber determinar cuál es la estructura jerárquica (relaciones constitutivas) de los grupos sintácticos. También se observa que en general no están habituados a reflexionar críticamente, ni a consultar gramáticas o diccionarios de calidad —prácticamente solo consultan Internet, sin previa valoración— y no han trabajado con muestras reales de cierta complejidad.

Constatada la situación actual real, se comenzará la secuencia presentando la tarea, destacando los objetivos y negociándola con los alumnos. Se trata de realizar una pequeña investigación en equipo, que consiste en la identificación de los grupos sintácticos en los *hashtags*, en la reflexión sobre su estructura funcional y jerárquica, y en su propuesta de análisis. Para ello, el profesor será mediador, guía, catalizador, y animará a usar bibliografía, entre la cual está la *NGBLE*.

Así pues, el desarrollo de la tarea podría sintetizarse con las siguientes cuestiones, cada una de las cuales se correspondería con una actividad: ¿cuál es la construcción preferida en los *hashtags*?, ¿cuáles son los núcleos?, ¿qué grupos sintácticos preferimos escribir en estas etiquetas?, ¿qué estructura constitutivo-funcional tienen estas unidades?, ¿cómo han de analizarse sintácticamente? La tarea final, que englobará las demás, será elaborar un informe académico sobre los grupos sintácticos para el uso de los propios alumnos. Por motivos de espacio, en este artículo únicamente podré desarrollar algunas de las cuestiones citadas.

2.2 Segunda fase

A continuación, los estudiantes formarán grupos de trabajo (aprendizaje colaborativo). Lo primero que habrá de hacerse es recoger *hashtags* para establecer un corpus común. No cabe duda de que es muy motivador trabajar con secuencias reales, dotadas de variabilidad y creadas por los mismos alumnos en su tiempo de ocio, en sus prácticas vernáculas (Cassany 2012, 92).

2.2.1 Actividad: ¿Sorprenden los enunciados que los internautas incluyen como *hashtags*? Los *hashtags* como unidades de conversación coloquial

Una vez establecido el corpus, será analizado por los estudiantes. Desde el punto de vista lingüístico, es relevante que para los usuarios de Twitter los *hashtags* sean cadenas aislables y autónomas; realmente, reúnen todas las características de un *enunciado* (v. por ejemplo *NGBLE*, pp. 11, 228; *Manual*, § 1.7.1b, 42.1.1a; *NGLE*, § 1.13f-i). Los alumnos se sorprenderán de que no todos los enunciados sean oraciones. Además, les llamarán la atención determinadas estructuras, especialmente aquellas que están marcadas con rasgos propios de la oralidad, concretamente, de la conversación coloquial; de hecho, los *hashtags* son *actos* escritos (Briz et al. 2003, 31)[4].

Muchos de los *hashtags* parecen extraídos de un *intercambio* dialógico que se está produciendo por escrito entre los usuarios de Twitter, del que solo captamos una de las dos *intervenciones*[5]. Así, hay *hashtags* que podrían pasar por *intervenciones iniciativas* (Hidalgo & Padilla 2006, 113-114): *#oyenotelohedichopero*, mientras que otros podrían pasar por *intervenciones reactivas* (Hidalgo & Padilla 2006, 113-114): *#peroylagoleada; #PeroAlMenosLoAdmito; #yotambienmemeticonlarocio; #yosoyvenezolanoynosaqueo; #EstamosEnLaMisma; #asisi*. Realmente, los enunciados expresados en las etiquetas podrían pasar por *actos* escritos. La gran mayoría de los *hashtags* del corpus (el 87,9 %) expresan actos de habla asertivos, como *#cristianoesdeoro; #semanadetormentas; #trespalabrasquejoden*. El resto son actos de habla directivos (7,7 %; ejs.: *#casillasfuera-*

---

[4] Agradezco la sugerencia que en este punto me hizo la profesora Esperanza Acín Villa. Según Briz et al. (2003), *acto* es "Unidad estructural monológica, jerárquicamente inferior a la intervención, de la que es su constituyente inmediato, que posee las propiedades de aislabilidad e identificabilidad en un contexto dado" (Briz et al. 2003, 31). Además, el acto se caracteriza por poseer valor modal —presenta una fuerza ilocutiva— y también por mostrar unidad melódica (Briz et al. 2003, 31).

[5] La *intervención* se define como "Unidad monológica máxima estructural, asociada al cambio de emisor, que se caracteriza por ser o por provocar una reacción lingüística" (Briz et al. 2003, 17; Hidalgo & Padilla 2006, 112).

delmadrid; *#investigacionfichajebale*; *#MaduroRenunciaYA*), actos de habla expresivos (2,2 %; ej.: *#ÁnimoMarioYCastro*) y actos de habla declarativos (2,2 % del total; ej.: *#YoVotoARuth*).

Los escritores han concebido en apariencia incompletos el 17,58 % de total de *hashtag*, lo que obedece a una estrategia preconcebida de sus autores: buscan que el lector complete la secuencia. Corresponderían a *actos estratégicos suspendidos* (Briz et al. 2003, 43-44)[6]. Ejemplos: *#NadaMejorQue*; *#odioalosque*; *#OdioDemasiadoALosQue*; *#peorqueunluneses*; *#sonriocuando*; *#UnasGanasDe*. Un análisis más detallado permite observar también que algunos son *actos complejos* (Hidalgo & Padilla 2006, 120)[7], ya que están constituidos por, al menos, dos *subactos*. Ejemplos: *#correwillycorre3*; *#desenvolvimientoquenodesarrollo*; *#diloquequierasbiensabesque*; *#losientoestasenamorado*.

Finalizada esta primera toma de contacto con el corpus que habrá permitido observar las unidades de la conversación oral y los rasgos propios de esta modalidad, pasaremos a analizar las distintas unidades que aparecen.

2.2.2 Actividad: ¿Qué clase de palabra es núcleo del enunciado?

Esta actividad es fundamental para la comprensión de los grupos sintácticos, y también para la de las unidades sintácticas en general. Se trata de una tarea de resolución abierta, que consiste en el análisis crítico de los distintos criterios que se han utilizado para definir el núcleo de una unidad a partir de los ejemplos reales del corpus y en su aplicación a las clases de palabras.

Para comenzar se activarán los conocimientos previos sobre clases de palabras, con el fin de que el aprendizaje sea significativo. Después, pediremos a los alumnos que localicen la "categoría o clase de palabras central o fundamental en la

---

[6] Los *actos estratégicos suspendidos* son "estructuras gramaticalmente inacabadas, pero comunicativamente completas. Poseen una entonación final marcada, reconocible en forma de tonema ascendente o suspendido" (Briz et al. 2003, 43). En los *hashtags*, lógicamente, falta la marca correspondiente a la entonación, pero, como ya se indicó, sí muestran delimitación gráfica.

[7] La definición de *subacto* es la de "Unidad monológica estructural, constituyente inmediato del acto, caracterizada por constituir un segmento informativo e identificable en una conversación" (Briz et al. 2003, 47). Se identifica por ser un grupo entonativo.

constitución interna de un grupo sintáctico" (*NGLE*, § 1.11g).[8] Y aclararemos que solo tiene sentido hablar de núcleo si el elemento en cuestión ha recibido una expansión, si es el punto de partida de una expansión. Por lo que no tendrán sentido análisis como el siguiente: *Madrid* es un grupo nominal, en cuyo interior hay un núcleo desempeñado por un sustantivo.

Cuando los alumnos comiencen a intentar realizar la tarea, se darán cuenta de que el concepto de núcleo expuesto es poco preciso, por tanto, inmanejable. Por eso, el profesor expondrá varios modos de entender en qué consiste el carácter "central o fundamental" de un elemento. Para ello, haremos un estudio semántico, discursivo, sintáctico y pragmático de las unidades en la cadena que lleve a los alumnos a trabajar con los ejemplos aplicando distintas pruebas; en este artículo me detendré únicamente en la última. Finalmente, como síntesis, se les pedirá que elaboren un cuadro.

2.2.2.1 Criterio léxico

Será núcleo toda unidad léxicamente plena o constituida por unidades que lo sean. Este criterio establece una frontera entre, por una parte, las clases de palabras léxicas y, por otra, las gramaticales (*NGBLE*, p. 7; *Manual*, § 1.4.1b; *NGLE*, § 1.9c). Como prueba de aplicación de este criterio se podría proponer la de Zwicky (1985, 4): "in a combination X + Y, X is the 'semantic head' if, [...], X + Y describes a kind of the thing described by X". A esta redacción del test habría que añadir que el núcleo también puede describir "a kind of" cualidad o propiedad (que ha de aplicarse a aquellos adjetivos nucleares), una especie de evento (precisión que ha de aplicarse a los verbos), una especie de circunstancia (precisión que ha de aplicarse a los adverbios con contenido léxico).

2.2.2.2 Criterio discursivo

Será núcleo toda palabra que —en contextos no marcados— tenga la posibilidad de existencia autónoma, independiente, esto es, posibilidad de constituir

---

[8] Ni en el *Manual* ni en la *NGBLE* se define *núcleo*.

enunciado. Según este criterio, los vocablos que sean núcleo deberán ser tónicos: palabras léxicas,[9] interjecciones y los pronombres tónicos.

2.2.2.3 Criterio distribucional: la sustitución

Según los distribucionalistas, el núcleo es el elemento que tiene la misma distribución, pertenece a la misma *clase distribucional*, que el todo en el que se integra; de ahí que el núcleo pueda sustituir al conjunto. En palabras de Bosque y Gutiérrez-Rexach (2009), "Se diría que el núcleo de *comen manzanas* es *comen* porque esa unidad tiene la misma distribución que (aproximadamente, "es sustituible por") *comen manzanas*" (Bosque & Gutiérrez Rexach 2009, 145). Según este criterio, son núcleos las palabras plenas, los pronombres tónicos y las interjecciones.

2.2.2.4 Criterio dependencial: la obligatoriedad, la necesidad mutua de las partes en relación al todo

El núcleo, esté formalmente expresado o no, es el elemento *constante*, obligatorio, imprescindible para la existencia de la unidad, ya que es el elemento clave —o uno de los elementos clave—, necesario, para la existencia del todo. Podría aplicarse este criterio en el marco de las relaciones conectivas que se establecen entre las partes constituyentes de una construcción. Siguiendo el planteamiento de Jiménez Juliá (1994, 151 y ss.; 1995, 17 y ss.), se distinguen dos grandes grupos de unidades en función de la necesidad relativa entre sus partes constituyentes: unidades *hipotácticas* y unidades *paratácticas*.

a) Unidades hipotácticas:

> En estas construcciones existe [...] un constituyente 'nuclear' que define la naturaleza de la unidad y sus posibilidades sintagmáticas y expresivas, y una serie de constituyentes

---

[9] Ha de precisarse que para que los sustantivos discontinuos en singular constituyan enunciados deben ir determinados (*el niño; esta alumna; nuestro periquito*), si no, carecen de capacidad referencial, en contextos no marcados. Por ello, podría proponerse que en esos casos el núcleo sea la combinación del determinante con el sustantivo.

asociados que enriquecen su significado cuantitativamente, pero sin alterar los rasgos definitorios del elemento nuclear. El esquema de estas construcciones será:

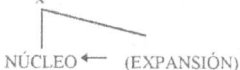

NÚCLEO ← (EXPANSIÓN)

[...] Corresponden a este esquema secuencias como:
Antonio es *muy* → *trabajador*;
Verdaderamente, → *a nadie le amarga un dulce* (Jiménez Juliá, 1995: 9).

b) Unidades paratácticas:
Según Jiménez Juliá (1994, 7-8; 1995, 157 y ss.), son las constituidas por dos o más miembros homogéneos no unidos hipotácticamente, es decir, en el todo no hay una única unidad constante, clave, a partir la cual se subordinen todas las demás. Por el contrario, en las unidades paratácticas es necesaria la presencia solidaria de todos los elementos para constituir la unidad; ninguno de los elementos aislados tiene el mismo valor que el conjunto; la construcción no puede reducirse a ninguno de los constituyentes, porque se perdería el valor cualitativo del todo. El siguiente diagrama sintetiza la exigencia mutua de los constituyentes:

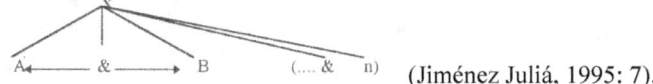 (Jiménez Juliá, 1995: 7).

Para Jiménez Juliá (1994, 1995) hay dos grandes clases de construcciones paratácticas: las exocéntricas y las coordinadas (o coordinativas)[10]. Difieren en que aquellas son estructuras cerradas y estas, abiertas, es decir, tienen posibilidad de recibir miembros nuevos. Ejemplos:

---

[10] Al respecto, Jiménez Juliá (1994: 165, 166) insiste mucho en que los constituyentes de las unidades paratácticas, incluidos los de las estructuras coordinativas, se necesitan mutuamente para constituir el todo. Tanta necesidad mutua poseen los miembros de una condicional [construcción exocéntrica, para Jiménez Juliá] como los de una coordinación, desde el momento en que con la desaparición de la relación entre ellos desaparece —en ambos casos— la construcción como tal. Toda construcción paratáctica (coordinativa o exocéntrica) necesita de una relación entre miembros, producto de la cual se crea un valor inexistente antes (sea éste la condición o la mera conjunción, en el sentido lógico del término) (Jiménez Juliá 1994, 165).

– Construcciones hipotácticas exocéntricas (o interordinadas): *los niños; de Juan; Esta casa es una ruina; Si bebes no conduzcas.*

– Construcciones hipotácticas coordinadas: *Hace* toda clase de favores y a todo el que se lo pida; Beatriz y Federico *se casaron hace unos años.*

Retomando el hilo de lo que nos ocupa, será *núcleo dependencial* el elemento constante de las unidades hipotácticas y también todos los miembros de las unidades paratácticas, lo que incluye preposiciones y conjunciones.

Así pues, atendiendo a la aplicación del expuesto criterio dependencial, serían núcleo todas las clases de palabras léxicas y las gramaticales. De entre las gramaticales, serían obligatorias los elementos subordinantes —las preposiciones y conjunciones subordinantes— y los coordinantes —las conjunciones coordinantes—. También resultan obligatorios los determinantes, ya que hay una relación de necesidad mutua (interordinación) entre el determinante y el elemento determinado.

2.2.2.5 Criterio morfológico

El núcleo impone al resto de las palabras algunas de las categorías gramaticales que lo caracterizan.[11] Atendiendo a este criterio solo serán núcleos los sustantivos y los verbos, ya que ambos mantienen relaciones sintagmáticas con otros elementos de la unidad: el sustantivo concuerda en género y número con los determinantes y adjetivos que lo expanden, y el verbo concuerda en número y persona con la unidad que funciona de sujeto.

2.2.2.6 Criterio funcional

Según este criterio, el núcleo es una función sintáctica,[12] que para la Escuela de Santiago de Compostela es un tipo de relación parte-todo, "es un valor adquirido

---

[11] Este criterio para definir núcleo morfológico es semejante a dos de las características que para Zwicky (1985) tiene un núcleo: el *locus* morfosintáctico (Zwicky 1985, 6-7) y el determinante de la concordancia (Zwicky 1985, 8-9).

[12] En la *NGBLE* se definen las funciones como los "papeles o roles que desempeñan los grupos sintácticos en las relaciones que contraen en los enunciados" (*NGBLE*, p. 8). En las versiones anteriores de la gramática académica se precisa que se trata de relaciones dependenciales.

por un constituyente en virtud del tipo de unidad en el que se integra" (Jiménez Juliá 1995, 19). Jiménez Juliá, que es quien más ha estudiado esta cuestión en esta corriente teórica, define así el núcleo:

> *aquella unidad libre (léxicamente plena o construida con unidades léxicamente plenas) que define la clase semántica y los rasgos sintagmáticos (integrativos y sustanciales) de la unidad en la que se integra directamente.* Más sencillamente podríamos definir el núcleo como toda unidad que se expande, teniendo en cuenta que toda expansión supone una subordinación a la unidad que se expande y define una estructura endocéntrica (hipotáctica o subordinativa) (Jiménez Juliá, 2000: 113-114; v. también 129).

Así pues, en el concepto de núcleo que tiene este autor claramente solo se pueden incluir las palabras léxicas.

2.2.2.7 Criterio pragmático

Finalmente, querría añadir un criterio más, que denominaré *criterio pragmático*. Según este nuevo criterio, núcleo es la unidad sintáctica prominente que orienta la interpretación del receptor, es el elemento sintáctico que contribuye de una forma relevante a que el receptor dote de sentido la unidad.[13]

Pasamos a aplicar este criterio a un grupo variado de *hashtags*. En el #*DiaMundialContraElCancerInfantil* el núcleo pragmático es *día* y no *cáncer*, ya que el sentido que quiere darle el emisor no es hablar de una determinada enfermedad que afecta a un sector de la población, sino hablar de un cierto tipo de día que a nivel mundial se dedica contra alguna causa. El sentido preciso de #*paraeste14dfebrero* no es afirmar algo sobre el Día de los Enamorados, sino el uso, la finalidad, el destino, que conviene darle a algo ese día, lo que se expresa

---

Son los papeles que desempeñan unos constituyentes con respecto a otros; el valor relacional que adquiere una unidad con respecto a otra. Son "RELACIONES DE DEPENDENCIA que nos permiten interpretar la manera en que se vinculan gramaticalmente ciertos segmentos con alguna categoría de la que dependen" (*Manual,* § 1.6.1a; v. *NGLE,* § 1.12a). Por lo que respecta en concreto a las funciones sintácticas, únicamente se definen en el *Manual*: "representan las formas mediante las que se manifiestan las relaciones que expresan los argumentos" (*Manual,* § 1.6.2a). En la *NGBLE* (p. 8) y en la *NGLE* (§ 1.12b) se indica que las funciones sintácticas se manifiestan a través de índices o marcas formales.

[13] Este concepto que propongo está en la línea de reflexiones de dos autores, González Escribano (1980: 298-299) y de Bosque & Gutiérrez-Rexach (2009, 144), pero ni uno ni los otros dos han considerado que sus reflexiones superen el carácter dependencial y semántico, respectivamente.

con la preposición *para*. El concepto de núcleo pragmático también sirve a nivel oracional. Al respecto, contrastemos *#MeQuieroPegarUnTiroCuando* con *#CuandoVenganLosMarcianos*. En el primer caso el sentido es expresar una volición (expresada por *quiero*), no una circunstancia temporal, mientras que el segundo se refiere a una circunstancia temporal de simultaneidad (expresada por el adverbio relativo *cuando*), no a una llegada. Finalmente, la diferencia que hay entre *#noleimportasuncarajosi* y *#siyofueramedico* es también muy clara. El primer ejemplo tiene el sentido de que a otra persona alguien (tú) no le importa nada, esto es, se trata del evento de interesar (expresado por el predicado *importas*), no de una condición. Por el contrario, la última sí expresa una condición (la responsable es la conjunción subordinante *si*).

El determinante es la única unidad que parece que no ser núcleo pragmático —salvo en casos de foco contrastivo, por ejemplo—. Posiblemente, esto se deba a que no contribuye de forma relevante a que el receptor dote de sentido la unidad, no resulta prominente para el receptor que la unidad esté actualizada, porque realmente ya se le presenta como tal. Por ejemplo, en *#LasDosTorres*, no resulta relevante para el sentido del enunciado que se trate de unas torres en concreto, ya conocidas por el destinatario (lo que expresa el determinante *las*); lo relevante, el sentido que tiene este enunciado, es que se hable de dos torres.

A mi modo de ver, para determinar el núcleo pragmático, también podría aplicarse la prueba de la aposición, que Gutiérrez Ordóñez (1997) propone para identificar los núcleos semánticos: "El segmento apuesto se halla en relación semántica con la idea principal, es decir, con el segmento que determina "la clase de" del constituyente completo" (Gutiérrez Ordóñez 1997, 198). Ejemplos: *#caminitodebelen, camino hacia Jesús; #paraeste14dfebrero, romántico fin* (contenido de 'fin o término' expresado por la preposición *para*); *#hastasiempreluis, despedida* (contenido pragmático expresado por la interjección *hasta siempre*) *que nos entristece*; *#sonriocuando, acción* (contenido expresado por *sonreír*) *que me produce bienestar*; *#peronomeatrevo, excusa* (contenido expresado por la conjunción adversativa *pero*) *que me pongo para no hacer algo; #siyofueramedico, condición* (contenido expresado por la conjunción subordinante condicional *si*) *que me gustaría que se cumpliese,…; #CuandoVenganLosMarcianos, momento* (contenido expresado por el adverbio relativo *cuando*) *en el que se unirá toda la humanidad,...* Como se observa, en general, el elemento que se expresa en la aposición sintetiza realmente el sentido del conjunto y con ello el núcleo pragmático, incluso si se trata de interjecciones o conjunciones. Así pues, esta concepción de núcleo es más abarcadora que la mayoría de las anteriores, ya que serían núcleos todas las clases léxicas, las interjecciones, las preposiciones y conjunciones, pero no los determinantes. Las ventajas de esta propuesta son varias. Desde el punto de vista teórico, el concepto pragmático de núcleo se enmarca, a mi modo de ver, en una ampliación pragmática de la gramática —quizá en la línea de una pragmagramática más abarcadora (Briz et al. 2001; Martí Sánchez 2004 y 2011)— y, además, se presenta más próximo a la competencia gramatical de los hablantes, más próximo también a una gramática de raíz cognitiva, que tan buenos resultados parece estar dando en la enseñanza de español como segunda lengua. Desde un punto de vista práctico, el concepto pragmático de núcleo simplifica la descripción de los grupos sintácticos del español, en la línea planteada por la *NGLE* y sus versiones posteriores, lo que para una gramática pedagógica es útil.

Cuadro 1. Actividad de síntesis para el alumnado

Criterios núcleo	Sustantivo	Verbo	Adjetivo	Adverbio	Pronombre	Interjección	Determinante	Preposición	Conjunción
Léxico	sí	sí	sí	sí	Sustituye a palabras léxicas	– Elementos gramaticalizados	–	–	–
Discursivo	sí	sí	sí	sí	tónicos sí	sí	–	–	–
Distribucional: sustitución	sí	sí	sí	sí	tónicos sí	sí	–	–	–
Dependencial: obligatoriedad	sí	sí	sí	sí	sí	sí	sí	sí	sí
Morfológico	sí	sí	–	–	–	–	–	–	–
Funcional (Jiménez Juliá)	sí	sí	sí	sí	–	–	–	–	–
Pragmático	sí	sí	sí	sí	sí	sí	–	sí	sí

Vistas estas cuestiones con la profundidad que permite la limitación de espacio, se les pedirá a los alumnos una actividad de síntesis: la elaboración del cuadro 1,[14] en el que se han incluido también las interjecciones, ya que es una clase de palabra que se considera núcleo del grupo interjectivo en la *NGLE* (§ 32.8) y en el *Manual* (§ 32.6), aunque no en la *NGBLE*.

2.2.3 Actividad: Estructura constitutivo-funcional de los grupos sintácticos

A mi modo de ver, dar cuenta de la segmentación correcta de las cadenas, de su jerarquía, y también de las relaciones conectivas, es fundamental en la formación del razonamiento metalingüístico del alumno y, además, contribuye al desarrollo de su capacidad discursiva, porque le permite comprobar cómo se imbrican las unidades en el texto para formar unidades mayores, y ello redundará en la mejora de la puntuación y de su expresión escrita formal en general. En esta actividad de la secuencia didáctica los alumnos habrán de profundizar en dos cuestiones: (a) el ámbito de actualización del determinante en el grupo nominal y (b) la jerarquía constitutiva en los grupos sintácticos.

a) Una de las mayores dificultades que tienen nuestros alumnos precisamente es entender el ámbito de incidencia del determinante dentro del grupo nominal. Como se sabe, los determinantes no solo inciden sobre el sustantivo que funciona de núcleo, sino que también lo hacen sobre el grupo nominal que este forma con sus complementos (*NGBLE*, p. 83; *Manual*, § 12.6.1b y *NGLE*, § 12.9c). ¿Cómo explicárselo? En primer lugar, han de saber en qué consiste la determinación. Se expone muy bien en la *NGBLE*:

> Los DETERMINANTES se anteponen al nombre común para formar con él (y sus posibles modificadores y complementos) expresiones capacitadas para hacer referencia a una realidad determinada (EXPRESIONES REFERENCIALES): *estas bolsas, nuestros amigos del colegio, algún momento de tranquilidad* (*NGBLE*, p. 82, v. también p. 63; *Manual*, § 1.4.2b, 17.2.2b; *NGLE*, § 19.1i).

A continuación, habrá que mostrar a los alumnos qué sucede con núcleos complejos cuando se omiten los determinantes. Por ejemplo, si los sustantivos

---

[14] Hay que tener en cuenta que, como todas las presentaciones esquemáticas, no se contemplan usos marcados, ni excepciones infrecuentes.

discontinuos en singular y sus complementos no van precedidos de determinante, no pueden aparecer como sujetos preverbales (Laca 1999, 891 y ss.): *Este niño travieso llora sin parar,* frente a **Niño travieso llora sin parar.*

b) Una vez delimitada la unidad, identificado su núcleo y estudiado el ámbito de incidencia del determinante, queda dar cuenta de cómo se integran el resto de los componentes, esto es, de la estructura constitutiva de toda la unidad, de su jerarquía. También este es un obstáculo cognitivo para los alumnos. Hay dos estrategias que han de poner en práctica para ver la estructura constitutiva del grupo nominal: la concordancia en género y número con el núcleo y el significado del conjunto (en ocasiones también la designación).

Veamos esto aplicado a *#DiaMundialContraElCancerInfantil*. La primera observación es que *mundial* mantiene con *día* una relación sintagmática directa, concuerda con *día* en género, masculino, y en número, singular *(días mundiales).* Además, *mundial* es un adjetivo relacional o de relación (*NGBLE*, p. 70), y estos siempre funcionan como modificadores restrictivos. Este tipo de modificación mantiene con el sustantivo una relación semántica muy estrecha, de ahí que forme un núcleo complejo con él. Sucede esto porque los semas del adjetivo se suman a los del sustantivo (aumenta la intensión), y el resultado es que se restringe la designación del conjunto (disminuye la extensión) (*NGLE*, § 13.2a-c). En síntesis, la estructura jerárquica es *[[Día Mundial] [contra el Cáncer Infantil]]*[15]. Así pues, un grupo nominal complejo[16] podría tener la estructura constitutivo-funcional mostrada en el cuadro 2.

Los grupos adjetivales y adverbiales[17] presentan una estructura más simple que la del nominal; los elementos que inciden en los núcleos de aquellos son

---

[15] La complejidad jerárquica de los grupos nominales se ejemplifica en la *NGBLE* (p. 177), en el *Manual* (especialmente en § 12.6.1b, y también en § 12.8.2a, 20.1.1b) y en la *NGLE* (especialmente en § 12.9c, 12.9d; también hay más ejemplos en § 12.16b, g-i, 13.15a, i, 19.7c, d, g).

[16] Es necesario aclarar que en la *NGLE* el elemento actualizado por el determinante no recibe ninguna denominación especial, de lo que podemos deducir que es el núcleo, que puede ser complejo.

[17] La estructura jerárquica de los grupos adjetivales se registra en la *NGBLE* (pp. 185-187), en el *Manual* (§ 13.7.1, 13.7.2) y en la *NGLE* (§ 1.11d, 13.16.c, l, 13.17). La estructura del grupo adverbial está en *NGBLE* (pp. 188-189), en el *Manual* (§ 30.1.1c) y en la *NGLE* (§ 29.3c, d, 30.1d, 30.14a).

complementos y modificadores. También el grupo preposicional o prepositivo[18] tiene una estructura sencilla: está formado por una preposición e, inmediatamente a continuación, su término.

Cuadro 2. Grupo nominal

MODIFICADOR	Grupo nominal						
	NÚCLEO grupo nominal						
–Cuantificador prenominal *todos* –Otros elementos	DET.	NÚCLEO grupo nominal					
	–Art. –Demos. prenominales –Pos. átonos, prenominales –Cuantificadores prenominales (si no están presentes los det. en sent. restrigido): *algún, cada, dos, ningún, cualquier, sendos, ambos, cuanto…*	MOD. no restrictivo	NÚCLEO grupo nominal				
		–Cuantificadores prenominales que concurren con los determinantes –Numerales ordinales. –Adjetivos calificativos, epítetos	NÚCLEO grupo nominal				
			NÚCLEO	MOD. restrictivo	NÚCLEO grupo nominal		
			Sustantivo (tb. **pronombre**)	–Adjetivos relacionales –Grupos preposicionales, especialmente argumentales –Oraciones de relativo especificativas –Otros elementos: los posesivos y los demostrativos posnominales	MOD. restrictivo	
					–Adjetivos relacionales, descriptivos –Adjetivos calificativos –Grupo preposicional –Otros elementos	
Todos	*los*	*primeros*	*lunes*		*lectivos*	*de cada mes*	

Cuadro 3. Grupo adjetival

	Grupo adjetival	
MODIFICADOR	NÚCLEO grupo adjetival	
–Cuantificadores adverbiales –Adverbios en *-mente*	NÚCLEO	COMPLEMENTO
	Adjetivo	–Grupo prepocional
Bastante	*alérgica*	*a los ácaros*

---

[18] La estructura de los grupos preposicionales se expone en la *NGBLE* (p. 187), en el *Manual* (§ 29.1.2a, b) y en la *NGLE* (§ 1.11g, h, 29.1a, d, j). Por lo que respecta a la preposición, en esta última obra se comenta brevemente que no hay unanimidad en relación con su consideración como núcleo del grupo preposicional (*NGLE*, § 1.11g, h) y, además, en las obras académicas no se usa una denominación específica para la función sintáctica que desempeña dentro del grupo, pero es muy frecuente emplear las etiquetas de *director* o *enlace*. Finalmente, la estructura del grupo conjuntivo es *mutatis mutandis* la misma que la del grupo preposicional.

Se considera que la preposición rige el término y este no se puede omitir. Las estructuras constitutivo-funcionales de estos grupos sintácticos se sintetizan en los cuadros 3 a 5.

Cuadro 4. Grupo adverbial

	Grupo adverbial		
MODIFICADOR	NÚCLEO		
	grupo adverbial		
–Cuantificadores de grado adverbiales –Adverbios de precisión –Otros adverbios –Grupos nominales (_dos horas después_)	NÚCLEO	COMPLEMENTO	
	Adverbio o locuciones adverbiales	–G.prep.	
Muy	_lejos_	_de la ciudad_	

Cuadro 5. Grupo preposicional

Grupo preposicional	
DIRECTOR	TÉRMINO
Preposición o locución prepositiva	– Grupo nominal (y pronominal) – Grupo adjetival – Grupo adverbial – Grupo preposicional – Oraciones subordinadas sustantivales – Oraciones de relativo sin antecedente expreso.
_De_	_la mesa_

2.2.4 Actividad: Representación de la jerarquía constitutivo-funcional de los grupos sintácticos

El siguiente paso será reflejar gráficamente el análisis llevado a cabo. Debe aclararse a los alumnos que no hay que identificar el análisis con su representación gráfica. Esta cuestión tiene una implicación clara: el procedimiento gráfico no tiene valor en sí mismo; tiene que ser puesto en relación con la teoría que lo sustenta. Lo importante es que el análisis sea coherente y completo. Desde nuestro punto de vista, la teoría aquí seguida lo es; el análisis propuesto por la Academia en la *NGLE*, aunque ecléctico, resulta coherente, completo, y también útil. Realmente, como nos explicaba Guillermo Rojo a sus alumnos, hacer un análisis sintáctico consiste en contestar sucesivamente, y tantas veces como sea necesario, a únicamente dos preguntas acerca de la secuencia examinada. En primer lugar, sobre la clase de unidad: *¿Ante qué unidad estoy? ¿Qué tipo y subtipo de unidad es?* En segundo lugar, sobre las funciones sintácticas y nivel jerárquico: *¿Qué elementos funcionales la constituyen?* La representación arbórea da bien cuenta de los primitivos teóricos: unidades, funciones y relaciones constitutivas (cf. gráfico 1).

2.3   Tercera fase: informe y evaluación

Cerrada ya la fase de desarrollo de la secuencia didáctica, pasaremos a la tercera y última. Según Camps (2006, 35) y Camps & Fontich (2006, 105), "La *tercera fase* debería ser siempre la elaboración de un informe", en este caso, un trabajo académico. Esta tarea final implica organizar coherentemente la información adquirida; sintetizar adecuadamente todo lo visto; redactar un documento expositivo-argumentativo formal para el uso del grupo de trabajo, y esto obligará al empleo de un metalenguaje riguroso. La construcción del conocimiento gramatical que habrán llevado a cabo los alumnos contribuirá a desarrollar sus capacidades metalingüísticas y sentará las bases de futuros acercamientos a la reflexión gramatical.

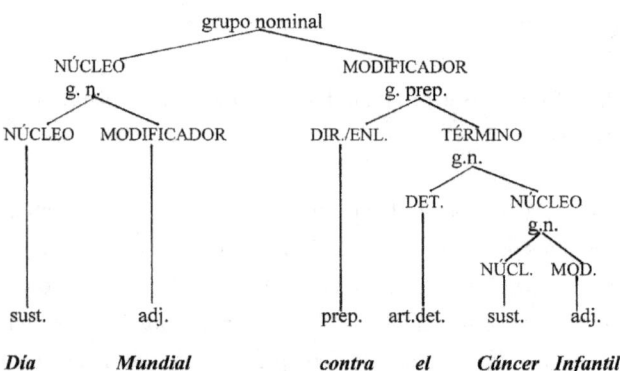

Gráfico 1. Representación arbórea

Esta fase acaba con la evaluación. Como ya he dicho, se concibe insertada en el proceso de aprendizaje; está presente de un modo recursivo a lo largo de todo él, a fin de regularlo (Camps & Fontich 2006, 110). Finalmente, el profesor como investigador en acción habrá de evaluar también el proceso de enseñanza-aprendizaje.

2.4 Evaluación de la secuencia didáctica

En esta secuencia didáctica se combina la práctica con la teoría; se trabajan todas las destrezas comunicativas. Además, el método seguido ha sido muy variado, tanto inductivo como deductivo y tanto analítico como sintético. En síntesis, el planteamiento de trabajo propuesto parece completo.

3. Conclusiones

De este pequeño estudio se pueden extraer algunas consecuencias para la didáctica de la gramática.

– La complejidad del trabajo de campo y la ampliación del objeto de estudio de la lingüística exigen la mejora de la formación de los docentes y también la de los materiales didácticos. La preparación gramatical de los docentes ha de completarse con las *lingüísticas del uso* (Lomas & Tusón 2013, 10; González Nieto 2013). De hecho, en niveles preuniversitarios parece fundamental trabajar a fondo con los alumnos la diferencia entre los registros (lo informal o coloquial y lo formal) y también la relación entre la oralidad y la escrituridad.

– Tras esta exposición creo que ha quedado demostrada también la importancia del estudio de los grupos sintácticos en una gramática pedagógica. Esta unidad es un punto de partida idóneo para organizar el constructo sistemático de la descripción gramatical de una lengua como el español, por ser la menor unidad propiamente sintáctica. Además, dado que en esta construcción convergen cuestiones fundamentales para la reflexión sintáctica, como el núcleo, las relaciones constitutivas, etc., permite la apropiación del metalenguaje básico.

– Este trabajo también deja abierta la investigación del concepto pragmático de núcleo y su inclusión en una gramática con un enfoque pragmático, en una ampliación de la pragmagramática.

– Finalmente, por lo que respecta a la *NGBLE*, es una obra útil y bastante completa para cuestiones gramaticales —especialmente si el docente la complementa con la *NGLE* y con el *Manual*—, con interesantes incursiones en aspectos semánticos fundamentales; pero no cabe duda de que la pragmática queda fuera de sus objetivos.

Referencias bibliográficas

BRIZ, A. et al. 2003. "Un sistema de unidades para el estudio del lenguaje coloquial", in: *Oralia* 6, 7-61.
BOSQUE, I. & GUTIÉRREZ-REXACH, J. 2009. *Fundamentos de sintaxis formal*, Madrid: Akal.
BRIZ, A. 2001. *El español coloquial en la conversación. Esbozo de pragmagramática*. 2.ª ed. actualizada, Barcelona: Ariel.
CAMPS, A. 2006. "Secuencias didácticas para aprender gramática (SDG)", in: Camps, A. & Zayas, F. edd. *Secuencias didácticas para aprender gramática*, Barcelona: Graó, 31-37.
Camps, A. 2010. "Hablar y reflexionar sobre la lengua: hacia un modelo de enseñanza de la gramática basado en la actividad reflexiva en colaboración", in: Ribas Seix, T. ed. *Libros de texto y enseñanza de la gramática*, Barcelona: Graó, 13-32.
CAMPS, A. & FONTICH, X. 2006. "La construcción del conocimiento gramatical de los alumnos de secundaria a través de la investigación y el razonamiento", in: Camps, A. & Zayas, F.. edd. *Secuencias didácticas para aprender gramática*, Barcelona: Graó, 101-111.
CASSANY, Daniel. 2012. *En_línea. Leer y escribir en la red*, Anagrama: Barcelona.
ESCANDELL VIDAL, M. V. & LEONETTI, M. 2011. "El estudio de la lengua: comunicación y gramática", in: Ruiz Bikandi, U. ed. *Lengua Castellana y Literatura. Complementos de formación disciplinar*, Barcelona: Graó-Ministerio de Educación, 61-79.
ESCRIBANO, J. L. G. 1979-1980. "Reflexiones acerca del concepto "Núcleo" en la gramática tagmémica", in: *Archivum* 29-30, 265-310.
GONZÁLEZ NIETO, L. 2013. "Teorías lingüísticas y enseñanza de la lengua", in: *Textos de Didáctica de la Lengua y de la Literatura* 63, julio 2013, 12-21.
GUTIÉRREZ ORDÓÑEZ, S. 1997. "Criterios en la determinación del núcleo", in: Escavy Zamora, R. et al. *Homenaje al profesor A. Roldán Pérez*, Murcia: Universidad de Murcia, 191-219. Reeditado en Gutiérrez Ordóñez, Salvador. 1997. *Principios de sintaxis funcional*, Madrid: Arco, 351-380.
HIDALGO, A. & PADILLA, X. A. 2006. "Bases para el análisis de las unidades menores del discurso oral: los subactos", in: *Oralia* 9, 109-143.
JIMÉNEZ JULIÁ, T. 1994. "Clases de construcciones, tipos de unidad y oraciones", in: Hernández Paricio, F. ed. *Perspectivas sobre la oración*, Zaragoza: Universidad de Zaragoza, 145-183.

JIMÉNEZ JULIÁ, T. 1995. *La coordinación en español. Aspectos teóricos y descriptivos*, Anejo de *Verba* 39, Santiago de Compostela: Universidade de Santiago de Compostela.

JIMÉNEZ JULIÁ, T. 2000. "Núcleo en gramática constitutivo-funcional", in: *Verba* 27, 87-132.

JIMÉNEZ JULIÁ, T. 2006. *El paradigma determinante en español*, Anexo de *Verba* 56, Santiago de Compostela: Universidade de Santiago de Compostela.

LACA, B. 1999. "Presencia y ausencia de determinante", in: Bosque Muñoz, I. & Demonte Barreto, V. edd. *Gramática descriptiva de la lengua española*. Tomo 1, *Sintaxis básica de las clases de palabras*, Madrid: Espasa Calpe, 891-928.

LOMAS, C. & TUSÓN, A. 2013. "Lingüísticas y educación lingüística", in: *Textos de Didáctica de la Lengua y de la Literatura* 63, julio 2013, 5-11.

MARTÍ SÁNCHEZ, M. ed. 2004. *Estudios de pragmagramática para la enseñanza del español como lengua extranjera. De la investigación a la práctica en el aula*, Madrid: Edinumen.

MARTÍ SÁNCHEZ, M. 2011. "Entre la gramática y la pragmática (sobre la pragmagramática)", in: De Bustos Tobar, J. J. et al. edd. *Sintaxis y análisis del discurso hablado en español. Homenaje a Antonio Narbona*, Sevilla: Universidad de Sevilla, 827-841.

NGLE = Real Academia Española-Asociación de Academias de la Lengua Española. 2009-2011. *Nueva gramática de la lengua española*, Vols. 1 y 2, Madrid: Espasa Libros.

Manual = Real Academia Española-Asociación de Academias de la Lengua Española. 2010. *Nueva gramática de la lengua española. Manual*, Madrid: Espasa Libros.

NGBLE = Real Academia Española-Asociación de Academias de la Lengua Española. 2011. *Nueva gramática básica de la lengua española*, Barcelona: Espasa Libros.

ROJO, G. & JIMÉNEZ JULIÁ, T.. 1989. *Fundamentos del análisis sintáctico funcional*, Santiago de Compostela: Universidade de Santiago de Compostela.

Zwicky, A. M. 1985. "Heads", in: *Journal of Linguistics* 21, 1-29.

Gramática y tipología lingüística

Sofía Moncó Taracena (Rouen)

Resumen
Este trabajo es una reflexión acerca de una enseñanza de la gramática que potencie la sensibilidad hacia una L2 desde una determinada L1. Para ello se tienen en cuenta diversos factores: la diferencia entre gramática y competencia gramatical; los universales conceptuales que traspasan las categorías gramaticales tradicionales; los universales funcionales y la potencialidad de los operadores lingüísticos.

Palabras clave: Gramática, Tipología, universales, categorías, enseñanza.

1. Introducción

En este trabajo nos proponemos reflexionar sobre los acuerdos y los desacuerdos entre la gramática y la tipología lingüística, especialmente en relación con la enseñanza de segundas lenguas. Para ello tomamos como punto de partida una afirmación que hace Juana Liceras (1996, 185) en su conocido trabajo sobre la adquisición de las segundas lenguas y la gramática universal:

La especialización a que ha llegado la lingüística teórica hace difícil que se establezca un diálogo entre los lingüistas y los gramáticos, aún más difícil, entre los lingüistas y los que se ocupan de la enseñanza de lenguas extranjeras. Si bien es un hecho que los fines y los métodos de trabajo son diferentes, el objeto sobre el que se investiga –el lenguaje– es el mismo; de ahí que exista la posibilidad de establecer relaciones entre las disciplinas citadas para beneficio de todas.

Si bien las tres disciplinas citadas, la lingüística teórica, la gramática y la enseñanza de lenguas extranjeras, comparten el mismo objeto de estudio, se diferencian no sólo en sus métodos y fines, sino también en la amplitud misma del objeto estudiado. Por lo general, la gramática describe una lengua aislada, salvo en los casos de gramática contrastiva en los que suelen compararse pares de lenguas. Del mismo modo, la enseñanza de lenguas se concentra en la lengua meta, pero puede contemplarse además la lengua materna de los aprendices, cuando se trata de la enseñanza a grupos monolingües. Sin embargo, la lingüística teórica en general estudia un número indeterminado de lenguas, y particularmente la tipología lingüística, cuyo fin último es la búsqueda de universales lingüísticos basados en las similitudes gramaticales de las lenguas del mundo.

La adquisición ha sido el principal punto de contacto entre la teoría lingüística y los estudios de segundas lenguas, aunque que sin embargo los resultados de este acercamiento se hayan visto poco reflejados en la enseñanza de idiomas o en la enseñanza de la gramática, ya sea en métodos, programas o materiales didácticos. En cualquier caso, a pesar de la diferencia de objetivos, los problemas que comparten las disciplinas lingüísticas teóricas y aplicadas tienen un trasfondo esencialmente gramatical, como ya mostraron Liceras (1996) o Brucart (2005) a propósito de la Gramática Universal.

A la hora de abordar las cuestiones gramaticales en la enseñanza de segundas lenguas conviene tener en cuenta el objetivo del curso, si se trata de aprender gramática o de desarrollar la competencia gramatical. Por "gramática" generalmente se entiende el conjunto de reglas lingüísticas compartidas por una determinada comunidad lingüística, y es por tanto colectiva[1]. Mientras que la "competencia gramatical"[2] es una capacidad individual. Este concepto, heredero de la Gramática Generativa de Chomsky, está relacionado con el conocimiento implícito sobre la propia lengua que tienen los hablantes. El *Diccionario de términos clave de ELE* del Centro Virtual Cervantes (CVC) define la "competencia gramatical" como

> la capacidad de una persona para producir enunciados gramaticales en una lengua, es decir, enunciados que respeten las reglas de la gramática de dicha lengua en todos sus niveles (vocabulario, formación de palabras y oraciones, pronunciación y semántica). Se define como el conocimiento implícito que un hablante posee sobre su propia lengua, el cual le permite no sólo codificar mensajes que respeten las reglas de la gramática, sino también comprenderlos y emitir juicios sobre su gramaticalidad.

El problema que se plantea es el de la transferibilidad del conocimiento implícito que un hablante posee sobre su lengua materna a una lengua extranjera, una cuestión indisociable del problema de la comparabilidad de las lenguas. La pregunta es qué conocimiento gramatical de la lengua materna es transferible a la

---

[1] En el caso de lenguas policéntricas, como el español o el portugués, se deben tener en cuenta los distintos estándares regionales y nacionales.

[2] También denominada *competencia lingüística*.

lengua meta, es decir, si ambas gramáticas comparten terminología, conceptos, categorías, estructuras, etc.

Los distintos modelos de competencias sitúan la competencia gramatical como parte de la competencia comunicativa (Canale/Swain 1980) o la competencia lingüística (Bachman 1990). Pese a sus diferencias, los distintos autores incluyen el léxico dentro de la competencia gramatical al lado de la morfología, sintaxis, semántica oracional y fonología. Celce-Murcia, Dörnyei y Turrell (1995) prefieren el término "competencia lingüística" en lugar de "competencia gramatical" para indicar explícitamente la inclusión del léxico y la fonología además de la gramática.[3]

2. Gramática y tipología lingüística

La tipología lingüística es una rama de la lingüística teórica que se ocupa de la búsqueda de universales lingüísticos, es decir de estructuras o características comunes de todas las lenguas del mundo, y de establecer una clasificación de las lenguas en tipos. Si bien en la relación entre los universales y adquisición de L2 ha interesado a muchos lingüistas desde Roman Jackobson (Comrie 1984, Rutherford 1984, Greenberg 1991, Hawkins 1987, Giacalone Ramat 2003, entre otros), en los últimos años ha crecido el interés de algunos investigadores (Giacalone Ramat 2008) por acercar los universales de tipología lingüística a la adquisición de segundas lenguas. Estos acercamientos de disciplinas parten de la hipótesis de la interlengua (Selinker 1992) según la cual la lengua de un aprendiz en cualquier etapa de su desarrollo constituye una lengua natural, susceptible de análisis lingüístico, y sujeta a los universales lingüísticos.[4]

Los estudios de adquisición de lenguas se han servido de dos tipos de universales: a) los universales de la Gramática Universal (GU) de Noam Chomsky b) los de la tipología lingüística de Joseph Greenberg. Ambos han suscitado un

---

[3] En el modelo del Marco común europeo de referencia para las lenguas (MCER), la competencia gramatical forma parte de la "competencia lingüística", acompañada de la competencia léxica, semántica, fonológica, ortográfica y ortoépica.

[4] "One may say that universals apply equally to interlenguage and to primarily language" (Greenberg, 1991: 39).

interés predictivo, bien para la predicción de las posibles dificultades de aprendizaje en relación con la hipótesis del marcaje de los parámetros de la Gramática Universal, como la omisión de sujeto, la direccionalidad en la asignación de caso o la relativización[5] o bien para la predicción del posible orden de las secuencias adquisición en relación con los universales implicativos, como indicadores de la adquisición de una lengua[6]. Los aprendices adquieren primero los elementos menos marcados y más frecuentes, de acuerdo con las generalizaciones basadas en las escalas implicativas. De acuerdo con una secuencia como {masculino < femenino < neutro} (Croft 2003), una (inter)lengua que tenga género neutro debe de tener también femenino y masculino.

Desde la óptica de la enseñanza de la gramática, pueden ser interesantes no solo universales implicativos, sino también otros universales tipológicos, no tanto para la predicción de dificultades o secuencias de adquisición, sino para la sensibilización de los aprendices a la diversidad lingüística y facilitar la introspección de su competencia lingüística. Como veremos más adelante (cf. 3.2. y 4.) son particularmente provechosos los universales conceptuales y los funcionales, pero también los universales estadísticos, como por ejemplo los relativos a la correlación de orden de palabras.[7]

2.1   Gramática y tipos

Si bien la tipología lingüística clasifica las lenguas de acuerdo a sus similitudes gramaticales, esta clasificación puede revelar diferencias. Así una misma familia de lenguas puede albergar tipos diferentes, aunque estos afecten solo a determinadas estructuras. Tomamos el ejemplo de los verbos de movimiento en las lenguas romances.

La estructura morfosintáctica de las construcciones de movimiento pone de manifiesto que la lengua italiana utiliza una construcción de tipo germánico, conservando un tipo romance (Schwarze (1983, 361). Estas construcciones

---

[5] Para más detalles véase Brucart (2005).
[6] Para más detalles véase Hawkins (1987).
[7] Por ejemplo, en una lengua con orden VO se esperaría un orden Preposición + Nombre, del mismo modo que en una lengua OV, se esperaría el orden Nombre + Postposición.

acercan el italiano a las lenguas de trayectoria de satélite (Talmy 1985, 1991, 2000), como el inglés o el alemán[8], como muestran los ejemplos (a) y (b):

(1) a. it. *buttare via*   esp. *tirar*, fr. *jeter*
       ing. *to throw away*
       al. *wegwerfen*

(2) b. it. *tirare fuori*   esp. *sacar*, fr. *sortir*
       ing. *to take out*
       al. *herausnehmen*

En su conocido trabajo sobre los patrones (*patterns*) de lexicalización, Talmy (1985, 102-103) identifica un tipo de modificadores del núcleo verbal que agrupa bajo el nombre de "satélites"[9], como los prefijos separables y los inseparables o las partículas postverbales. Al mismo tiempo, Talmy establece dos esquemas de lexicalización de los verbos de movimiento en las lenguas de origen indoeuropeo, representados en la tabla 1.

Talmy ejemplifica su estudio con el español y el inglés, como representantes de cada familia lingüística:

a) Lengua de marco verbal (Lengua V)
La botella salió   flotando
Figura   movimiento+trayectoria   manera

b) Lengua de marco de satélite (Lengua S)
The bottle floated   out
Figura   movimiento+manera   trayectoria (Ibarretxe Antuñano (2004, 482)

---

[8] Las lenguas germánicas presentan dos patrones diferentes: a) "verbos separables", formados por un verbo y un prefijo o preverbio separable en determinadas condiciones sintácticas, como alemán o neerlandés; y b) "verbos con partícula" formados por un verbo acompañado de una partícula, como alemán, inglés, sueco, noruego, danés o islandés.

[9] "[Satellite] is the grammatical category of any constituent other than a noun-phrase or prepositional-phrase complement that is in a sister relation to the verb root" (Talmy 2000, 102).

Estas construcciones "Verbo + Partícula", denominados en italiano *verbi sintagmatici* ("verbos sintagmáticos") son en primer lugar ítems léxicos y en por lo tanto pueden ser objeto de todas las recomendaciones generales para la enseñanza-aprendizaje del vocabulario. Pero para abordar estas construcciones en clase de italiano como lengua extrajera (ILS), dos enfoques presentan como más idóneos: el enfoque cognitivo y el enfoque léxico, por su no separación del léxico y la gramática. Uno de los principios fundamentales del enfoque léxico es la invalidez de la dicotomía gramática/vocabulario dado que la mayor parte de la lengua consiste en grupos de palabras (*multi-word 'chunks'*) (Lewis 1993, vi)[10].

Familia lingüística	Tipología	Radical verbal	Satélite
lenguas romances	marco verbal *Verb-framed*	movimiento + trayectoria *Motion + Path*	Ø
otras lenguas indoeuropeas (germánicas)	marco de satélite *Satellite-framed*	movimiento + manera *Motion + Manner*	trayectoria *Path*

Tabla 1. Tipología de los verbos de movimiento adaptada de Talmy (1985)

Del mismo modo, el *continuum* léxico-gramatical es uno de los elementos conocidos de la lingüística cognitiva, que considera la gramática en términos de de conceptualización. Estos principios permiten salvar la situación de los "verbos sintagmáticos", situados en la frontera entre el léxico y la gramática (cf. Moncó Taracena 2013).

---

[10] "The grammar/vocabulary dichotomy is invalid; much language consists in multi-word 'chunks'" (Lewis 1993: vi).

3. Categorías gramaticales

3.1 Categorías no reconocidas

Carrera Díaz (2001), en su trabajo sobre las cuestiones no resueltas en lingüística contrastiva entre el español y el italiano, denuncia la existencia de "huecos teóricos y didácticos" por "el no reconocimiento de ciertas categorías". Según Carrera Díaz (2001, 13) las causas de esta falta de reconocimiento de categorías gramaticales responden a una triple naturaleza: a) la tradición gramatical, porque en general "las gramáticas suelen seguirse muy de cerca unas a otras, y secularmente han sido reacias a introducir nuevas categorías"; b) el modelo teórico, ya que "la filosofía gramatical que subyace tras cada descripción lingüística comporta no sólo un modo de interpretar, sino una circunscripción de lo que se interpreta" y por último c) la perspectiva, que hace que algunos fenómenos se hagan patentes solo cuando una lengua se estudia desde otra lengua. La combinación de estos factores junto con la simplificación hacen que existan "huecos" en la descripción gramatical y en consecuencia en la enseñanza de la gramática.

Un ejemplo de categoría no reconocida serían los verbos sintagmaticos del italiano descritos en 2.1. Esta clase verbal fue establecida por Simone (1996), que la define como:

> Sintagmi formati da una testa verbale e da un complemento costituito da una «particella» (originariamente un avverbio), uniti da una coesione grado elevato al punto che non si può commutare il VS intero con una sola delle sue parti. (Simone 1996, 49)[11]

Posteriormente, De Mauro (1999-2000) estableció la clase de verbos denominada *procomplementari* (procomplementarios) que define como verbos con un significado propio que no es imputable al verbo principal. Se trata de verbos en italiano que presentan un complemento obligatorio de origen pronominal con el

---

[11] En español: Sintagmas formados por un núcleo verbal y un complemento constituido por una "partícula" (*particella*) (originariamente un adverbio), unidos por una cohesión sintáctica de un grado tan elevado que no se puede conmutar el verbo sintagmático entero por uno solo de sus elementos.

que forman una unidad léxica diferente y tienen un comportamiento sintáctico diferente el verbo original:

(3) *avercela* 'tener algo contra alguien' vs. *avere* 'tener'
    volerne 'estar resentido contra alguien' vs. *volere* 'querer'

Otro buen ejemplo de categoría ausente en la enseñanza de la gramática, ya sea de la lengua materna o de segundas lenguas son los denominados verbos de apoyo o soporte. Los verbos de apoyo a pesar de encontrarse entre los verbos más frecuentes de cada lengua y de estar presentes en numerosas expresiones cotidianas, no aparecen en los manuales destinados al aprendizaje de lenguas extranjeras y suelen carecer de estatus propio en las gramáticas. Así, por ejemplo, en la *Gramática descriptiva de la lengua española* (GDLE) se definen vagamente como: "verbos no copulativos de escasa entidad semántica seguidos de un sintagma nominal" (Varela & Piera 1999, 4415). La ausencia de unidades didácticas específicas dedicadas a los verbos de apoyo deriva probablemente de haber sido considerados una cuestión puramente léxica, sin razones para entrar con plenitud de derechos en la gramática, como señala Carrera (2001, 17). La diferencia de las construcciones con los verbos de apoyo básicos como *dar* o *hacer* en construcciones como:

(4) a. esp. *dar un paseo, un paso, un salto*
     b. fr. *faire un promenade, un pas, un bond* [lit.: 'hacer un paseo, un paso, un salto']
     c. it. *fare una passeggiata, un passo, un salto* [lit.: 'hacer un paseo, un paso, un salto']

podría considerarse como un problema léxico, pero no tanto cuando se trata de estructuras causativas, como:

(5) a. esp. *dar miedo*
     b. fr. *faire peur* [lit.: 'hacer miedo']
     c. it. *fare paura* [lit.: 'hacer miedo']

En cualquier caso dicotomías léxicas como los verbos *dar* y *hacer*, merecen un reconocimiento gramatical, como la pareja *ser* y *estar*.

3.2 Categorías preconcebidas

Una lengua extranjera no tiene porque tener las mismas categorías gramaticales que la lengua materna del aprendiz, entendiendo estas sea como las tradicionales partes de la oración o sea variables morfológicas. Así por ejemplo, la tipología lingüística ha demostrado que todas las lenguas tienen verbos y sustantivos, pero que hay lenguas sin adjetivos. Las categorías gramaticales están sujetas a restricciones de concordancia gramatical. Por lo tanto la existencia de categorías y de variables morfológicas y de su conocimiento depende la competencia gramatical de los hablantes y de los aprendices.

Una lengua como el japonés carece de marca de género, número, persona en las formas verbales, así una frase como (6)

(6) jap. 赤いリンゴを　　食べる
　　　　akai ringo-o　　taberu
　　　　rojo manzana-OD comer

podría interpretarse como "como / comes / come / comemos / coméis / comen / comeré / comerás / comerá / comeremos / comeréis / comerán manzana(s) roja(s)" ya que en japonés el verbo no tiene marca de persona, ni distinción temporal presente-futuro,[12] del mismo modo que las formas nominales no tienen marca de género ni de número. Sin embargo, la conjugación japonesa opone formas de cortesía, por ejemplo 食べる *taberu* vs. 食べます *tabemasu* para presente (no pasado), 食べた *tabeta* vs. 食べました *tabemashita* para el pasado, etc.

En el análisis gramatical del español podemos encontrar categorías preconcebidas, en gran parte heredadas de la tradición latina. Un buen ejemplo nos lo ofrecen los pronombres personales átonos. El aprendiz de Español como lengua extranjera (ELE) se encuentra frente a una forma *te*, pronombre átono de la 2ª persona del singular, un solo significante. Sin embargo las gramáticas hablan de al menos tres *te* diferentes, un *te* objeto directo, un *te* objeto indirecto y un *te* reflexivo. Esta tripartición puede verse complicada con términos como "dativo"

---

[12] El sistema temporal japonés opone las categorías *pasado* y *no pasado* (食る *taberu*- 食べた *tabeta*).

o "acusativo", más adecuados a la descripción del latín, que del castellano[13]. Dependiendo del conocimiento gramatical del estudiante la terminología gramatical empleada puede suponer un esfuerzo cognitivo que le dificulte el aprendizaje de la lengua. Como decía Hjelmslev (1928, 57), "La terminologie est une question de goût, elle ne touche pas aux réalités". No todas las lenguas pueden describirse según la terminología y los conceptos de la tradición grecolatina.

3.3 Categorías nocionales

Existen conceptos abstractos que están presentes necesariamente en todas las lenguas como la negación, la posibilidad, la posesión, etc. Las categorías nocionales poseen la ventaja de la universalidad frente a las categorías gramaticales. Un universal conceptual como "la posesión" sobrepasa las fronteras de las categorías gramaticales. La expresión de la posesión es universal, pero no su expresión lingüística. Todas las lenguas tiene recursos para expresar "la posesión", pero no todas las lenguas poseen adjetivos y/o pronombres posesivos. Incluso en lenguas afines, que comparten origen y categorías gramaticales pueden presentar diferencias. Una frase como (7)

(7) a. fr. *Il a mis son chapeau sur sa tête*[14]
　　b. esp. *Se puso el sombrero en la cabeza*

muestra como para la expresión del la posesión inalienable el francés selecciona la construcción con pronombre posesivo, mientas que el español prefiere la combinación del artículo determinado y un pronombre personal, que coloca al poseedor en una posición sintáctica más visible, conocida como ascenso del poseedor.[15] De ahí la necesidad de reenvíos en las gramáticas, de los posesivos a los pronombres personales, etc.

---

[13] DRAE : te 1. pron. person. Forma de dativo o acusativo de 2.ª persona singular en masculino y femenino. No admite preposición y cuando se pospone al verbo es enclítico. *Te persiguen. Persíguente.*
[14] Este ejemplo está tomado del poema de Jacques Prévert, "Déjeuner du matin" de su libro *Paroles* (1946): *Il a mis son chapeau sur sa tête / Il a mis son manteau de pluie.*
[15] Para más detalles sobre las diferencias en la expresión de la posesión en francés y en español, véase Villar Diaz (2010).

El concepto de posesión puede explicar igualmente disimetrías sintácticas, como el hecho de que en español la construcción objeto directo del verbo de posesión *tener* se construya sin la preposición *a* cuando se trata de personas:

(8) *Tengo Ø un tío* → *Tener* + Ø + OD
    A1 (Poseedor – Sujeto) + A2 (Posesión – OD)
frente a:

(9) *Espero a un tío (mío) / Espero a mi tío* → Verbo + *a* + OD

No todas las lenguas tienen un verbo de posesión equivalente de *tener*. Por ejemplo en lenguas como el japonés o el hindi, la construcción equivalente sería con un verbo de existencia:

(10) jap. 私は三人の兄弟がいる
     whatashi-wa sannin-no kyoudai-ga iru
     1ªps.-tema 3-persona-pos. hermano/a-suj existir
     "tres hermanos de mí existen"
     Tengo tres hermanos

(11) hin. मैं तीन भाई हैं
     maiṁ tīna bhā'ī haiṁ
     1ªps 3 hermano-pl existir-3ªps.pl
     "Yo tres hermanos existen"
     Tengo tres hermanos

Del mismo modo, dos lenguas que cuentan con un verbo de posesión, como el inglés (*to have*), el griego (έχω) y el español (*tener*), pueden diferir en la concepción de la posesión en algunas esferas, como por ejemplo la edad:

(12) a. ing. *I'm 30 years old* [lit.: 'yo soy 30 años viejo']
     a'. gr. Είμαι 30 (*χρόνων*) [lit.: 'soy de treinta años']
     b. esp. *Tengo 30 años*

Una vez más se pone de manifiesto la relación entre el léxico y la gramática. El concepto de posesión puede expresarse de manera léxica, con un verbo de posesión (*tener, poseer, pertenecer...*), o de manera sintáctica, con adjetivos posesivos, pronombres personales, etc.

4. Universales funcionales

Los universales funcionales derivan de las funciones del lenguaje (Jakobson 1960). Se supone que todas las lenguas poseen procedimientos referenciales, es decir, que existen signos qui permiten identificar a los participantes de la comunicación. Así, todas las lenguas naturales presentan un sistema pronominal que hace referencia al menos a tres personas. Una lengua, como el japonés, sin marca de persona en el verbo, puede recurrir al sistema pronominal para resolver ambigüedades contextuales:

(13) 私/ 貴方/ 彼/ 彼女..は 食べる
 watashi / anata / kar e /kanojo... -wa taberu
 yo / tú / él / ella... -suj comer

Todas las lenguas disponen de mecanismos que permiten expresar los universales funcionales, como hacer una pregunta, dar una orden, etc. En lo que respecta a la enseñanza de lenguas extranjeras, los denominados enfoques funcional, nocio-funcional y comunicativo no consideran el conocimiento de la lengua un fin en sí mismo, sino la capacidad de usar la lengua. En estos enfoques el aprendizaje de la gramática suele ser inductivo, aunque se ofrecen explicaciones gramaticales cuando se estima oportuno. Aunque se puede hacer gramática a partir de criterios nocio-funcionales. Un buen ejemplo es el segundo tomo de la *Gramática Comunicativa del español* (1992) de Francisco Matte Bon, *De la idea a la lengua,* que sigue un enfoque onomasiológico en el que el autor explora distintas áreas nocio-funcionales y presenta los distintos operadores que intervienen en ellas.

5. Potencialidades de los operadores lingüísticos

En el apartado 3.3 veíamos el caso del pronombres personales átonos, como en español una única forma *te* puede aparecer en las funciones de complemento directo, indirecto o como reflexivo. Francisco Matte Bon (2011) denuncia el alto grado de asistematicidad y las numerosas contradicciones y confusiones que caracterizan el análisis gramatical, así como las enumeraciones desordenadas de fenómenos y excepciones que abundan en las explicaciones gramaticales. Tomemos el ejemplo de *que*, una de las palabras más frecuentes del español, en frases como (14)-(16):

(14) *El hombre que vuela*
(15) *Dice que vuela*
(16) *Corre que vuela*

Un gramático distinguiría tres que diferentes: un que relativo en (14), un que conjunción completiva en (15) y un que que introduce una subordinada circunstancial, equivalente a de manera que en (16). Pero la pregunta es cuántos que debe distinguir un estudiante de ELE. En cualquier caso lo que diferencia los ejemplos anteriores es el elemento que precede a la voz que: un sustantivo en (14), un verbo transitivo en (15), y un verbo intransitivo en (16). A estos ejemplos pueden añadirse otros:

(17) *Sí que vuela*
(18) *Vuela que vuela*
(19) *Corre más que vuela*
(20) *Corre, que no vuela*

El DRAE registra hasta 25 valores diferentes para que (cf. sub voce). En casos como este cabe preguntarse si existe un denominador común que permita entender de forma sistemática el porqué de cada una de estas construcciones a partir de la reflexión sobre el valor y función de que, su potencialidad como operador lingüístico subordinante.[16] En este sentido son estimables los esfuerzos de la lingüística cognitiva por establecer significados prototípicos y representarlos en esquemas cognitivos[17]. Un caso ejemplar es el constituido por las preposiciones. Estas a menudo son explicadas por listados de usos, no sin excepciones.

6. Conclusiones: tipología y enseñanza de la gramática

En este trabajo he tratado de mostrar los aportes que la tipología lingüística, en particular los universales funcionales y nocionales pueden aportar a la enseñanza de la gramática. En lo que respecta a la enseñanza de segundas lenguas, la tipología puede hacer aportaciones interesantes en lo que respecta a la sensibilización de la diversidad o afinidad lingüística ente la L1 y la L2,[18] más que en cuestiones de predicción.

El uso de las categorías de la gramática tradicional o de categorías nocionales en el aula debe estar condicionado por diversos factores. En primer lugar debe de tenerse en cuenta si se trata de la enseñanza de de la lengua materna o de una lengua extranjera, y en tal caso si se trata de una lengua afín o no, si es de la misma familia o del mismo tipo, si la lengua materna y la lengua meta comparten tradición gramatical, si se trata de grupos monolíngües o de grupos plurilíngues, además de otros factores como la edad o el grado de instrucción de los aprendices.

A modo de conclusión queremos insistir en la importancia de los universales tipológicos, de las categorías nocionales, la no separación de léxico y gramática y la simplificación de la terminología gramatical.

---

[16] Otro ejemplo sintomático es el de la conjunción *si*, para la que el DRAE presenta diez acepciones.
[17] Para la relación entre la lingüística cognitiva y la tipología lingüística véase Van der Auwera & Nuyts (2010).
[18] En esta línea es interesante el trabajo de Orduña (2008) sobre la influencia de determinados rasgos tipológicos, como la prosodia, en los paradigmas morfosintácticos.

Referencias bibliográficas

BACHMAN, L. F. 1990. *Fundamental Considerations in Language Testing*. Oxford: Oxford University Press.
VARELA ORTEGA, S. & PIERA GIL, C. 1999. "Relaciones entre morfología y sintaxis", in: Bosque, I. & Demonte, V. coord. *Gramática descriptiva de la lengua española*, vol. 3 (Entre la oración y el discurso. Morfología), Madrid: Real Academia de la Lengua Española, 4367-4422.
BRUCART, J. M. 2005. "La gramática y la teoría lingüística en ELE: coincidencias y discrepancias", in: *RedELE* 3, http://www.mecd.gob.es/dctm/redele/Material-RedEle/Revista/2005_03/2005_redELE_3_07Brucart.pdf?documentId=0901e72b80e063f, consulta: 30.03.14.
CANALE, M. & SWAIN, M. 1980. "Theoretical bases of communicative approaches to second language teaching and testing", in: *Applied Linguistics* 1, 1-47.
CARRERA DÍAZ, M. 2001. "Cuestiones no resueltas en la lingüística contrastiva del italiano y el español", in: Cancellier, A. & Londero, R. edd. *Atti del XIX Convegno dell'Associazione ispanisti italiani*: Roma, 16-18 settembre 1999, vol. 2, 5-24. http://cvc.cervantes.es/literatura/aispi/pdf/14/14_009.pdf, consulta: 16.03.14.
CELCE-MURCIA, M. & DÖRNYEI, Z. & TURRELL, S. 1995. "A pedagogically motivated model with content specifications", in: *Issues in Applied Linguistics* 6, 5-35.
COMRIE, B. 1984. "Why linguists need language acquirers", in: Rutherford, W. (ed.) *Language Universals and Second Language Acquisition*. Amsterdam: Benjamins, 11-29.
CROFT, W. ²2003. *Typology and Universals*. Cambridge: Cambridge University Press.
DE MAURO, T. 1999-2000. *Grande dizionario italiano dell'uso*. Torino: UTET.
Diccionario de términos clave de ELE del Centro Virtual Cervantes (CVC). http://cvc.cervantes.es/ensenanza/biblioteca_ele/diccio_ele/diccionario/competenciagramatical.ht, consulta: 16/03/2014.
GIACALONE RAMAT, A. ed. 2003. *Typology and Second Language Acquisition*. Berlin: Mouton de Gruyter.
GIACALONE RAMAT, A. 2008. "Typological universals and second language acquisition", in: Scalise, S &. Magni, E. & Bisetto, A. edd. *Universals of Language Today*, Berlin: Springer, 253-272.
GREENBERG, J. H. 1991. "Typology/universals and second language acquisition", in: Huebner, T. & Ferguson, C.A. edd. *Crosscurrents in Second Language Acquisition and Linguistics Theories*, Amsterdam: Benjamins, 37-43.
HAWKINS, J. A. 1987. "Implicational universals as predictors of language acquisition", in: *Linguistics* 25: 453-73.
HJELMSLEV, L. 1928. *Principes de grammaire générale*, Købnhavn: Det Kgl. Danske Videnskabernes Selskab.
IBARRETXE ANTUÑANO, I. 2004. "Dicotomías frente a continuos en la lexicalización de los eventos del movimiento", in: *Revista Española de Lingüística (RSEL)* 34, 481-510.
JAKOBSON, R. 1960. "Lingüística y poética", in: *Ensayos de Lingüística General*, Buenos Aires: Planeta/De Agostini, 1986.
LEWIS, M. 1993. *The Lexical Approach: The state of ELT and the way forward*, Hove: Language Teaching Publications.

LICERAS, J. 1996. *La adquisición de las segundas lenguas y la gramática universal*, Madrid: Síntesis.
MARTÍN PERIS, E. et al. 2008. *Diccionario de términos clave de ELE*, Madrid: SGEL. http://cvc.cervantes.es/ensenanza/biblioteca_ele/diccio_ele/default.htm, Zugriff: 30.03.14.
MATTE BON, F. 1995 [¹1992]. *Gramática comunicativa del español.* Vol. 1: De la lengua a la idea. Vol. II: *De la idea a la lengua*, Nueva edición revisada, Madrid: Edelsa.
MATTE BON, F. 2011. "¿Qué modelo de gramática? De las enumeraciones desordenadas de evidencias superficiales al descubrimiento de un sistema organizado y comprensible: el ejemplo de las perífrasis verbales y otras construcciones con dos verbos", in: *Congreso Mundial de Profesores de Español*. 21-23 de Noviembre de 2011. Instituto Cervantes. http://comprofes.es/videocomunicaciones/%C2%Bfqu%C3%A9-modelo-de-gram%C3%A1tica-de-las-enumeraciones-desordenadas-de-evidencias-superfi, consulta: 13.07.2014.
MONCÓ TARACENA, S. 2013. "Les verbes syntagmatiques italiens: éléments contrastifs et didactiques", in: *Epílogos* 4, 65-85.
MONCÓ TARACENA, S. 2010. "(Di)simetrías romances en construcciones con verbo soporte", in: Ortiz Ciscomani, R. ed. *Estudios lingüísticos* 2, Hermosillo: Universidad de Sonora, 171-193.
ORDUÑA, J. 2008. "La tipología aplicada, vía de ampliación del enfoque comunicativo en enseñanza de idiomas", in: Moreno Sandoval, A. ed. *El valor de la diversidad (meta)lingüística: Actas del VIII Congreso de Lingüística General*, Madrid: UAM, 1523-1535.
RAE = REAL ACADEMIA ESPAÑOLA. (2001). *Diccionario de la lengua española* (22a ed.). http://www.rae.es/rae.html, consulta: 27.10.2014.
RUTHERFORD, W. ed. 1984. *Language Universals and Language Acquisition*, Amsterdam: Benjamins.
SELINKER, L. 1992. *Rediscovering Interlanguage*, London: Longman.
SIMONE, R. 1996. "Esistono verbi sintagmatici in italiano?", in: *Cuadernos de filología italiana* 3: 47-62. Reeditado en De Mauro, T. & Lo Cascio, V. (dirs.). 1997. *Lessico e grammatica. Teorie linguistiche e applicazioni lessicografiche*, Rome: Bulzoni, 155-170.
SCHWARZE, C. 1983. *Bausteine für eine italienische Grammatik*, Tübingen: Narr.
TALMY, L. 1985. "Lexicalization patterns: semantic structure in lexical forms", in: Shopen, T. ed. *Language typology and syntactic description* III, Grammatical categories and the lexicon, Cambridge: CUP, 57-149.
TALMY, L. 1991. "Path to realization: a typology of event conflation", in: *Proceedings of the Berkeley Linguistics Society* 17, 480-520. [Reeditado con modificaciones en Talmy 2000, tomo 2: 213-287].
TALMY, L. 2000. *Toward a cognitive semantics*, 2 vol., Cambridge: M.I.T. Press.
VAN DER AUWERA, J. y NUYTS, J. 2010. "Cognitive Linguistics and linguistic typology", in: edd. *The Oxford Handbook of Cognitive Linguistics*, Oxford: Oxford University Press, 1074-1091.
VILLAR DIAZ, M. B. 2010. "Mecanismos lingüísticos en la expresión de la posesión: límites, problemas y estrategias de traducción y redacción", in: *La culture de l'autre: l'enseignement des langues à l'Université*, Lyon: La Clé des Langues. http://cle.ens-lyon.fr/espagnol/mecanismos-linguisticos-en-la-expresion-de-la-posesion-limites-problemas-y-estrategias-de-traduccion-y-redaccion-92493.kjsp, consulta: 16.03.14.

Didáctica del español coloquial en la etapa de Secundaria: aprovechamiento del corpus oral Val.Es.Co.

Montserrat Pérez Giménez (València)

Resumen
En los diseños curriculares de los últimos veinte años es posible advertir una mayor presencia de la lengua oral en las diferentes etapas educativas así como un mayor interés por el fomento de las habilidades lingüísticas de los alumnos. A este hecho ha contribuido la revalorización del habla, del uso, como objeto de estudio de diversas disciplinas lingüísticas de las últimas décadas del siglo XX y el surgimiento de la Didáctica de la Lengua y la Literatura como disciplina independiente en el último cuarto del siglo XX. En efecto, la necesidad de desarrollar las destrezas orales expresivas y comprensivas del alumnado (y, por extensión, de su *competencia comunicativa*, formulada en términos de Hymes, 1972) comporta una serie de cambios e innovaciones que atañen, entre otras cosas, a la propia formación de los docentes, a la ordenación académica de los centros, al enfoque metodológico adoptado, así como al marco epistemológico de la Didáctica de la Lengua y la Literatura. Por tanto, el presente artículo, en su empeño en contribuir en los cambios que han de operarse en la metodología docente en la didáctica de lenguas, tiene como objetivo mostrar el aprovechamiento didáctico que puede hacerse de análisis realizados sobre el corpus oral coloquial del español de Briz y el Grupo Val.Es.Co. (Valencia, Español Coloquial) (2002) y Cabedo y Pons (eds.) (2013), para aplicarlos a su enseñanza en la etapa educativa de Enseñanza Secundaria.

Palabras clave: *enseñanza-aprendizaje de usos lingüísticos, español coloquial, competencia comunicativa, corpus lingüístico oral real Val.Es.Co., alumnado de Secundaria.*

1. Introducción

Como bien sabemos, los planteamientos actuales de los currículos de las diferentes etapas educativas (especialmente en las preuniversitarias) promueven la adopción de enfoques funcionales y comunicativos que desarrollen la *competencia comunicativa*, entendida como el "conjunto de conocimientos sobre el sistema de la lengua y los procedimientos de uso que son necesarios para que las personas puedan interactuar satisfactoriamente en los diferentes ámbitos sociales" (LOE 2006). Se refiere al conjunto de destrezas y saberes que permiten la comprensión de los textos y la expresión de cualquier tipo de mensajes, de manera correcta, coherente y eficaz, con adecuación al contexto y al propósito que se pretende. En este sentido, si queremos desarrollar la competencia comunicativa de nuestros alumnos resulta conveniente, entre otras cosas, trabajar con materiales reales y adoptar una actitud que favorezca el planteamiento de actividades que impliquen establecer un contacto directo con los interlocutores y las situaciones reales de uso en las que se ven inmersos. En definitiva, se trata de abrir los límites de la clase, hasta hace poco fijados en la descripción lingüística y la adecuación a la norma, con el fin de propiciar un clima en el que llevemos a las aulas los contextos propios de la vida cotidiana, donde puedan combinarse desde los usos de mayor formalidad a los usos coloquiales. De esta manera, pensamos que la enseñanza-aprendizaje de la lengua española, especialmente de la variedad coloquial (y, en contraste, la variedad formal), puede incentivarse si tomamos como punto de partida propuestas didácticas basadas en corpus lingüísticos, en concreto en el corpus oral real del grupo de investigación Val.Es.Co. (Valencia, Español Coloquial). A continuación, revisaremos los estudios llevados a cabo por el grupo Val.Es.Co. y las principales características de su corpus, lo que nos servirá para, posteriormente, justificar su interés en las aulas de lengua, especialmente en las de la Enseñanza Secundaria Obligatoria y Bachillerato.

2.   El corpus lingüístico oral del grupo de investigación Val.Es.Co.

Val.Es.Co. (Valencia, Español Coloquial) constituye un grupo de investigación surgido en el seno del Departamento de Filología Española de la Universidad de Valencia en 1990. Su principal objeto de estudio fue desde el principio el español coloquial. El grupo, dirigido desde sus inicios por Antonio Briz, está integrado por profesores y becarios de investigación de los Departamentos de Filología Española de la Universidad de Valencia y la Universidad de Alicante.

A fin de alcanzar sus objetivos, el proyecto de investigación desarrollado por el grupo ha venido abordando la descripción del español coloquial, en sus distintos niveles de análisis, a partir de un corpus básicamente oral, obtenido directamente de la conversación espontánea y de otro tipo de discursos.

Su hipótesis inicial, ya confirmada, era que el funcionamiento de la conversación coloquial podía explicarse, no como transgresión de la gramática oracional, sino como conjunto de estructuras y estrategias, de base pragmática, constituidas en el proceso de interacción. Para comprobar dicha hipótesis era condición indispensable disponer de un corpus representativo de conversaciones, transcrito mediante un sistema de transliteración capaz de representar los hechos conversacionales objeto de estudio. Así pues, se planteó, como labor previa al análisis, la elaboración de un corpus representativo.

El material del que se compone el corpus se ha obtenido mediante grabaciones ordinarias y, sobre todo, mediante grabaciones **secretas** y se halla almacenado en soporte analógico y digital. Las grabaciones se han realizado de forma preferente en entornos familiares para los participantes. El número mínimo de interlocutores por cada grabación es de dos, un número necesario para hablar de conversación, y un máximo, de cuatro. De dicho corpus, se han publicado ya dos volúmenes recopilatorios en formato papel (Briz, coord., 1995 y Briz y grupo Val.Es.Co. 2002), que consta de trescientas cuarenta y una horas de grabación de las que han sido transliteradas más de treinta conversaciones. A este corpus hay que añadir la reciente incorporación de nuevos materiales, el denominado *Corpus Val.Es.Co. 2.0* (en Cabedo y Pons, eds., 2013), publicado electrónicamente en la web del grupo: http://www.valesco.es, constituido por cuarenta y seis conversaciones más secuenciadas en diferentes unidades de análisis: intervenciones, grupos entonativos y palabras.

A continuación, mostramos un fragmento del corpus Val.Es.Co. perteneciente a la conversación [RB.37.B.1] (en Briz y grupo Val.Es.Co. 2002). Remitimos al apartado 5 del presente artículo para consultar las convenciones del sistema de transcripción:

1 B: ¿QUE cuándo iréis al pueblo por fin?
2 A: ¿al pebloo? ((a ver)) mañana/ sábado/// pero ¿cómo quiés decir↓
3   de vaca [ciones↑ ?]
4 C: [(((¡ayy!))]§
5 B: § sí↓ de vacaciones
6 A: en agosto
7 B: ¿QUÉ tu marido las tiene en agosto↓? ¿no?

8   A: lo han hecho fijo↓ a mi marido
9   B: ¡AAYY! ¡QUÉ ALEGRÍA! ¿por qué no me lo has [DICHO?=]
10 A: [(RISAS)]
11 B: =fíjate↓ el otrO día comentándolo↑ ¿eh?/ oye↓ pues estará [contento
12   el hombre ¿no?=]
13 A: [contento
14   (( )) sí]
15 B:= ¡vaya tela!
16 C: oye ¿los numeritos del viaje?
17 A: el cero cero tres ((salió))
18 C: ¿QUE cuál tenemos?// es que yo no los veo§
19 A: § el- doscientos- yo ↑
20   el doscientos setenta y cinco/ [setenta y seis y setenta y siete]
21 B: [¡ay sí! nosotros teníamos eel]
22 A: (RISAS)/ le ha salido a la mujer del presidente[1]
23 C: ¡aayy! enchufe enchufe enchufe enchufe§
24 B: §(RISAS)
25 C: seguro
26 A: eso parece/// EEs que a mi marido lo han hecho fijo
27 B: [en la fábrica]
28 C: [¿SÍII?] ¡qué BilEEN!§
29 A: § antes de ayer ↓se lo dijeron

Por lo demás, el trabajo llevado a cabo hasta ahora por el grupo Val.Es.Co. ha permitido, además de confirmar la hipótesis de partida, el cumplimiento de varios objetivos:

1. Caracterizar el registro coloquial: por un lado, mediante el análisis y explicación de los aspectos lingüísticos y de estrategia comunicativa que identifican en general este registro de habla y, por el otro, con la descripción más concreta de diversos fenómenos lingüísticos, como el orden de palabras, la entonación, las secuencias de historia, la fraseología, la conexión, la

---

[1] Se trata del presidente de la comunidad de vecinos.

intensificación y la atenuación, el préstamo lingüístico, la presencia del argot, las metáforas cotidianas, el estilo directo, etc.

2. Estudiar la estructura de la conversación y sus unidades: análisis de su configuración secuencial, la alternancia de turnos, el habla simultánea, el comportamiento interaccional de los participantes, etc.

En el apartado siguiente ofreceremos propuestas didácticas que servirán de muestra de la posible explotación que puede realizarse del corpus Val.Es.Co. (para obtener referencias bibliográficas sobre los diferentes estudios llevados a cabo por el grupo puede consultarse su página web: http://www.valesco.es).

3. Propuestas didácticas para la enseñanza-aprendizaje de la lengua española

Según hemos expuesto anteriormente, el hecho de adoptar un enfoque comunicativo en la didáctica de la lengua incide en la necesidad de conectar los usos lingüísticos con la situación comunicativa en la que se producen, con los interlocutores implicados, con su intención comunicativa, etc.; ello implica, entre otras cosas, la necesidad de emplear materiales lingüísticos reales, pues solo así se pueden analizar las producciones efectivas que realizan los hablantes, sometidos a las circunstancias que las diversas situaciones comunicativas les imponen. Así, pensamos que el corpus lingüístico del grupo Val.Es.Co. puede constituir un material extraordinario para que los alumnos reflexionen sobre los usos lingüísticos vinculados al género discursivo que más genuinamente empleamos los humanos: la conversación coloquial. El atractivo del corpus no solo reside en que se trata de un material real, sino en el hecho de su fácil accesibilidad y lectura, así como en la claridad y la sencillez de su sistema de transcripción.

Por otro lado, merece la pena destacar que la presencia de la lengua oral es muy significativa en los actuales diseños curriculares de las diferentes etapas educativas preuniversitarias (cf. Pérez Giménez 2011, 15-85), presencia acrecentada a partir de la Reforma Educativa española impulsada con la promulgación de la LOGSE en el año 1990. La necesidad de desarrollar las destrezas orales expresivas y comprensivas del alumnado (y, por extensión, de su *competencia comunicativa*, formulada en términos de Hymes 1972[2]) comporta una serie de cambios e innovaciones que atañen, entre otras cosas, a la propia formación de los docentes, a la ordenación académica de los centros, al enfoque metodológico adoptado, así como al marco epistemológico de la didáctica de la lengua y la literatura.

Ahora bien, los usos orales que deben trabajarse en las aulas no son meramente los del registro coloquial o informal, pues, según reclaman Dolz y Schneuwly (2006, 11):

> el domini específic de l'oralitat formal, en el marc general de l'interès per una didàctica de l'oralitat, és un capítol que reclama urgentment l'atenció d'educadors. I reclama una atenció específica, com a objecte diferenciat de l'escriptura i de la conversa informal: diferent de l'oralitat improvisada en contextos col·loquials, alhora que de l'encotillament maldestre o pedant de qui sembla "parlar com s'escriu".

Estos autores critican, además, la escasa atención que han prestado los estudios lingüísticos modernos a las peculiaridades de lo oral formal, que había sido objeto de consideración fecunda por parte de la retórica clásica. Tampoco en la formación del profesorado, salvo honrosas excepciones, "s'ha dedicat atenció a l'ensinistrament necessari per abordar l'oral a l'escola. De fet, avui no és difícil observar entre els docents una bona dosi de desorientació i alhora un interés notable per la didàctica de la llengua oral" (Dolz & Schneuwly 2006, 11).

Volviendo al objetivo que rige este artículo, tratando de contribuir al cometido de llevar la lengua oral a las aulas y de desarrollar la competencia comunicativa de los alumnos, ofreceremos propuestas didácticas para las etapas educativas de la ESO y Bachillerato, etapas en las que los alumnos se ven inmersos en una gama más variada de situaciones comunicativas y necesitan, por tanto, incrementar sus habilidades lingüísticas expresivas y comprensivas. Pensemos, además, que al término de su formación académica en la ESO o Bachillerato los alumnos van a

---

[2] A decir de Hymes (1972, 60), gozar de una competencia comunicativa implica saber "when to speak, when not, and as to what to talk about with whom, when, where, in what manner" ("cuándo hablar y cuándo no; de qué hablar con quién, cuándo, dónde y de qué manera", la traducción es nuestra). Efectivamente, los estudiantes de una lengua no solo aprenden si sus enunciados son correctos gramaticalmente o no, también aprenden, según sostiene este autor, si son apropiados a un contexto o no.

incorporase a la vida laboral o van a cursar estudios superiores, por lo que la exigencia de competencia comunicativa es aún mayor. No obstante, el corpus Val.Es.Co. puede resultar interesante para plantear actividades de enseñanza-aprendizaje de la lengua en otras etapas educativas, como en la universitaria, así como en la didáctica del español como lengua extranjera (cf. Briz y grupo Val.Es.Co. 2000; Albelda & Fernández 2008; Hidalgo 2002).

Obsérvese que las propuestas didácticas que planteamos no tienen mayor pretensión que la de servir de ejemplo de las actividades que pueden realizarse en las aulas, por tanto, no trata de ser exhaustiva ni se agota con las sugerencias de trabajo que aquí se muestran. Nos ha parecido útil la ordenación de las propuestas por niveles lingüísticos, forma en la que suele producirse la descripción general de una lengua: nivel fonético-fonológico, nivel morfosintáctico y nivel léxico-semántico, "sin olvidar, por ello, que cualquier forma lingüística va asociada en uso a una función comunicativa" (Briz y grupo Val.Es.Co. 2000, 33), o lo que es lo mismo, a una función pragmática.

3.1 Propuestas vinculadas con el nivel fonético-fonológico

Relacionadas con este nivel pueden plantearse actividades de reconocimiento de fenómenos fónicos propios del registro coloquial oral que, en principio, no son trasladables a la escritura a partir de la lectura o escucha de diversos fragmentos del corpus (cf. Albelda & Fernández 2008, 68-70; Hidalgo 2002, 35-49, 65-67):

➢ Debilitación o caída de la *d* intervocálica en participios en *-ado* o en *-ido*, que resulta, según Hidalgo (2002, 20), "algo ya casi sistemático en el caso de los finales en *-ado*, procedan o no de participio": *sentao, llamao, tenío*

➢ Supresión de fonemas o sílabas interiores o finales: *to(d)as, pa(ra), cuñá(da)*

➢ Monoptongaciones, por ejemplo, *ue>o: pos*

➢ Elisiones motivadas por cuestiones de fonética sintáctica, como el apóstrofe: *l'he llamado, to'l mundo, p'allá*

➢ Alargamientos vocálicos y consonánticos, con función de realce expresivo o para rellenar una pausa: *¡buenoo!, mmm, peroo*

➢ Aspiración del fonema /s/ en posición implosiva:

A: he idoo al Corte Inglé(s) a compra(r)me un bañadó(r) y te *cuehta* cuatro mil o cinco mil peseta(s) (Briz y Val.Es.Co. 2002, 152, líneas 395-396)
➢ Onomatopeyas:
S: entras a la empresa y t'hace /*TUUFH*/ como si te metieran/ una guantá en toda la cara (Briz y Val.Es.Co., 2002: 160, líneas 708-709)
D: y salpicaba a to'l mundo↓ (RISAS) y hacía *PRR* (RISAS) Emiliano (Briz & Val.Es.Co. 2002, 64, líneas 543-544)

Asimismo, pueden analizarse en el corpus los valores expresivos de las curvas entonativas (exclamativas, interrogativas y aseverativas), que no son exclusivos necesariamente del registro coloquial de la lengua, aunque sí más propensos en tal variedad, para verificar si expresan alegría, tristeza, sorpresa, enfado, desprecio, etc.:
G: y yo digo/ *estas se han olvidao de mí*
L: *¡sí hombre!*
(Briz & Val.Es.Co. 2002, 82, líneas 33-34; exclamativa con valor de recriminación)

L: descubrió que estaba con la tía esta que lo había cazao desde el primer momento↑/ y que estaba esperando la oportunidad§
E: § *¡qué fuerte!*
(Briz & Val.Es.Co. 2002, 96, líneas 604-607; exclamativa con valor de asombro)

También puede resultar de interés la consideración de las interrogativas retóricas o las interrogativas exclamativas:
A: ¡buf!/// mira Blanca/ es que- es que/ no lo sé/ es que/ YO ¿¡*QUÉ QUIERES QUE HAGA!?* (Briz & Val.Es.Co. 2002, 79, líneas 287-288)
Pueden estudiarse, en fin, patrones de entonación no convencionales, como la entonación suspendida (transcrita en el corpus con símbolos del tipo →, ↑ o con alargamientos vocálicos, manifestando un tonema suspendido que sustituye al signo ortográfico de los puntos suspensivos), empleada en muchas ocasiones con una función pragmática de intensificación o atenuación (se realza lo que no se

dice, que se infiere del contexto): *esos chistes son más viejos*↑, *hacía un frío*↑, *cogía cada berrinche*↑, *si te pego un sopapo*↑, *me hizo una gracia*↑

3.2 Propuestas vinculadas con el nivel morfosintáctico

En este apartado proponemos diversas actividades de reconocimiento y análisis de aspectos relacionados con el nivel morfosintáctico (Albelda & Fernández 2008, 70-77) a partir de la lectura de uno o varios fragmentos del corpus o de una conversación íntegra según lo que se esté estudiando en clase en ese momento. Por ejemplo, para estudiar la formación de palabras, puede resultar interesante comprobar cómo en el registro coloquial existe una tendencia a la frecuencia de uso de los prefijos y sufijos apreciativos, ya sean aumentativos, diminutivos o despectivos (Albelda & Fernández 2008, 70-71): *-azo/-a/-os/-as* (*ojazos, pelmazo, bocazas, madraza, leñazo*); *-ito* (*olorcito*); *-ata* (*bocata, drogata, cubata*), *-eto* (*careto, bareto*), etc. De esta manera, se pueden proponer actividades de análisis de determinados fragmentos del corpus donde aparezcan palabras con dichos prefijos o sufijos y se proceda a su análisis morfológico; puede reflexionarse, también, sobre la finalidad de uso de dichos afijos en cada contexto comunicativo, etc.

Otra actividad posible es el análisis de vocativos propios del ámbito coloquial: *tú, nena/-e, tío/-a, mujer, hombre, macho, chaval, colega, primo*, etc.

Asimismo, puede estudiarse la tendencia al uso de imperativos gramaticalizados, a menudo con valor de apelación o de introducción de información: *oye, fíjate, escucha, venga, imagínate*, etc.

Sobre los conectores y marcadores discursivos, puede analizarse la diversidad de funciones que presentan en el registro coloquial los conectores conclusivos, de cierre enumerativo (*total, y eso, y nada, y en paz*, etc.), consecutivos (*con que, así que, pues*), introductores de argumentos, contraargumentos (*es que, encima, lo que pasa es que, pero es que*, etc.), entre otros.

En cuanto al empleo de pronombres, puede estudiarse la propensión existente en el registro coloquial a la redundancia de los pronombres de sujeto (*yo me gusta la leche fría*) y de objeto, átonos y tónicos (*a mí me, a ti te*, etc.):

E: es que ee *yo para mí*↑ el hecho de ser conservadores y taal/

precisamente radica en sus principios (Briz & Val.Es.Co. 2002, 91, líneas 401-402)

Pueden analizarse, también, los enunciados negativos que afirman:
R: y luego la ropa que lava a mano también la tiene allí↓ pero no la puede tener chorreando↑
M: no↓   sí↓   el   otro   día↑ lo tenía↑   suéters↑/ tenía suéters/ tenía cosas/ chorreando (Briz & Val.Es.Co 2002, 267, líneas 340-343)

Igualmente interesante puede resultar el estudio de la alteración del orden neutro de palabras (sujeto-verbo-objeto), propio del lenguaje escrito y del oral formal, para adoptar un *orden pragmático* (Briz 1998): por ejemplo, puede analizarse la anteposición del sujeto en una subordinada (*no sé mi abuela los ojos el color que tendrían*) o la anteposición de un complemento circunstancial de compañía (*con Jose no subas ahí con esas curvas al desierto* ↑ *¿eh?*), etc.

Finalmente, puede reflexionarse sobre el abundante uso que se realiza del estilo directo en el registro coloquial. Así, se pueden explicar los verbos que lo introducen (*empieza, dice, coge y dice, y va y dice, suelta*, etc.) y diferenciar la frontera entre discurso referido y no referido.

3.3   Propuestas vinculadas con el nivel léxico-semántico

Por lo que se refiere al nivel léxico-semántico, resulta de especial interés estudiar el abundante uso que se hace en la conversación coloquial de locuciones verbales (*pagar el pato, no ir cara al aire*, etc.), locuciones adjetivales (*de perlas, de vicio*, etc.), locuciones adverbiales (*a la chita callando, a parir*, etc.), locuciones nominales (*tela marinera, tiquis miquis*, etc.), refranes (*a buen entendedor pocas palabras bastan*) y metáforas coloquiales (*ser un perro, ser un cerdo, estar cortado*, etc.). Pueden consultarse más ejemplos en Albelda y Fernández (2008, 77-78).

Como método para ampliar vocabulario se pueden trabajar palabras de elevada frecuencia léxica en el registro coloquial para las que deban proponer sinónimos (ya sean informales o formales): *sitio* (por "lugar"), *mejor* (por "preferible"), *así* (por "de este modo"), *a lo mejor* (por "quizás").

Otra posible actividad de ampliación de vocabulario puede consistir en la sustitución de *proformas* (palabras comodín con sobrecarga semántica) por expresiones o términos más específicos: *cosa, cacharro, hacer, haber, decir, tener, eso,* etc.

4. Conclusiones

Para finalizar, queremos insistir en las razones por las que puede resultar interesante trabajar en la clase de lengua con corpus lingüísticos, concretamente con el del grupo Val.Es.Co.:

1. Permite estudiar de manera efectiva la conversación coloquial, sus características, y reflexionar sobre la intención comunicativa que determina la producción lingüística de los hablantes implicados (en tanto que el corpus está formado por conversaciones grabadas secretamente y constituye un material perdurable que permite la reflexión a partir de la lectura y la escucha del audio), frente a las posibles alusiones anecdóticas que pudieran realizarse en clase.

2. Profundizar mínimamente en el estudio de un género discursivo como la conversación coloquial puede ayudarnos, contrastivamente, a explicar los usos orales formales, más propios del ámbito académico, a los que los alumnos no están tan acostumbrados.

3. El corpus transcrito del grupo Val.Es.Co. es muy accesible, pues está publicado en dos volúmenes (Briz, coord., 1995 y Briz y grupo Val.Es.Co. 2002) y también en red (*Corpus Val.Es.Co. 2.0*, en http://www.valesco.es, que admite hacer búsquedas por palabras concretas, entre otras). Además, puede disponerse de su audio previa solicitud a sus autores.

4. Por la claridad y sencillez de su sistema de transcripción, el corpus permite una fácil lectura que lo hace apto para su explotación didáctica en las aulas preuniversitarias.

5. Finalmente, se pueden proponer múltiples actividades de enseñanza-aprendizaje de la lengua española que pueden resultar interesantes tanto para

alumnos de la ESO y Bachillerato como para estudiantes de español como lengua extranjera.

5. Sistema de transcripción del corpus lingüístico del grupo Val.Es.Co.

Los signos fundamentales del sistema de transcripción son los siguientes:[3]

:   Cambio de voz.
A: Intervención de un interlocutor identificado como A.
?:   Interlocutor no reconocido.
§   Sucesión inmediata, sin pausa apreciable, entre dos emisiones de distintos interlocutores.
=   Mantenimiento del turno de un participante en un solapamiento.
[Lugar donde se inicia un solapamiento o superposición.
]   Final del habla simultánea.
−   Reinicios y autointerrupciones sin pausa.
/   Pausa corta, inferior al medio segundo.
//   Pausa entre medio segundo y un segundo.
///   Pausa de un segundo o más.
(5")   Silencio (lapso o intervalo) de 5 segundos; se indica el n.º de segundos en las pausas de más de un segundo, cuando sea especialmente significativo.
↑   Entonación ascendente.
↓   Entonación descendente.
→   Entonación mantenida o suspendida.
Cou   Los nombres propios, apodos, siglas y marcas, excepto las convertidas en «palabras-marca» de uso general, aparecen con la letra inicial en mayúscula.
PESADO   Pronunciación marcada o enfática (dos o más letras mayúsculas).
pe sa do   Pronunciación silabeada.

---

[3] Los antropónimos y topónimos no se corresponden por lo general con los reales. Las incorrecciones gramaticales (fónicas, morfosintácticas y léxicas) no aparecen marcadas por lo general. Así pues, según el usuario del corpus (p. e., si este es utilizado por un estudiante de español como segunda lengua), puede ser recomendable el soporte explicativo del profesor.

(( ))	Fragmento indescifrable.
((siempre))	Transcripción dudosa.
((...))	Interrupciones de la grabación o de la transcripción.
(en)tonces	Reconstrucción de una unidad léxica que se ha pronunciado incompleta, cuando pueda perturbar la comprensión.
pa'l	Fenómenos de fonética sintáctica entre palabras, especialmente marcados.
°( )°	Fragmento pronunciado con una intensidad baja o próxima al susurro.
h	Aspiración de «s» implosiva.
aa	Alargamientos vocálicos.
nn	Alargamientos consonánticos.
¿¡ !?	Interrogaciones exclamativas.
¿?	Interrogaciones. También para los apéndices del tipo «¿no?, ¿eh?, ¿sabes?»
¡ !	Exclamaciones.

(RISAS, TOSES, GRITOS...) Aparecen al margen de los enunciados. En el caso de las risas, si son simultáneas a lo dicho, se transcribe el enunciado y en nota al pie se indica «entre risas».

és que se pareix a mosatros: Fragmento de conversación en valenciano. Se acompaña de una nota donde se traduce su contenido al castellano.

Letra cursiva: Reproducción e imitación de emisiones. Estilo directo.

Notas a pie de página: Anotaciones pragmáticas que ofrecen información sobre las circunstancias de la enunciación. Rasgos complementarios del canal verbal. Añaden informaciones necesarias para la correcta interpretación de determinada palabras (la correspondencia extranjera de la palabra transcrita en el texto de acuerdo con la pronunciación real, siglas, marcas, etc.), enunciados o secuencias del texto (p. e., los irónicos), de algunas onomatopeyas, etc.

Referencias bibliográficas

ALBELDA, M. & FERNÁNDEZ, M.ª J. 2008. *La enseñanza de la conversación coloquial en la clase de E/LE*. Madrid: Arco/Libros.

BRIZ, A. ed. 1995. *La conversación coloquial. Materiales para su estudio*. Anejo XVI de Cuadernos de Filología. Universitat de València.

BRIZ, A. 1998. *El español coloquial en la conversación. Esbozo de Pragmagramática*. Barcelona: Ariel.

BRIZ, A. & grupo Val.Es.Co. 2000. *¿Cómo se comenta un texto coloquial?* Barcelona: Ariel Practicum.
BRIZ, A. & grupo Val.Es.Co. 2002. *Corpus de conversaciones coloquiales*. Anejos de la revista *Oralia*. Madrid: Arco/Libros
CABEDO, A. & PONS, S. edd. 2013. *Corpus Val.Es.Co 2.0*, http://www.valesco.es
DOLZ, J. & SCHNEUWLY, B. 2006. *Per a un ensenyament de l'oral. Iniciació als gèneres formals a l'escola*. Valencia/Barcelona: Institut Interuniversitari de Filologia Valenciana i Publicacions de l'Abadia de Montserrat.
HIDALGO, A. 2002. *Comentario fónico de textos coloquiales*. Madrid. Arco/Libros.
HYMES, D. 1972. "On communicative competence", in: Duranti, A. ed. 2001. *Linguistic Anthropology. A reader*. Oxford: Blackwell, 53-73.
LOE. 2006. *Ley Orgánica 2/2006, de 3 de mayo, de Educación* (BOE Núm. 106, jueves, 4 de mayo de 2006).
LOGSE 1990. *Ley Orgánica 1/1990, de 3 de octubre, de Ordenación General del Sistema Educativo*.
PÉREZ GIMÉNEZ, M. 2011. *Aproximación a la didáctica de la sintaxis coloquial en Bachillerato: el estudio de las construcciones incompletas*. Tesis doctoral inédita, http://www.tdx.cat/handle/10803/81890, consulta: 22.11.2014

Lo que La Celestina enseñaría a Meetic: aprender gramática a través de un proyecto basado en la literatura medieval

Marcial Terrádez Gurrea (Valencia)

Resumen

En este artículo presentamos un proyecto que conjuga aspectos literarios y lingüísticos, y que surge con la intención de superar la fractura que en ocasiones aparece entre la enseñanza de la lengua y de la literatura en Bachillerato.

En concreto, y a través de fragmentos del Libro de Buen Amor y La Celestina, trabajamos con un proyecto final que consiste en la elaboración de una "guía para ligar", al estilo de los consejos que puede proporcionar un coach o consultor sentimental. Mediante este proyecto explicamos algunos complementos de la oración simple (en concreto los complementos atributo y predicativo), así como algunas funciones de las proposiciones subordinadas sustantivas.

Por otra parte, consideramos importante destacar que nuestro proyecto final se subdivide en "microproyectos", a fin de que el alumno no pierda la motivación al tener que dedicar varias sesiones a la misma unidad temática. Nuestro proyecto (elaboración de la guía para ligar) se subdivide en los microproyectos "Conócete a ti mismo", "Retrato robot de tu hombre/mujer ideal" y "Cómo actuar en la primera cita"; cada uno de estos microproyectos nos servirá para explicitar contenidos gramaticales relacionados con la unidad didáctica general.

Se trata de un proyecto realizado en la práctica en un instituto de educación secundaria de Valencia, por lo que mostraremos las principales dificultades que hemos encontrado para llevarlo a cabo, así como las conclusiones más importantes que hemos extraído.

Palabras clave: Enseñanza por proyectos, literatura medieval, proposiciones subordinadas sustantivas, gramática, atributo, predicativo.

1. Introducción

El enfoque por proyectos se ha convertido, en los últimos años, en una de las maneras más creativas e innovadoras de plantear las clases de Educación Secundaria. Tras los estudios pioneros de Kilpatrick o Dewey (1971), autores como Camps (2003), Zayas (2006) o Rodríguez (2012) han mostrado secuencias didácticas mediante las que trabajar en el aula a través de proyectos.

En este artículo, presentamos un proyecto llevado a cabo en un centro de Educación Secundaria de Valencia, que conjuga aspectos literarios y lingüísticos, y que surge con la intención de superar la fractura que en ocasiones aparece entre la enseñanza de la lengua y de la literatura en Bachillerato.

Nuestro proyecto sigue la estela de planteamientos como el "método de proyectos", de Kilpatrick, quien defiende que un proyecto se articula en un plan de trabajo concebido como una unidad compleja de experiencia personal, o el enfoque de Freinet, autor que sostiene que las diferentes materias de enseñanza se deberían integrar en torno a un plan concreto motivador. Nuestra metodología también se encuentra cerca, por tanto, de los métodos del "aprender haciendo", de autores como Dewey (1971), o del "sincretismo" de Decroly, fundamentado en la aprehensión global e indiferenciada de la realidad, no segmentada en partes.

En nuestra opinión, una enseñanza por proyectos en Educación Secundaria y Bachillerato se basa en los siguientes pilares:

- Debe tener como objetivo la confección final de algo nuevo, relacionado con la realidad del alumno. El proyecto final no debe relacionarse únicamente con la adquisición de un contenido académico o escolar, sino que ha de estar relacionado con el aprendizaje de habilidades que excedan el ámbito académico, y además tiene que dirigirse a la creación de un producto nuevo (un libro, una grabación en audio o en vídeo, un cortometraje, etc.).
- Debe estar dividido en "micro-proyectos". Para que un proyecto como el que presentamos pueda ser desarrollado en toda su amplitud, es necesario destinar a su puesta en práctica por parte del alumnado un mínimo de sesiones de clase, lo cual puede ir en detrimento de la motivación necesaria para que el trabajo se desarrolle con éxito. Por ello, consideramos que la división de un proyecto en "micro-proyectos", todos ellos con sus objetivos y metodologías propios, sirve para que el alumno no pierda en ningún momento la motivación por el producto final.
- Debe equilibrar el trabajo de las cuatro destrezas básicas. Uno de los aspectos más interesantes de la elaboración de un proyecto de lengua y literatura en Secundaria y Bachillerato radica en la facilidad con que se puede integrar el trabajo de las cuatro destrezas básicas. Los alumnos, a lo largo de las sesiones del proyecto, tendrán necesariamente que escribir y leer textos, cada uno de ellos con funcionalidades diferentes, que hablar y

exponer en clase sus trabajos, y que escuchar tanto audiciones relacionadas con el proyecto, como las propias producciones de sus compañeros. El reto por parte del profesorado radica en diseñar actividades para que el trabajo de estas cuatro destrezas nunca caiga en la improvisación.

- Debe ser interdisciplinar. Otro de los elementos destacados de un enfoque por proyectos consiste en que podemos conseguir fácilmente la interrelación (muchas veces sugerida y en pocas ocasiones puesta en práctica) de diferentes materias. Un proyecto de lengua y literatura puede insertar contenidos relacionados con historia, filosofía, ciencias naturales, etc.
- Debe interrelacionar lengua y literatura. Es evidente que un proyecto como el que presentamos no debería tratar la lengua y la literatura como compartimentos estancos, desligados uno de otro. El proyecto del que hablamos en este artículo tiene como uno de sus principales objetivos el tratamiento integrado de la lengua y la literatura.

En cuanto a las fases de elaboración de un trabajo por proyectos seguimos el planteamiento de Pozuelos (2004), que aparece recogido en el cuadro 1.

Cuadro 1: fases para la elaboración de un trabajo por proyectos (Pozuelos 2004)

Selección temática	Justificación
	Adecuacion: personal, social y curricular
Análisis de contenido	Revisión científica y cultural
	Dossier documental
Análisis didáctico	Estudio sobre las ideas de los escolares
	Conexiones con los contenidos y competencias básicos
Propuesta didáctica	Propósito del proyecto
	Contenidos
	Itinerario de actividades
Evaluación	Criterios
	Definición de producciones: trabajos, exposiciones, presentación

Entre los objetivos fundamentales que nos planteamos a la hora de poner en práctica nuestro proyecto se encuentran los siguientes:

- Reflexionar sobre la actualidad de los clásicos
- Estudiar las relaciones entre el Conde Lucanor, el Libro de Buen Amor y la Celestina
- Utilizar recursos TIC para la realización de la descripción personal

- Trabajar las cuatro destrezas (comprensión lectora, expresión escrita, comprensión auditiva, expresión oral)
- Analizar la función de los atributos y de los predicativos
- Analizar la función de las proposiciones subordinadas sustantivas

Como hemos comentado anteriormente, consideramos que un proyecto como el que presentamos debería ser dividido en "micro-proyectos", con objeto de que el alumno mantega la motivación a lo largo de todas las sesiones destinadas al proyecto, y que se puedan trabajar diferentes aspectos asociados con este.

En nuestro caso, hemos dividido el proyecto "Lo que la Celestina enseñaría a Meetic" en tres micro-proyectos:

A) ¿Cómo soy yo? En este primer micro-proyecto buscamos que el alumno se conozca mejor a sí mismo, y que realice una descripción tanto de sus rasgos físicos (prosopografía) como de sus aspectos psicológicos o de personalidad (etopeya).

B)¿Cómo es mi chico/a ideal? Aquí pretendemos que el alumno amplíe la descripción a su pareja ideal, con la intención de estudiar el comportamiento de los adjetivos en función de atributos y de predicativos.

C)La primera cita. En este tercer micro-proyecto compararemos los consejos para acercarse a nuestro chico/a ideal de la Celestina, del Arcipreste de Hita y de la actualidad.

2. Funcionamiento de las fases del proyecto

A continuación explicaremos el funcionamiento concreto de cada una de las fases del proyecto, y para ello utilizaremos textos reales de un alumno y de una alumna de uno de los grupos de Primero de Bachillerato en los que hemos llevado a cabo el proyecto.

A) ¿Cómo soy yo?

En esta primera fase del proyecto, los alumnos deben realizar su "retrato robot"; en un primer momento, les explicamos que, por ahora, tienen que describirse solo físicamente. Para que realicen dicho retrato robot deben utilizar el programa "Flash Face", con lo que conseguimos que los alumnos utilicen recursos TIC, y además aporta algo de humor a las clase, pues normalmente los retratos robot de los alumnos poco se parecen a su físico real. Una vez han realizado el retrato robot, los estudiantes tienen que escribir una descripción de su físico y me la deben enviar junto a su retrato. Dos ejemplos de producciones reales de los alumnos se encuentran en los gráficos 1 y 2.

Gráfico 1: descripción física y retrato robot de una alumna

"Soy de cabellos rizados y rubios. Mis ojos son oscuros, muy oscuros. Considero que tengo una nariz normal, y una boca de igual tamaño. Mis labios, el de abajo es más grueso que el de arriba y tienen un color rosado. Mis cejas son de color negro y casi-rectas. Tengo la mandíbula semi-cuadrada lo que hace que mi cara sea mas ancha".

A partir de sus propias descripciones, elegimos varias estructuras oracionales en las que los alumnos han utilizado la secuencia "Verbo ser + atributo". Siguiendo con los ejemplos anteriores, hablaríamos de los siguientes esquemas:
– Soy de cabellos rizados / – Mis ojos son oscuros / – Mis cejas son de color negro / – Hace que mi cara sea más ancha / – Soy ancho de espaldas / – Mi cabello es castaño / – Mi indumentaria es discreta.

La siguiente actividad que se les propone a los alumnos es que sustituyan algunos de los verbos *ser* que han utilizado en sus descripciones por otro tipo de verbos. Hallamos por tanto ejemplos como: – Hace que mi cara resulte más ancha / – Mi cabello luce castaño / – Mi indumentaria se ve discreta.

Mediante este tipo de ejercicios, los alumnos se familiarizan con el uso de atributos y de predicativos para las descripciones, y asocian el comportamiento de este tipo de complementos oracionales con una determinada función comunicativa.

Gráfico 2: descripción física y retrato robot de un alumno

> "Soy ancho de espaldas, una estatura media alta. Tengo una pronunciada cabeza al igual que mis orejas. De ojos soñadores, pequeña nariz. Labios carnosos, cara redonda y clara, mi cabello es castaño al igual que mis gruesas cejas. Me caracterizo por mis manos torpes, mi indumentaria es discreta como mi desapercibido andar".

B) ¿Cómo es mi chico/a ideal?

En el segundo "micro-proyecto" nos interesa que los alumnos utilicen lo que han aprendido sobre el texto descriptivo y o apliquen a la descripción de otras personas, en este caso de su pareja ideal, pero en esta ocasión les pedimos que no se limiten tan solo a la prosopografía, sino que realicen también la etopeya de ese chico o chica ideal.

En esta segunda fase del proyecto introducimos contenidos literarios. En concreto, comparamos la descripción de Melibea que realiza Calisto (que sigue los cánones clásicos, al utilizar la descripción de la Venus), con la descripción de la mujer ideal según el libro de Buen Amor.

Cuadro 2: comparación descripción mujer ideal *Celestina* y *Libro de Buen Amor*

LA CELESTINA	LIBRO DE BUEN AMOR
Calisto: ¿Ves tú las madexas del oro delgado que hilan en Arabia? Más lindos son sus cabellos y no resplandecen menos; su longura hasta el postrero asiento de sus pies..." También una piel blanca y unos ojos claros.	Busca mujer hermosa, atractiva y lozana, que no sea muy alta pero tampoco enana; si pudieras, no quieras amar mujer villana, pues de amor nada sabe, palurda y chabacana.

Unos labios carnosos y un cuerpo estilizado. El pecho redondo y pequeño y unas manos delgadas con los dedos largos y las uñas, en el caso de Melibea pintadas.	Busca mujer esbelta, de cabeza pequeña, cabellos amarillo no teñidos de alheña; las cejas apartadas, largas, altas, en peña; ancheta de caderas, ésta es talla de dueña.
"Calisto: Los ojos verdes, rasgados, las pestañas luengas, las cejas delgadas y alçadas, la nariz mediana, al boca pequeña, los dientes menudos y blancos, los labios colorados y grossezuelos, el torno del rostro un poco más luengo que redondo, el pecho alto, la redondez y forma de las pequeñas tetas…" "Calisto: las manos pequeñas en mediana manera, de dulce carne acompañadas, los dedos luengos, las uñas con ellos largas y coloradas	Ojos grandes, hermosos, expresivos, lucientes y con largas pestañas, bien claras y rientes; las orejas pequeñas, delgadas; para mientes (fíjate) si tiene el cuello alto, así gusta a las gentes. La nariz afilada, los dientes menudillos, iguales y muy blancos, un poco apartadillos, las encías bermejas, los dientes agudillos, los labios de su boca bermejos, angostillos. La su boca pequeña, así, de buena guisa su cara sea blanca, sin vello, clara y lisa, conviene que la veas primero sin camisa pues la forma del cuerpo te dirá: ¡esto aguisa!

Tras analizar el uso de atributos y de predicativos que aparecen en los textos anteriormente señalados, o en otros textos clásicos similares, presentamos a los alumnos textos en los que la Celestina y el libro de Buen Amor hablan sobre los aspectos psicológicos y de personalidad del hombre o mujer ideal (cuadro 2[1]). Posteriormente, los estudiantes deben realizar la descripción de su pareja ideal, lo cual también nos da la posibilidad de debatir en clase sobre los cánones de belleza actuales, sobre cuáles son los prototipos de hombre atractivo y de mujer atractiva en la actualidad, etc. Algunas descripciones de nuestros alumnos (una chica y un chico respectivamente) se encuentran en los cuadros 3 y 4.

---

[1] Las actualizaciones de los textos son de la autora.

Cuadro 3: descripción del chico y la chica ideal por parte de una alumna

El chico ideal	La chica ideal
Tiene que ser más alto que las chicas, de ojos claros y moreno de pelo, preferiblemente. De espalda ancha y con el abdomen marcado. Que sea simpático pero que no se pase, romántico pero no empalagoso, atento pero no obsesionado y que nos haga reír.	*Tiene que ser morena, con el pelo muy largo, de ojos claros y esquelética. Dicen que la quieren lista, pero aunque no lo sea y cumpla ese físico les basta. Que les guste el deporte, que se rían de los chistes (malos) que hacen y que sepa jugar a la play.*

Cuadro 4: descripción del chico y la chica ideal por parte de un alumno

El chico ideal	La chica ideal
El chico ideal tiene que ser simpático, divertido y con un gran sentido del humor. Una persona segura de si misma, lo que conlleva una actitud a la que coloquialmente llamaríamos "fantasma". Físicamente atractivo, pelo corto, ojos claros y abdominales definidos.	*La chica ideal tiene que ser simpática, divertida y atrevida. Segura de si misma pero sin llegar a ser prepotente. Debe ser inteligente y cariñosa pero sin llegar a ser pedante. Físicamente guapa, atractiva, con pelo largo, ojos claros preferiblemente verdes y un buen cuerpo.*

Tras estas descripciones, los alumnos observan que el uso de atributos y de predicativos es similar al que ha sido empleado anteriormente en la descripción de rasgos físicos.

C) La primera cita

La tercera fase del proyecto consiste en la comparación de los "consejos para ligar" de los textos clásicos de la literatura con los consejos que aparecen hoy en día en varias páginas de Internet. Además, introducimos algunos fundamentos del lenguaje no verbal, que tiene como una de sus principales aplicaciones precisamente las pautas para acercarnos a alguien que nos gusta.

En este tercer "micro-proyecto", comenzamos comparando los textos de la Celestina y del Libro de Buen Amor con textos actuales, extraídos de diferentes páginas web. Damos un ejemplo de este tipo de textos en el cuadro 5.

Cuadro 5: comparación de consejos *Libro de Buen Amor* e Internet

LIBRO DE BUEN AMOR	INTERNET (taringa.net)
Sírvela, no te canses, sirviendo el amor crece; homenaje bien hecho no muere ni perece, si tarda, no se pierde; el amor no fallece pues siempre el buen trabajo todas las cosas vence. »Agradécele mucho cuanto ella por ti hiciere, ensálzala en más precio de lo que ello valiere no te muestres tacaño en lo que te pidiere ni seas porfiado contra lo que dijere. »Busca muy a menudo a la que bien quisieres, no tengas de ella miedo cuando tiempo tuvieres; vergüenza no te embargue si con ella estuvieres: perezoso no seas cuando la ocasión vieres.	Habla, no te cortes. No escatimes hablar, es lo más importante para cualquier seductor. Sobre todo, y al principio, no hables de cosas profundas, ni difíciles, excepto que compruebes que la otra persona es una intelectual sin remedio. No hables de ti, o hazlo con mucha moderación y sentido del humor. Sentido del Humor Hazle reír, el humor es un buen afrodisiaco. Ríete de ti mismo. Los piropos Personaliza el piropo. Dile algo hermoso que no pudieras decir a cualquiera

Tras observar varios textos de esta índole, los alumnos comprueban que los consejos que se ofrecen hoy en día para poder ligar con quien te interesa o te gusta no son demasiado diferentes a los que aparecían en textos clásicos como La Celestina o el Libro de Buen Amor.

La siguiente actividad consistirá en escribir un texto en el que deben reflexionar sobre las semejanzas y diferencias entre estos consejos, texto en el que le pido que utilicen obligatoriamente atributos y predicativos. Un ejemplo de un escrito de uno de mis alumnos es el siguiente.

✔ Comparación de consejos (Archipreste de Hita, la Celestina, actualidad, con atributos y predicativos):

✎✎ Intentando relacionar los diferentes consejos de el Arcipreste de Hita, Celestina y los mostrados por el profesor en clase observamos que no se presentan cambios o pocos en ese caso.

✎ ✎ Coinciden varios de esos consejos y ideas. Uno de los primeros consejos es ser atento y caballeroso. Otro de ellos es frecuentar o pasar a menudo por los lugares en los que ella pasa su tiempo.

✎ ✎ Tienes que resultar simpático, divertido, generoso, atrevido o parecerlo. No debes parecer inseguro sino todo lo contrario. Debes parecer misterioso pero no serlo. Mostrarse indiferente o ser impulsivo no aportará nada bueno a tu objetivo de conquistar a alguien sino todo lo contrario.

✎ ✎ Debes ser insistente y estar atento a cualquier atisbo de interés o curiosidad que pueda tener ella en ti. Al principio ella se mostrará ausente y indecisa con respecto a cualquiera de tus intenciones. No te preocupes al cabo de un tiempo estará deseosa de verte y de compartir contigo su tiempo, o quien sabe a lo mejor también su vida.

En los textos que escriben los alumnos, aparecen necesariamente proposiciones subordinadas sustantivas, como "observamos que no se presentan cambios…" o "uno de los primeros consejos es ser atento…". Se les hace ver dicho uso, lo cual nos servirá para conectar con contenidos que explicaremos seguidamente.

3. El proyecto final

Para la realización del proyecto final, presentamos tres cortometrajes a los alumnos; se trata de historias en las que se plantea, de alguna manera, un conflicto sentimental. En concreto, hemos elegido los cortos *¿Me das fuego?*, *Doble check* y *El columpio*. En el primero de ellos, varios personajes se plantean las dudas que les surgen tras sus respectivas rupturas sentimentales. En el segundo cortometraje, una pareja discute como consecuencia de un malentendido provocado por el whatsapp. En el tercero, se trata el tema de la timidez a la hora de acercarnos a la persona que nos gusta.

Los alumnos deben ofrecer consejos a algunos de los personajes que aparecen en los cortometrajes, utilizando todo lo aprendido en clase, y haciendo especial hincapié en los consejos que proporcionan la Celestina y el Arcipreste de Hita.

Con el uso de estos cortometrajes, introducimos el contenido audiovisual en el proyecto, así como el género narrativo, que completa el uso por parte de los alumnos de los géneros descriptivo, expositivo y argumentativo. Además, nos sirven para trabajar en el aula la destrezas orales (comprensión auditiva y expresión oral).

Damos algunos ejemplos de los consejos aportados por los alumnos:

Ejemplo 1 de producto final
Al chico del vídeo del Columpio le aconsejaría que en vez de ser tan tímido y ver que se le va la oportunidad, que siguiera hacia adelante cueste lo que cueste, como haría el Arcipreste de Hita. Los chicos, de normal, son los que se lanzan y si no es él quien da el paso queda retratado que ninguno lo hará y pueden desperdiciar una oportunidad que probablemente no vuelva.
Para La Celestina, sería el chico, también, el que lo intenta siempre y sin parar. Dicen que "quien la sigue la consigue" y a ellos eso les suele funcionar. Pero también habría que saber distinguir entre seguir intentándolo y arrastrarse. En el momento en el que deba arrastrarse para conseguirlo, que pare, porque si no ha dado su brazo a torcer y ha entrado "al juego", no lo hará después y eso, al chico, le puede dejar peor (o no, quién sabe).
También, el Arcipreste de Hita dice "Haz a la dama un día la vergüenza perder pues esto es importante, si la quieres tener". Con esto, es mejor que sea él quien hable primero, quien le haga perder la vergüenza para entablar conversación, para conseguir conocerla, para así poder llegar a tener una relación. Una mujer que tenga vergüenza nunca va a hablarte ni a intentar conocerte, ella pondrá interés cuando seas tú quien se acerque a conocerle.

Ejemplo 2 de producto final
Escúchame, esto era algo que tu sabias que podía pasar. No la culpes de todo a ella, la decisión de iros a vivir juntos la tomasteis los dos.
Siete años de relación son muchos años y las mujeres se cansan rápido de las cosas que anteriormente consiguieron. Este no es un tema que ocurra solo en la actualidad, echando la vista atrás encontramos estos versos de El Arcipreste de Hita:
"Por muy pequeña cosa pierde amor la mujer
y por pequeña tacha que en ti pudiera haber
tomará gran enojo, llegará a aborrecer;
lo que una vez pasó otra pudiera ser"
Así que toma nota para la próxima vez.
En segundo lugar decirte que la siguiente frase que has dicho no es cierta.
"Empaquetar siete años de tu vida, es como tirar una cuarta parte de ella a la basura"
No has perdido siete años de tu vida porque durante esos años has sido feliz. Así que

desempaqueta esos siete años, que tú has calificado de desperdiciados, para sacar de ellos lo bueno y dejar a un lado lo malo.
Ahora que no estás con ella céntrate más en tu familia y tus amigos, tu gente en general.
Recupera todas aquellas cosas de valor que pudiste dejar por el camino en esos siete años.
Todos esos proyectos que no hiciste por ella ¿los recuerdas? Pues llegó el momento de llevarlos a cabo.
Actualmente tienes tiempo, no sirven las excusas. A continuación te dejo una enlace, el cual te aportará información sobre "Como Aprovechar Nuestro Tiempo Libre"
http://estilosalta.com/psico/44-psicologia/1129-caprovechar-nuestro-tiempo-libre.html
Por último, el tema del amor.
Esa idea, catalogada por mi parte como fabulosa, olvídala. Nada de llamar a tu primer amor, te recuerdo que lo dejasteis, y no hay nada que te garantice que eso no vaya a volver a ocurrir.
Acabas de salir de una relación de siete años, se trata de mucho tiempo. Supongo que de lo que menos tienes ganas es de salir, pero no te aconsejo que te aísles del mundo pensando en algo que pasó en el pasado, sí un pasado muy reciente pero un pasado de todas formas.
Lo ocurrido es actualmente agua pasada.
¿Cuándo volverás a encontrar el amor? Tranquilo llegará cuando tenga que llegar, solo te digo que no te cierres al amor, este llegará en el momento menos esperado y cuando llegue tu debes tener las puertas abiertas para permitirle la entrada. Encontrarlo será mas fácil si sonríes y dejas la tristeza a un lado. El Libro de Buena Amor te da la respuesta.
"La alegría hace al hombre más apuesto y hermoso,
más sutil, más osado,más franco y más donoso."

En los textos de los alumnos aparecen necesariamente estructuras subordinadas sustantivas, generalmente asociadas a los consejos sentimentales que ofrecen los alumnos.

Algunas oraciones extraídas del ejemplo anterior serían los siguientes:
– Al chico le aconsejaría que en vez de ser tan tímido siguiera hacia delante.
– Dicen que quien la sigue, la consigue.
– En segundo lugar, decirte que la frase que has dicho no es cierta.
– Supongo que no tienes ganas de salir.
– No te aconsejo que te aísles del mundo.

A partir de estructuras como los anteriores, se les hace ver a los alumnos que gran parte de las proposiciones subordinadas están relacionadas con la función de aconsejar o dirigir un parlamento a un oyente, así como con verbos como *aconsejar*, *decir*, *suponer*, *imaginar*, etc.

En consecuencia, los alumnos aprenden el funcionamiento de los complementos oracionales (en concreto, en este proyecto han aparecido el atributo y el predicativo) y de las estructuras oracionales (en concreto, las proposiciones subordinadas sustantivas) a través de una metodología activa, en la cual no ha sido necesario que analicen el comportamiento de las estructuras oracionales en textos elegidos *ad hoc*, sino que ellos mismos se han visto en la necesidad de emplear estas estructuras para conseguir ciertos objetivos funcionales y comunicativos (en nuestro caso, describir a personas –y a sí mismos–, y aconsejar a otras personas sobre su comportamiento sentimental).

4. Conclusiones

Evidentemente, cualquier opción que empleemos en el aula presentará ventajas en inconvenientes. Lejos de nuestra intención queda presentar el enfoque por proyectos como una panacea dirigida a solucionar todos los problemas motivacionales y de adquisición de contenidos que presentan los alumnos de Secundaria y Bachillerato.

Sin embargo, tras la puesta en práctica del proyecto explicado en este artículo, consideramos que la balanza se decanta hacia los aspectos positivos.

Entre las ventajas principales del proyecto contaríamos las siguientes:

- Los alumnos están más motivados que con las clases "tradicionales". Se ha conseguido el objetivo planteado al principio, en el sentido de que los alumnos no han perdido de vista los objetivos del proyecto, y han mantenido las ganas y la motivación a lo largo de todas las sesiones destinadas al proyecto.
- Se consigue un equilibrio entre las cuatro destrezas, como ya ha sido comentado anteriormente.
- Se relaciona la enseñanza de textos clásicos con problemas cotidianos. Tanto las pruebas PISA como las directrices europeas ponen de manifiesto que los contenidos que se explican en el aula de Secundaria y de Bachillerato están muchas veces alejados de los problemas a los que se debe enfrentar el alumno en su vida cotidiana. En proyectos como el que

debatimos aquí, al alumno se le plantean aspectos relacionados con su vida real.

Los elementos gramaticales están siempre relacionados con su función comunicativa (describir, comparar, aconsejar, argumentar, etc.).

Entre los inconvenentes que podemos encontrar en un enfoque como el aquí planteado hay que mencionar:

- Los aspectos gramaticales no se presentan de forma sistemática, ya que la presentación de este tipo de contenidos está asociada a la función comunicativa de estos.
- Hay que elegir solo una parte de todos los contenidos literarios que se podrían explicar. Aquí hemos dado prioridad a los textos de la Celestina y del Libro de Buen Amor que hablan de la descripción del hombre y de la mujer ideal, así como de los consejos para acercarnos a quien nos interesa, sacrificando textos de otro tipo de esos libro clásicos.
- Se gana en profundidad, pero se pierde en extensión, puesto que hay que elegir aquellos aspectos que más nos interesa trabajar para nuestro proyecto.

A pesar de ello, como decíamos anteriormente, consideramos que la balanza se inclina hacia los aspectos positivos del trabajo por proyectos, pues, como hemos podido observar, los alumnos llegan al conocimiento de los textos clásicos y al análisis de contenidos gramaticales de una manera natural, inductiva y creativa.

Referencias bibliográficas

CAMPS, A. 2003. "Proyectos de lengua entre la teoría y la práctica", in: Camps, A. ed. *Secuencias didácticas para aprender a escribir*, Barcelona: Graó, 33-46.
DECROLY, O. 1929. *La fonction de globalisation et l'enseignement*. Bruxelles: Lamertin.
DEWEY, J. 1971. "L'école et les méthodes actives", in: *Revue des Sciences de l'Education (Pour l'ére nouvelle)* 2, 49-57.
Doble check. https://www.youtube.com/watch?v=XjCUrU-9eIU, consulta: 23.01.2015.
El columpio. https://www.youtube.com/watch?v=DkkKlwRvf2I, consulta: 23.01.2015.
FONTICH, X. 2006. *Hablar y escribir para aprender gramática*, Barcelona: Horsori.
FREINET, C. 1976. *Los planes de trabajo*, Barcelona: Laia. B.
GUASCH, O. & RUIZ BIKANDI, U. 2010. "La didáctica de la lengua (las lenguas) y la literatura", in: *Revista Textos. Didáctica de la lengua y de la literatura* 55, 71-80.

KILPATRICK, W. H. 1927. "School method from the project point of view", in: Hillegas M. B. ed. *The Classroom Teacher*. Chicago: Teacher Inc., 203-240.

La Calestina = Fernando de Rojas: La Celestina. Edición y notas de Julio Cejador y Franca. http://www.cervantesvirtual.com/obra-visor-din/la-celestina--1/html/, consulta: 23.01.2015

Libro de Buen Amor = Juan Ruiz, Arcipreste de Hita: Libro de Buen Amor. http://www.cervantesvirtual.com/obra-visor/el-libro-de-buen-amor--0/html/, consulta: 23.01.2015

¿Me das fuego? https://www.youtube.com/watch?v=_FqRITEATls, consulta: 23.01.2015.

NOVAK, J. & GOWIN, D. 2002. *Aprendiendo a aprender*, Barcelona: Martínez Roca.

POZUELOS, F. J. 2004. "Las carpetas de trabajo: una herramienta para compartir la evaluación en el aula", in: *Cooperación Educativa Kikirikí* 71/72, 37-45.

RODRÍGUEZ, C. 2012. "La enseñanza de la gramática: las relaciones entre la reflexión y el uso lingüístico", in: *Revista Iberoamericana de Educación* 59, 87-118.

TARINGA.NET = "30 reglas para seducir". http://www.taringa.net/posts/info/15056331/30-reglas-para-seducir.html, consulta: 14.01.2015.

ZAYAS, F. & RODRÍGUEZ, C. 1994. "Reflexión gramatical y uso de la lengua", in: *Revista Textos. Didáctica de la lengua y de la literatura* 2, 77-93.

ZAYAS, F. 2006. "Hacia una gramática pedagógica", in: Camps, A. & Zayas, F. edd. *Secuencias didácticas para aprender gramática*. Barcelona: Graó, 17-30.

El doble aprendizaje de la gramática latina y la gramática española: un caso práctico

Fuensanta Garrido Domené (Huelva)

Resumen

La enseñanza y el aprendizaje de la gramática española es una tarea aparentemente fácil para el alumnado novel en estudios filológicos. A este magisterio de la lengua madre ha de añadirse, en los primeros años universitarios, el de la evolución histórica de esta disciplina desde tiempos, al menos, tardolatinos. Es en este punto en el que gran parte de los estudiantes de Filología se encuentra con una dificultad cada vez más preocupante. La experiencia en las aulas universitarias ha demostrado que la falta de unos conocimientos previos de, al menos, la lengua y gramática latinas limita el aprendizaje y comprensión de la propia lengua, así como de sus procesos de desarrollo y formación. Español y latín, latín y español han de estar íntima y perfectamente relacionados en la figura del filólogo. Por eso, en el presente trabajo se propone un contraste gramatical acompañado de una serie de *exercitationes* que intentarán plasmar cómo el proceso del doble aprendizaje –gramática española y gramática latina– por parte del actual alumnado universitario puede ser perfectamente factible. Dichas actividades demostrarán, además, el vínculo tan estrecho que, pese al injusto calificativo de lengua muerta que se aplica al latín, guardan ambas lenguas.

Palabras clave: gramática española-gramática latina, ejercicios creativos, historia de la lengua.

1. Introducción

La complicada tarea de preparar e impartir las asignaturas relacionadas con la Gramática española y con la Gramática histórica en los cursos de Filología enfrenta al profesor universitario a una dura realidad que frena, y mucho, el objetivo último de la docencia.

El injusto tratamiento que desde hace décadas está sufriendo el ramo de las letras auguraba en la sombra una fatal consecuencia que cobra ahora forma en las aulas universitarias de las carreras con esta orientación, siendo aún más contundente en las Filologías. Es un hecho innegable que las diversas culturas antiguas que pasaron por la península Ibérica dejaron su legado e influjo lingüístico en la formación de una lengua tenida hoy como la segunda más hablada del mundo. Sin embargo, la enseñanza y el aprendizaje de la gramática española y de la lengua madre por parte del alumnado universitario novel en

Hispánicas, así como de la evolución histórica de esta disciplina desde tiempos, cuando menos, tardolatinos resulta ser complicada y no carente de hastío, preocupación y, en muchos casos, de un incontrolable sentimiento de incapacidad de superación de la misma. La experiencia en las aulas universitarias ha demostrado que la falta de unos conocimientos previos de, al menos, la lengua y gramática latinas limita considerablemente el aprendizaje y comprensión de la propia lengua, así como de sus procesos de desarrollo y formación. Español y latín, latín y español han de estar íntima y perfectamente relacionados en la figura del filólogo (Sánchez Arroba 2006).

En este trabajo presentamos una alternativa para paliar, en la medida de lo posible, esta carencia y vacío en nuestros futuros hispanistas. Para ello, sugeriremos una serie de *exercitationes latinae hispanicaeque* de contenido vario con las que esperamos poder demostrar la utilidad del conocimiento de las lenguas clásicas en el buen aprendizaje y afianzamiento de la lengua madre, en general, y de su evolución histórica, en particular. Dichas actividades prácticas tratadas en perfecto unísono demostrarán, asimismo, el vínculo tan estrecho que, pese al injusto calificativo de lengua muerta que tradicionalmente se aplica al latín, guardan ambas lenguas. Pensamos, en definitiva, que el proceso del doble aprendizaje –gramática española y gramática latina– por parte del actual alumnado universitario puede ser perfectamente factible e indiscutiblemente complementario. Es más, el propio Nebrija así lo afirma en el "Prólogo" de su *Gramática*, el segundo de cuyos propósitos reza: "para aquéllos que por la lengua castellana querrán venir al conocimiento de la latina" (pp. 104-105; *cf.* Cano Aguilar 1998).

2. Materiales y recursos

2.1 Repaso histórico

Todo estudio inicial de cualquier disciplina ha de comenzarse teniendo en cuenta los preceptos históricos que han provocado y suscitado su desarrollo a lo largo de la Historia y, evidentemente, de su historia. En el caso de la Gramática, sabemos de hombres de estudio de época antigua que, ya desde sus primeros escritos al respecto, dieron pruebas más que evidentes de su preocupación y, por qué no, aportación a una materia tenida como pilar esencial en las actividades docentes de la Antigüedad. En este sentido, hoy día es un hecho innegable la increíble labor de los no pocos filólogos de la Grecia Antigua. Asimismo, es un dato indiscutible que los textos homéricos fueron el punto de mira de estudios de toda índole desde la época de los pisistrátidas, cuando comenzaron a elaborarse las primeras ediciones reconocidas. Así, contamos con bastantes cálamos que dedicaron sus escritos al análisis del léxico de estos textos tenidos ya como fundamento de la educación y formación del hombre griego.[1] No obstante, hubo quienes, aun acudiendo presumiblemente a fragmentos épicos como modelo de las nociones explicadas, se aventuraron a acometer estudios mucho más técnicos y precisos, en el sentido moderno de la expresión.[2] A este respecto cabe citar a Dídimo de Alejandría (siglo I), que escribió *Sobre ortografía*, *Sobre la flexión* y *Sobre la analogía entre los romanos*. Pese a la continuidad de obras lexicográficas a lo largo del siglo II, en esta época destacan los trabajos de Nicanor, cuya monografía

---

[1] Es el caso, por ejemplo, de Zoilo (siglo IV a. C.), gramático griego conocido como el "censor de Homero", por sus severos juicios acerca de los escritos del poeta de Quíos; o de Zenódoto de Éfeso (siglo III a. C.), cuyo estudio sobre Homero influyó notablemente en futuros filólogos; o Aristarco de Samotracia (siglo II a. C.), creador de los signos empleados actualmente en los aparatos críticos de las ediciones de textos antiguos cuyos trazos plasmó, quizá fortuitamente, mientras revisaba los textos homéricos; o Demetrio de Escepsis (siglo II a. C.), de quien sabemos que redactó un *Comentario histórico y geográfico de la Ilíada*; o Apión (siglo I a. C.), gramático y estudioso de Homero cuyas obras, desafortunadamente, no se han conservado; o Apolonio el Sofista (siglo I a. C.), lexicógrafo C. y autor de un *Léxico homérico*.

[2] Así, Pánfilo de Alejandría (siglo II a. C.) elaboró un *Diccionario sobre palabras extranjeras o extrañas* y, una centuria más tarde, destacaron los trabajos de Dionisio de Tracia y de Aristonio de Alejandría. Mientras que éste recopiló y analizó palabras no gramáticas, aquél compuso la primera gramática griega entendida como tal en términos contemporáneos, en la que el estudio de la lengua está dirigido al estudio del lenguaje empleado por los autores tenidos como clásicos. La crítica reconoce en este autor y en este tratado el punto de partida de los ulteriores estudios destinados a tratar en profundidad algunos de los aspectos o de las materias vinculadas con la Gramática, hasta el punto de que la terminología gramatical de este opúsculo alejandrino ha sido considerada, igualmente, como *origo* de toda la tradición gramatical europea. En sus páginas se establece por vez primera la tarea del filólogo *sensu stricto*: fijar, entender y explicar el texto de las obras literarias con los procedimientos propios de su dominio.

sobre la puntuación le valió el sobrenombre de «el Puntoso». Asimismo, Amonio, en el siglo IV, elaboró un diccionario de sinónimos *De las locuciones semejantes y diferentes* y en el siguiente, Hesiquio de Alejandría, otro sobre las palabras griegas inusuales. Con todo, y a pesar de toda la plétora de autores y títulos conocidos, las cuatro obras gramaticales imperantes que nos legaron los griegos consideradas como la base de la gramática tradicional son la *Gramática* de Dionisio Tracio, la *Sintaxis* de Apolonio Díscolo y la *Prosodia* y la *Ortografía* de Herodiano.

El mundo latino, por su parte, no fue ajeno a esta corriente «filóloga» helenística ni fue desconocedor de sus propuestas y aportaciones. De todos los nombres que sabemos que estudiaron aspectos generales o particulares de la Gramática, nombraremos únicamente a aquellos cuyos escritos han tenido un peso relevante en la tradición posterior. No podemos comenzar nuestro repaso de la aportación gramatical del mundo latino sin mencionar a Marco Terencio Varrón (siglo II-I a. C.) autor de un tratado *Sobre la lengua latina*. Asimismo, por la misma época Marco Verrio Flaco escribió *Sobre ortografía*. Al margen de estos primeros opúsculos destinados al estudio del arte gramático, no será hasta el siglo IV cuando se desarrolle una literatura técnica gramatical propiamente dicha.[3] El siglo V cuenta con la obra de Marciano Capela *Sobre las bodas de Filología y Mercurio*, cuyo libro III está dedicado a la Gramática, y la siguiente centuria presume de continuar trabajos lexicográficos salidos del cálamo de Fulgencio y tratados con pinceladas gramaticales, como la gran obra de Prisciano.

2.2 Concepto de Gramática

Este rapidísimo, aunque no por ello deleznable repaso histórico de los tratados gramaticales de época antigua y tardoantigua, para cuya elaboración ha sido una obra de referencia el magnífico trabajo de Ramajo Caño (1987), ponen de

---

[3] A esta centuria pertenecen nombres como Carisio, Diomedes, Elio Donato o Mario Victorino, autores de obras de título compartido, *Ars grammatica*. Junto a ellos, Nonio Marcelo compuso una obra también gramatical pero con título *De compendiosa doctrina*, al tiempo que Macrobio reflejó su erudición en *De differentiis et societatibus Graeci Latinique verbi* y Mario Plocio Sacerdote escribió los *Artium grammaticarum libri III*.

manifiesto la preocupación de los hombres de letras en recoger y sistematizar el aparentemente simple análisis de la lengua. Así, en la propia evolución de la doctrina, *gramático*, *filólogo* y *crítico* fueron tres denominaciones para indicar una misma actividad. De ahí la concepción, aún vigente, del gramático como *técnico* de los textos. Los ulteriores tratados gramaticales fueron adquiriendo y consolidado ese carácter técnico. Así, desde Isidoro de Sevilla, pasando por Nebrija[4], Alfonso de Palencia, Francisco de Thámara, Juan Sánchez, Villalón, el Brocense, Gonzalo Correas, Juan Antonio González de Valdés o Vicente Salvá, entre otros muchísimos, la tradición gramatical heredada de Dionisio Tracio evolucionó paulatinamente hasta convertirse en una *ciencia*, una disciplina especulativa y no ya un simple *ars*.[5]

A pesar de esta genérica aceptación de la noción gramatical a partir, sobre todo, de una determinada época, los autores no siempre han estado de acuerdo en las partas que conforman el estudio de la Gramática. Así, dejando a un margen los tratados gramaticográficos de época antigua y tardoantigua y centrándonos en la tradición castellana de estudios cada vez más modernos, contamos con tres tendencias en lo que a la división de las partes de la Gramática se refiere: los que consideran cuatro partes (Ortografía, Prosodia, Morfología y Sintaxis), los que reconocen tres (Ortografía, Morfología y Sintaxis) y los que únicamente tratan dos (Ortografía y Morfología). De todas estas propuestas, la que más perduró fue la primera de ellas, si bien es cierto que con algunas variaciones de nomenclatura. De hecho, la edición de la *Gramática* de la Real Academia del año 1962 "divide la gramática en cuatro partes, llamadas *Analogía*, *Sintaxis*, *Prosodia* y *Ortografía*, las cuales corresponden a los cuatro fines de conocer (*Analogía*), ordenar (*Sintaxis*), pronunciar (*Prosodia*) y escribir correctamente (*Ortografía*)". La *Nueva gramática de la lengua española*, en su edición de 2009-2011, dedica un primer tomo a la Morfología y a la Sintaxis y un segundo a la Fonética y a la Fonología.

---

[4] Sobre su trabajo lexicógrafo y las circunstancias de su composición, véase Alvar (1998). En cuanto a su obra gramatical y su ulterior aportación, véase, por ejemplo, Peñalver (1992).
[5] Sobre las diversas gramáticas y su evolución histórica en texto y contexto desde tiempos antiguos, véanse Gutiérrez Galindo (1995), Codoñer (2000, 17-45), Redondo Rodríguez (2004) y Corredor/Romero (2009).

3. Metodología

Nuestra propuesta de *exercitationes* responde, de hecho, a este esquema, si bien es cierto que incluimos algunas actividades relacionadas con cuestiones teórico-históricas relativas a la creación, evolución e influjo lingüístico-cultural que recibió nuestra lengua, otras adecuadas para el conocimiento del léxico y otras, incluso, aptas para el buen aprendizaje del uso del diccionario.

Como ejemplo de cuestionario teórico-histórico, proponemos una serie de preguntas breves en las que alternan respuestas de *verdadero-falso*, de *unir columnas*, de *ordenar*, de *sí/no* o lo que denominamos *respuesta espontánea*:

1) Ordene cronológicamente las siguientes culturas según su periodo de invasión: focesos, arabes, romanos, ligures, germanos, franceses, griegos, celtas, íberos, cartagineses, fenicios y tartesios.

2) ¿Qué otros nombres ha recibido la ciudad de Cádiz a lo largo de la historia?

3) Señale si las siguientes afirmaciones son verdaderas o falsas:

– En un principio los germanos tenían prohibido el casamiento con otra raza que no fuera la visigoda.

– Los árabes, sirios y berberiscos invasores trajeron a sus propias mujeres para no tener que tomar como esposas a las hispanogodas.

– En el vocabulario español apenas contiene 1000 palabras de origen árabe.

4) La evolución del latín derivó en las denominadas lenguas románicas, ejemplos de éstas son:

    a) Español, francés y finlandés.   b) Inglés, alemán y vasco.

    c) Español, catalán e italiano.

5) Responda con SÍ o NO:

– Los primeros exponentes literarios en lengua romance se denominaron jarchas.

– Los árabes invadieron España en el año 711 a. C.

– Los árabes tuvieron una gran influencia en nuestro léxico.

6) Señale cuáles de las siguientes palabras son italianismos, galicismos y americanismos:
escopeta, colibrí, jardín, pampa, sargento, cacique, jaula y estropear.

7) Una cada una de las siguientes ciudades con el grupo colonizador que las fundó:
Massilía ------ Fóceses
Gadir --------- Fenicios
Lucentum --- Griegos
Málaka ------ Málaga

Las nociones propiamente de historia de la lengua pueden afianzarse mediante ejercicios como los siguientes, en los que se combinan nociones de fonética histórica, procesos de cambios fonéticos o identificación y significados de latinismos de uso cotidiano:

1. Complete las siguientes secuencias:

Ŏ		ué
	ę	
		a
	ā	
Ī	į	
		u
		o
	ų	
Ĭ		
	ę	e

2. Descubra la respuesta de las siguientes definiciones y dé un ejemplo.
– Proceso de pérdida de un sonido en mitad de la palabra: _____
– Proceso de adicción de un sonido al final de la palabra: _____
– Proceso de adicción de un sonido al principio de la palabra: _____
– Proceso de pérdida de un sonido al final de la palabra: _____

¿Qué otros procesos conoce?

3. En el siguiente poema de Gustavo Adolfo Bécquer busque cinco palabras que tengan un origen latino.

>Los suspiros son aire y van al aire.
>Las lágrimas son agua y can al mar.
>Dime, mujer: Cuando el amor se olvida,
>¿Sabes tú adónde va?

4. De las siguientes definiciones, dé el nombre correspondiente y luego su forma originaria en latín.

– Terreno donde se cultivan frutas y verduras. _____ / _____

– Elemento químico de símbolo Fe. _____ / _____

– Órgano de la planta que nace en sus ramas y realiza la fotosíntesis. _____ / _____

– Insecto de tamaño variable con antenas que suele vivir en galerías. _____ / _____

¿Nota alguna diferencia entre las palabras latinas?

5. En los siguientes verbos, hay uno que posee un doblete en su evolución al español actual. Identifíquelo y diga qué dos palabras dio. Añada, además, dos ejemplos más de dobletes.

AMARE, HABERE, COMUNICARE, SAPERE, AUDIRE

6. Diga el significado de estas expresiones latinas y añada otros cinco ejemplos.

– Cave Canem →   – Dura lex, sed lex →
– Alter Ego →   – Cum Laude →
– Carpe Diem →   – Modus Operandi →
– Grosso Modo → – Stricto Sensu →

7. Le damos la evolución etimológica de diez palabras latinas de grupos de Yod, pero entre ellas hay tres evoluciones erróneas. Descúbralas y diga de qué tipo de Yod se trata.

Cortĭciam > Corteza   Lĭmpidum > Limpio   Cŭbitum > Codo
Luctam > Lucha   Pettiam > Piedad   Spĕculum > Espejo

Fŭmum > Fumo   Cŭneam > Cuña   Pŭteum > Pozo
Cuppam > Copa

8. Intente hallar los étimos latinos de las siguientes palabras castellanas, basándose en razones de índole fónica (compruebe luego sus resultados en algún Diccionario etimológico):

Otro	Lejos	Yegua	Dueño	Jabón	Hombre	Pecho	Mes
Seis	Era	Duda	Razón	Llama	Azada	Mucho	Cuatro
Poyo	Cabeza	Oír	Estameña				

9. ¿Podría explicar la razón de los diptongos en las siguientes formas?

SINISTRU > siniestro   NIVE > nieve   NURU > nuera

Por último, ejercicios como los que siguen integran aprendizaje de vocabulario latino y español, manejo del diccionario, evolución etimológica o reglas ortográficas partiendo de la etimología latina:

1. Ordene estas letras poniendo las vocales que faltan en los recuadros y obtendrás nombres de animales. Busca su traducción al castellano y realiza la evolución etimológica.

Meonel: L _ _ _ _ _   Tamuc: C_ _ _ _   Lunicucum: C_ _ _ _ _ _ _ _
Rumatu: T _ _ _ _ _   Anicomic: C _ _ _ _ _ _ _

2. Use el salto del caballo en la siguiente tabla para localizar palabras relacionadas con la urbe romana.

FO	THE	PLUM	SAM
TEM	CUM	CA	*
ATR	RUM	CA	*
CIR	MER	UM	TUM

3. Busque en el diccionario las palabras correspondientes a las siguientes definiciones y complete la tabla con su traducción latina.

– Talla, modela o esculpe.
– Escribe obras literarias o científicas.
– Explorador de un terreno lejano y poco conocido.

– Miembro del cuerpo, que comprende desde el hombro a la extremidad de la mano.
– Perteneciente o relativo a la medicina.

4. Realice la evolución etimológica de dos de ellas.

– Rēgulam – Apĭculam – Nŏctem – Plŭviam – Lāctem

5. Rellene los huecos en blanco con vocales y forme verbos en latín. Busque su traducción en un diccionario.

T		X		R				
C		R	R		R			
	M	B		L		R		
T	R		N	S	P		R	T		R

6. Escriba la consonante que falta en la casilla central y forma palabras.

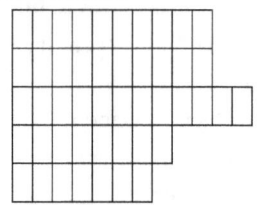

	CA			PE			NU			MEL	
CENT		NUM	VO		UM	FLA		MA	LI		IUM
	LUM			RAM			EM			EM	

7. Escriba y/ll en los espacios en blanco de las siguientes palabras. Consulte la etimología de la palabra y explique cómo evolucionaron las letras y/ll.

__uvia   meji__a   __erno   __amar   ensa__o
__eno   __ema   caudi__o

8. Forme diez preposiciones latinas combinando las letras de los dos rectángulos.

A	E	I	P	R	D	C	M	N
O	U		T	S	V			

9. Comprobemos su destreza y conocimiento del léxico. Si encuentra el signo =, debe escribir un sinónimo de la palabra anterior; pero, si encuentra este otro #, debe escribir un antónimo de la anterior.

Difficilis =　　　#　　　#　　　=
Foedus =　　　　=　　　=　　　#
Iuvenis =　　　　#　　　=
Celer　#　　　　#　　　=　　　#

10. Explique en qué sentido pueden considerarse incorrectas para el español clásico las siguientes formas escritas:

Abenencia (<ADVENIRE)　Bolver (<VOLVERE)　Reciuir (< RECIPERE)
Berruga (<VERRUCA)　　Rábano (<RAPHANU)　Probecho (<PROFECTU)

Estos son unos pocos ejercicios creativos que han sido propuestos y desarrollados por y para alumnos de 2º curso del Grado de Filología Hispánica. Tomándolos como modelo, la labor planteada a nuestros alumnos ha sido la de la elaboración de otros ejercicios similares con el fin de comprobar si, efectivamente, son capaces de demostrar su conocimiento de la materia, tanto del latín al español como del español al latín. Dicha labor ha demostrado una mejoría en lo que a la asimilación de conceptos gramaticales se refiere.

Referencias bibliográficas

ALVAR EZQUERRA, M. 1998. "Nebrija ¿comprendido?", in: Andrés-Suárez, I. & López Molina, L. (edd.). *Estudios de lingüística y filología españolas: homenaje a Germán Colón*. Madrid: Gredos, 29-37.
CANO AGUILAR, R. 1998. "Los orígenes del español: nuevos planteamientos". in: Andrés-Suárez, I. & López Molina, L. (edd.). *Estudios de lingüística y filología españolas: homenaje a Germán Colón*. Madrid: Gredos, 127-140).
CODOÑER, C. 2000. *Gramáticas latinas de transición. Juan de Pastrana, Fernando Nepote. Introducción y edición crítica*. Salamanca: Universidad de Salamanca.
CORREDOR TAPYAS, J. & ROMERO FARFÁN, C. 2009. "Seis gramáticos celebérrimos y sus gramáticas: Panini, Dionisio de Tracia, Antonio de Nebrija, Andrés Bello, Rufino José Cuervo Urisarri y Miguel Antonio Caro Tobar", in: *Cuadernos de Lingüística Hispánica* 14, 199-222.
GUTIÉRREZ GALINDO, M. A. 1995. "Algunas deficiencias estructurales en los métodos tradicionales de enseñanza del latín", in: Valcárcel, V. ed. *Didáctica del latín. Actualización científico-pedagógica*. Madrid: Ediciones Clásica, 65-85.
NEBRIJA, E. A. de. 1492. *Gramática de la lengua castellana*. Salamanca. Edición de Galindo Romero, P. & Ortiz Muñoz, L. 1946. Madrid.
PEÑALVER CASTILLO, M. 1992. "Nebrija: la gramática de ayer y la gramática de hoy", in: *Cauce* 14-15/14, 221-232.
RAMAJO CAÑO, A. 1987. *Las gramáticas de la lengua castellana desde Nebrija a Correas*. Salamanca: Universidad de Salamanca.
REDONDO RODRÍGUEZ, Mª J. 2004. "Manuales para la enseñanza de lenguas en la Europa del s. XVI: el embrión de la lingüística aplicada", in: Castillo Carballo, M. A. (ed.). *Las gramáticas y los diccionarios en la enseñanza del español como segunda lengua, deseo y realidad Actas del XV Congreso Internacional de ASELE*. Sevilla: ASELE, 719-726.
SÁNCHEZ ARROBA, Mª E. 2006. "Reflexiones en torno a la enseñanza de una lengua muerta que necesitamos traducir: el latín clásico", in: Marín Marín, A. & Peña Aguilar, A. & Pérez Morfín, A. (ed.). *Memorias del II Foro de Estudios en Lenguas Internacional (FONAEL)*. México: U. de Quintana Roo, 231-245.

Gramática e Manuais Escolares – que avaliação?

Madalena Teixeira (Santarém/Lisboa)
Sandra Lopes (Santarém)
Ana Rita Gorgulho (Santarém)

Resumo
Esta comunicação é sobre a transposição didática dos conteúdos gramaticais para os manuais escolares, no 1.º Ciclo, em Portugal, sendo o nosso ponto de partida aferir em que medida os manuais escolares estão de acordo com as Metas Curriculares de Português (2012).

É nosso entendimento que o conhecimento gramatical assume particular relevo na vida de um qualquer cidadão, na medida em que potencia o desenvolvimento de um conjunto de conhecimentos linguísticos que culminam no aprofundamento da competência comunicativa já existente em cada sujeito falante. Neste contexto, o manual escolar funciona, assim, como "...o primeiro recurso educativo que, numa sociedade com o ideal de disponibilizar o acesso a uma educação de qualidade para todos, está acessível a todos os alunos, independentemente do seu estatuto cultural, socioeconómico ou da região em que vivem" (Rego et al. 2010, 2).

Cientes da recente homologação do documento Metas Curriculares de Português em 2012 e da obrigatória atualização dos manuais escolares já avaliados e certificados (Despacho n.º 95-A/2013), o que justifica *per si* um conhecimento aprofundado acerca desta temática, concebemos os seguintes objetivos para desenvolvimento deste estudo: i) analisar as Metas Curriculares de Português, no que refere à gramática; ii) analisar a coleção de manuais de Português do 1.º e 2.º ano do 1.º Ciclo mais adotada no distrito de Santarém, em Portugal; iii) verificar a correlação entre os manuais de português analisados e as Metas Curriculares (2012).

A metodologia utilizada para o efeito é de natureza qualitativa, baseando-se no estudo de caso (Yin, 2010), uma vez que pretendemos compreender e conhecer detalhadamente a situação particular de uma coleção de manuais escolares.

O estudo encontra-se em fase de desenvolvimento. No entanto, os resultados apontam para a ausência de articulação entre as Metas Curriculares (MCP 2012) e os manuais escolares analisados.

1. Introdução

A entrada na escola e o respetivo ensino formal da gramática possibilita que cada indivíduo aprenda a usar a língua de acordo com as suas necessidades, tanto de primeira instância, como simplesmente por fruição. Se a gramática for entendida como "o conjunto de conhecimentos linguísticos que um usuário da língua tem internalizados para uso efetivo em situações concretas de interação comunicativa" (Travaglia 2007, 17), compreendemos como pode influenciar a qualidade de vida do indivíduo, já que o desempenho linguístico de um falante dependerá dos recursos e mecanismos que dominar. Quanto melhor souber usar a sua língua, melhor uma pessoa se movimentará dentro da sociedade, melhor será a sua relação com os outros.

Assim sendo, é fundamental que o ensino e a aprendizagem da gramática ocorra logo no início da escolarização, a fim de o aluno desenvolver a capacidade de reflexão de sistematização de "[…] unidades, regras e processos gramaticais do idioma, levando à identificação e à correcção do erro" (PPEB 2009, 16). A necessidade do desenvolvimento "desta capacidade" encontra-se sustentada nas Metas Curriculares de Português (MCP 2012, 4) – "o documento de referência para o ensino e a aprendizagem e para a avaliação externa e interna" –, indicando este os desempenhos "que, de forma imprescindível, os alunos deverão revelar" (MCP 2012, 6), em cada ano de escolaridade.

Neste âmbito, tendo em conta que há uma preocupação governamental em dar resposta a contextos de assimetrias sociais e políticas, procurando "[…] desenvolver padrões de qualidade e assegurar estabilidade no sistema educativo" (Decreto-Lei n.º 261/2007, de 17 de Julho, p. 4543) e que o "Governo [se] afasta de concepções que aceitam que os manuais escolares sejam um artigo descartável […]" (Decreto-Lei n.º 261/2007, de 17 de Julho, p. 4544) considera-se, então, indispensável analisar manuais escolares adotados, a fim de verificar se existe, ou não, articulação conteudístico-didática entre os textos reguladores da prática pedagógica – MCP (2012) – e os mesmos.

Os objetivos do estudo, que seguidamente se apresenta, são: i) analisar as Metas Curriculares de Português, no que refere à gramática; ii) analisar os três manuais de português do 1.º Ciclo mais adotados, em Portugal; iii) verificar a correlação entre os manuais de português analisados e as Metas Curriculares (MCP 2012), no que refere ao domínio da Gramática.

Assim, num primeiro momento deste texto reflete-se acerca da Gramática e do documento Metas Curriculares de Português (MCP 2012). Os procedimentos metodológicos adotados para este estudo antecedem a análise e interpretação dos resultados, finalizando com o tecimento de considerações finais.

2. A gramática e as Metas Curriculares de Português

Para sermos cidadãos ativos e inseridos na nossa sociedade é através da comunicação, quer escrita, quer oral, que nos relacionamos com os outros. Dependendo dos recursos comunicativos que temos, conseguimos adaptar ou não o nosso discurso a diferentes tipos de situações. Deste modo, é fundamental compreendermos a importância e a relação que a gramática tem na qualidade das nossas vidas (Travaglia 2007).

Se, por um lado, se pode entender gramática como um conjunto de regras que ensinam a escrever e a falar de forma correta numa determinada língua (Antunes 2003; Silva 2006), por outro lado, ela também é um "[...] conjunto de condições linguísticas para a significação" (Travaglia 2007, 45). Ou seja, todo o conjunto de recursos, mecanismos e princípios que um falante pode utilizar com o intuito de produzir significado e, também, sentido.

Efetivamente, o conceito de gramática afigura-se polissémico e reveste-se de especificidades que podem conduzir os investigadores a complexas balizas terminológicas. Assim, e tendo em conta que este estudo se desenvolve no contexto de ensino e de aprendizagem, considerou-se essencial trabalhar com o entendimento preconizado no Programa de Português do Ensino Básico (PPEB 2009), sendo que a nomenclatura adotada é a de Conhecimento Explícito da Língua para o desenvolvimento da competência referente ao conhecimento gramatical, e, em particular, com as Metas Curriculares de Português (MCP 2012), cujos autores optaram pela designação Gramática.

Atente-se, para tanto, no Quadro 1 - A Gramática nas Metas e no Programa, 1.º ano do 1.º CEB – e no Quadro 2 – A Gramática nas Metas e no Programa, 2.º ano do 1.º CEB.

Metas Curriculares Domínio da Gramática - 1º ano	Programa de Português Competência do CEL – 1º e 2º anos	
• **Objetivo:** Descobrir regularidades no funcionamento da língua. - **Descritores de Desempenho:** Formar femininos e masculinos de nomes e adjetivos de flexão regular (de índice temático -o ou -a). Formar singulares e plurais de nomes e adjetivos que seguem a regra geral (acrescentar -s ao singular), incluindo os que terminam em -m e fazem o plural em -ns (fim, bom, etc.)	Descritores de desempenho: • Manipular palavras e constituintes de palavras e observar os efeitos produzidos (1) • Formar femininos, masculinos, singulares e plurais; • Produzir novas palavras a partir de sufixos e prefixos;	Conteúdos • (1) Flexão nominal, adjetival: número (singular, plural); género (masculino, feminino) • Flexão pronominal (singular, plural); género (masculino/feminino), pessoa (1ª,2ª,3ª)
• **Objetivo:** Compreender formas de organização do léxico. -**Descritores de Desempenho:** A partir de atividades de oralidade, verificar que há palavras que têm significado semelhante e outras que têm significado oposto.	• Comparar dados e descobrir regularidades (1)	• Sinónimos, antónimos

Quadro 1 – A Gramática nas Metas e no Programa, 1.º ano do 1.º CEB.

Metas Curriculares Domínio da Gramática - 2º ano	Programa de Português Competência do CEL – 1º e 2º anos	
• **Objetivo:** Explicitar regularidades no funcionamento da língua. - **Descritores de Desempenho:** 1. Identificar nomes. 2. Identificar o determinante artigo (definido e indefinido). 3. Identificar verbos. 4. Identificar adjetivos.	Descritores de desempenho: • Manipular palavras e constituintes de palavras e observar os efeitos produzidos (1) • Formar femininos, masculinos, singulares e plurais; • Produzir novas palavras a partir de sufixos e prefixos;	Conteúdos • (1) Flexão nominal, adjetival: número (singular, plural); género (masculino, feminino) • Flexão pronominal (singular, plural); género (masculino/feminino), pessoa (1ª,2ª,3ª)
• **Objetivo:** Compreender formas de organização do léxico. -**Descritores de Desempenho:** A partir de atividades de oralidade e de leitura, verificar que há palavras que têm significado semelhante e outras que têm significado oposto.	• Comparar dados e descobrir regularidades (1) • Explicitar • Distinguir nomes, verbos e adjetivos.	• Sinónimos, antónimos • Nome – próprio, comum (coletivo) • Adjetivo • Verbo

Quadro 2 – A Gramática nas Metas e no Programa, 2º ano do 1º CEB

Os Quadros 1 e 2 apresentam os conteúdos nas MCP (2012) do 1.º e 2.º anos do CEB, no domínio da Gramática, e no PPEB (2009), na competência Conhecimento Explícito da Língua. Destaca-se, no entanto, que nestes Quadros, na coluna relativa ao PPEB, apenas constam os conteúdos que encontram "correspondência" nas MCP. Numa primeira leitura ao PPEB (2009), de imediato se detetam outros conteúdos no âmbito da Conhecimento Explícito da Língua/Gramática, como são os casos que se enumeram: vogais orais e nasais, consoantes, ditongos, sílabas, dígrafos, ordem alfabética, verbos, tempos verbais

– presente, futuro, pretérito perfeito –, frase e não frase, sujeito, predicado, grupo nominal e grupo verbal, família de palavras, acentuação: acentos gráficos – agudo; grave; circunflexo, princípios de cortesia, formas de tratamento, sinais de pontuação: ponto final; ponto de interrogação; ponto de exclamação; reticências; vírgula; dois pontos; travessão. Acredita-se que se estes conteúdos fossem perspetivados pelo documento MCP (2012), que, como já foi referido, constitui um referencial de avaliação interna e externa, provavelmente os resultados apresentados no Relatório intitulado Projeto Testes Intermédios 1.º Ciclo do Ensino Básico 2013 (PTI 2013) não teriam como um dos "[…] piores desempenhos dos alunos […]" (PTI 2013, 7) o "[…] domínio do Conhecimento Explícito da Língua […]" (PTI 2013, 7) a par, como se considera espectável, do "[…] domínio da Escrita […]" (PTI 2013, 7).

Note-se ainda que as fragilidades detetadas no âmbito da Gramática ocorrem precisamente nos planos morfológico (35% de respostas corretas), sintático (45,8% de respostas corretas) e da representação gráfica e ortográfica (25,5% de respostas corretas) (PTI 2013, 11). As implicações, na escrita, deste (des)conhecimento fizeram-se notar no domínio da escrita, uma vez que apenas 39,6% foi capaz de produzir um texto coerente, 37,8% foi capaz de utilizar vocabulário adequado e 24,7% foi capaz de escrever com correção ortográfica. Parece assim lícito afirmar a inegável relação existente entre a Gramática e a Escrita e a necessidade de revisão dos objetivos indicados nas MCP (2012).

Ainda, da análise destes Quadros, depara-se com, o que entendemos ser, um reduzido número de conteúdos, sem que se observe qualquer referência ao *Dicionário Terminológico* (DT) (2008). Note-se que este Dicionário é um dos documentos que sustenta o enquadramento, independentemente de poder ser considerado de "feição doutrinária", do PPEB (2009) e que no documento MCP (2012), na sua introdução, se lê "Em muitos casos, os objetivos e respetivos descritores foram nas Metas Curriculares retomados *ipsis verbis*, outros foram objeto de especificação, outros, ainda, foram considerados como não integrando os conteúdos essenciais, que o presente documento define" (MCP 2012, 4).

Chega-se, então, a uma conjuntura merecedora de reflexão: i) confirma-se que, de facto, as MCP (2012) são redutoras,[1] relativamente ao PPEB (2009), no que concerne às aprendizagens a efetuar, por parte dos alunos, uma vez que é explícito no próprio documento que houve objetivos e respetivos descritores que "não foram considerados"; ii) as MCP (2012) parecem constituir um Programa Paralelo ao PPEB (2009), na medida em que no mesmo documento se pode ler que este define os conteúdos essenciais. Afinal o documento MCP (2012) é um Programa? É outro Programa? Sobrepõe-se ao PPEB (2009)? Com rigor, é difícil obter resposta a estas perguntas, porque nas MCP (2012) pode ler-se que houve "uma nova arrumação de alguns conteúdos" (MCP 2012, 5) e que "houve a preocupação de as formular [às MCP, 2012] de forma clara e precisa de modo a que os professores saibam *exatamente* o que se pretende que o aluno aprenda" (MCP 2012, 1, destacado nosso).

Perante este contexto de contornos tão próprios, defende-se que o manual escolar assume um papel de relevo na vida escolar, tanto dos professores como dos alunos.

2. Os manuais escolares

O ato de ensinar é uma atividade relacional, onde o professor interage com os alunos. No apoio das práticas educativas, devido às exigências de uma sociedade que se encontra em constante mudança, existem instrumentos facilitadores, estruturadores e reguladores dessas práticas, sendo o manual escolar um suporte de informações de extrema importância no processo educativo (Magalhães 1999, João 2009, Teixeira 2012, 2013).

Sublinha-se, no entanto, que o manual constitui um recurso primordial pelo facto de aglomerar informações formais para o contexto de transmissão e aquisição de conhecimentos, que dependem da forma como são discutidos e trabalhados na sala de aula (Calado/Neves 2012). Além disso, transmite valores,

---

[1] A este propósito veja-se a (des)articulação que existe entre as MCP (2012), o PPEB (2009) e a Avaliação Externa compreendida pelas Provas Nacionais de Final de Ciclo – 1ª fase e 2ª fase –, em 2013. Cf. Teixeira/Correia/Pereira (2014).

influencia posturas e atitudes, funcionando muitas vezes como um elo entre a escola e a família.

O manual escolar é utilizado desde há muitos séculos e são diversos os autores que apresentam uma proposta de definição (Aran 1997), ora advogando que este constitui um material bem organizado (Richaudeau 1986), ora associando-o à aquisição de conhecimentos escolares de determinada disciplina (Choppin 1992), sendo, inclusivamente, um material fácil de transportar, que pode ser não só trabalhado num coletivo, na escola, mas também em casa, para uso individual.

Embora se conheça a "[…] prevalência de uma cultura pedagógica que preconiza a produção e adaptação dos materiais de ensino diferenciados que possam responder à singularidade de cada escola, de cada turma ou mesmo de cada aluno […]" (Decreto-Lei n.º 261/2007 de 17 de julho, p. 4543), em muitos casos, os professores seguem os manuais de forma "estanque" e a sua prática pedagógica reflete mais a mensagem do manual adotado do que propriamente a dos documentos norteadores do currículo.

Calado e Neves (2012) acrescentam que, tal como os manuais escolares refletem as interpretações que os autores dos mesmos fazem acerca dos documentos orientadores, também os professores fazem interpretações dos manuais e dos documentos curriculares, tendo em conta as suas conceções pedagógicas e ideológicas. Quer-se com isto dizer que os manuais escolares podem ter uma mensagem diferente da que estava prevista, salientando-se, assim, que, os seus autores, ao elaborarem os textos dos manuais, as aprendizagens que estes "transmitem" traduzem-se em determinadas relações sociais reguladas por documentos curriculares.

Os mesmos autores sublinham que o professor tem flexibilidade e autonomia na lecionação dos conteúdos constantes nos manuais, não significando que essa flexibilidade represente potencialidades, visto que pode limitar e aumentar as desigualdades nas aprendizagens dos alunos, pelo facto de, para um mesmo programa, existir uma diversidade de manuais, que pode ter na sua constituição diferentes mensagens sociológicas. Todavia, apesar de o manual ser defendido por uns e criticado por outros, o que realmente importa são os alunos e isso é consensual. Para uns alunos, o uso do manual pode resultar per si, para outros pode não constituir fator de sucesso e tornar-se desmotivante (Sousa 2012).

Para fazer face a este tipo de situações, é fundamental existirem critérios que orientem a elaboração dos manuais escolares, regidos por

[...] princípios não só científicos e pedagógicos, mas também, linguístico[s], concetua[...][is], de articulação e conformidade com os curricula, de adequação ao desenvolvimento de competências – gerais, específicas e facilitadoras de uma integração na vida activa de um qualquer cidadão -, informando adequadamente e de modo percetível à faixa etária a que se destina, primando pela coerência, seja escrita, seja em imagens, destacando sempre valores que se revelam a partir da não discriminação de etnias, culturas, religiões e sexo e da ausência de propagandas ideológicas, religiosas e políticas (Teixeira 2012, 56).

3. Procedimentos metodológicos

Os procedimentos metodológicos nos quais se enquadra esta investigação são de natureza qualitativa, assumindo características de estudo de caso, na medida em que pretende analisar a coleção de manuais escolares, de Português, do 1.º CEB, mais adotada no distrito de Santarém, em Portugal.

Uma vez que este estudo ainda se encontra em fase de desenvolvimento, sendo os dados que agora apresentamos parciais, nesta primeira fase a amostra foi constituída através dos seguintes critérios: i) manuais, de Português, mais adotados nas escolas – 1.º e 2.º anos de escolaridade; ii) manuais certificados pela Direção Geral de Ensino – Ministério da Educação e Ciência, como estando em conformidade com as MCP (2012).

A análise efetuada é de tipo conteudístico, sendo os manuais em apreço: Letra, C., & Borges, M. (2013). *O Mundo da Carochinha – 1º ano*. Alfragide. Editora Gailivro; Lima, E., Barrigão, N., Pedroso, N., & Santos, S. (2013). *Alfa – Português 1 – 1º ano*. Porto. Porto Editora; Lima, E., Barrigão, N., Pedroso, N., & Rocha, V. (2013). *Alfa - Português 2 – 2º ano*. Porto. Porto Editora.

Os resultados do manual *O Mundo da Carochinha – 2º ano*, de autoria de Letra, C., & Borges, M. (2013). Alfragide: Editora Gailivro, não são apresentados neste texto, em virtude de não haver acesso à versão definitiva da edição de 2013, por razões editoriais.

4. Análise e interpretação dos dados

Os gráficos seguintes – Gráficos 1, 2 e 3 – evidenciam o número de exercícios que são apresentados para cada conteúdo no manual *Alfa* do 1.º ano, no Mundo da Carochinha do 1.º ano e no *Alfa* do 2.º ano, respetivamente, sendo que a cor vermelha indica as metas constantes nas MCP (2012) e a cor azul os conteúdos que constam no PPEB (2009).

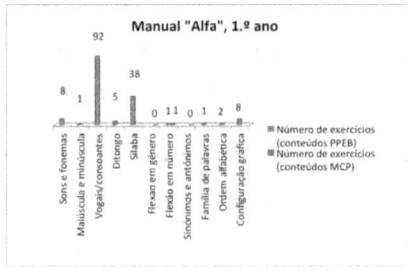

Gráfico 1 – Número de exercícios do manual *Alfa*, do 1.º ano, de acordo com o PPEB (2009) e as MCP (2012)

Os resultados, do Gráfico 1, mostram que o manual Alfa do 1.º ano apenas apresenta um exercício relativo ao conteúdo "flexão em número", sendo uma das metas curriculares presente no documento MCP (2012). Verifica-se, ainda, que não existe nenhum exercício que corresponda aos conteúdos "flexão em género" e "sinónimos e antónimos". Observa-se, todavia, pelos conteúdos indicados, que no manual se dá maior relevo às orientações consignadas no PPEB (2009), com particular destaque para o treino de exercícios relacionados com vogais e consoantes – 92 exercícios – e da sílaba – 38 exercícios –, seguindo-se-lhe exercícios relacionados com sons e fonemas e com a configuração gráfica – 8. De facto, estudos (Sim-Sim 2009; Batista et al. 2011) relacionados com o desenvolvimento da consciência fonológica têm vindo a mostrar que o conhecimento dos sons das vogais e das consoantes são essenciais para o sucesso da leitura e da escrita, podendo decorrer em níveis diferentes: i) consciência silábica; ii) intrassilábica; iii) fonémica. A consciência silábica antecede o desenvolvimento da consciência de outros elementos fonológicos, ou seja, de outros fonemas, formando estes os constituintes silábicos e os sons da fala (Freitas/Alves/Costa 2007; Sim-Sim 1997; Freitas/Santos 2001). A consciência intrassilábica concerne à capacidade de identificar e manipular os segmentos que formam, internamente, uma sílaba, estando estes agrupados organizadamente dentro da mesma em Ataque (consoante que se encontra à esquerda da vogal, numa determinada sílaba – ho.mem) e Rima. A Rima, por sua vez, pode ramificar-se somente em Núcleo (vogal da sílaba – ho.mem) e/ou em núcleo e Coda (consoante à direita da vogal, numa dada sílaba – ho.mem). Quanto ao desenvolvimento da consciência fonémica, este realiza-se de modo lento, na medida em que se trata de ser capaz de identificar e também manipular os fonemas que constituem as palavras, isto é, unidades sonoras muito pequenas, abstratas e sem uma base física simples (Silva 2003), na medida em que a sua perceção pode variar de acordo com o contexto de produção linguística. Estudos de Sim-Sim 1998; Veloso 2003; Nunes 2012 mostram que as crianças evidenciam um fraco ou inexistente desenvolvimento da consciência fonémica à entrada do ensino formal.

Mas vejam-se, seguidamente, os resultados do segundo manual do 1º ano – Gráfico 2 – Número de exercícios do manual *O Mundo da Carochinha*, do 1.º ano, de acordo com o PPEB (2009) e as MCP(2012).

No que diz respeito ao manual *O Mundo da Carochinha* do 1.º ano, podemos considerar que estão de acordo com os conteúdos consignados no documento MCP (2012). Porém, é-lhes dada pouca relevância, na medida em que existem, apenas, três exercícios para o conteúdo "flexão em número", três para "flexão em género" e dois para os "sinónimos e antónimos".

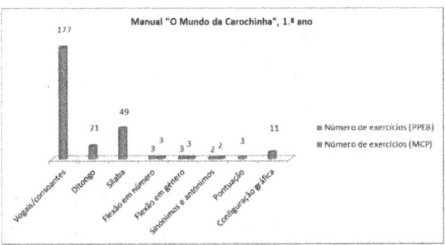

Gráfico 2 – Número de exercícios do manual *O Mundo da Carochinha*, do 1.º ano, de acordo com o PPEB (2009) e as MCP (2012)

À semelhança do manual anterior, registam-se conteúdos indicados no PPEB (2009) representados em número mais expressivo do que os das MCP (2012). Também esses conteúdos se enquadram no domínio da consciência fonológica, do que se pode depreender que os autores destes manuais consideram fundamental a concretização de aprendizagens neste âmbito.

Parece-nos, com efeito, que estes conteúdos constantes no PPEB (2009) são de capital importância para o sucesso escolar dos alunos, devendo, em nosso entender, haver uma indicação formal e explícita, relativa aos mesmos, no domínio Gramática, no documento MCP (2012).

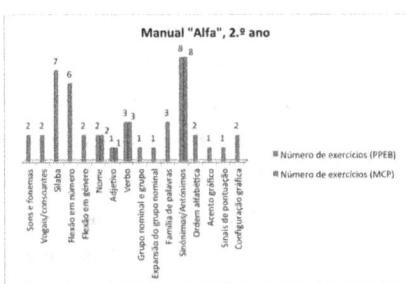

Gráfico 3 – Número de exercícios do manual *Alfa*, do 2.º ano, de acordo com o PPEB (2009) e as MCP (2012)

Finalmente, o manual *Alfa* do 2.º ano contém exercícios relacionados com os conteúdos "nome", "adjetivo", verbo" e "sinónimos e antónimos", previstos pelas

MCP (2012). Note-se, no entanto, que o maior número de exercícios se verifica no conteúdo "sinónimos e antónimos" - 8. Para os conteúdos "verbo", "nome" e "adjetivo", observou-se, na análise efetuada, existem 3, 2 e 1 exercícios, respetivamente.

Apesar de o desenvolvimento do capital lexical se refletir no maior número de exercícios – 8 -, estes não se afiguram, em nosso entender, suficientes, porque acreditamos que o léxico assume particular relevo na comunicação de sujeitos crianças e adultos, independentemente de terem a função de emissor e/ou de recetor, sendo a última ratio a construção do conhecimento. Salienta-se que uma palavra, seja sinónima, seja antónima, deve ser sempre atida a mais do que uma perspetiva, ou seja, há mais do que uma maneira "de olhar" para uma mesma palavra. Para tanto, pondere-se: i) a ortografia; ii) a fonética; iii) a semântica; iv) a sintaxe; v) a gramática (Teixeira 2010). Na primeira situação, tome-se como exemplo dossiê – está-se perante um galicismo (dossier), que, pode dizer-se, se "nacionalizou" ortograficamente, tendo por base critérios de natureza fonética. Atualmente estes dois termos linguísticos convivem no mesmo país, adotando uns falantes a ortografia original do Francês e outros a norma ortográfica portuguesa.[2] No que reporta à fonética, atente-se no exemplo da palavra "porco", que dependendo da sua realização linguística, permite identificar a zona geográfica à qual um determinado falante pertence – /porku/ (zona centro) e /pwarku/ (zona norte). Relativamente à semântica, observe-se o exemplo de "O rodapé da casa é bonito" / "As notas de rodapé são muito úteis". O mesmo elemento linguístico, dependendo do seu contexto de uso, adquire significados distintos. No que refere à sintaxe, a reorganização de palavras dentro de uma frase permite mobilidade interna, provocando, ou uma alteração de sentido, ou um aumento de intensidade, ou uma simples reorganização sem que haja alteração do sentido inicial. Vejam-se os exemplos "Que menina bonita" e Que bonita menina"; "O filme é bom" e "O filme é extremamente bom"; "Ontem fui à praia" e "Fui à praia ontem". Em v) incluem-se, então, as classes de palavras como os nomes, adjetivos, verbos, paradigmas flexionais em género e grau, a acronímia, os estrangeirismos, os

---

[2] Note-se que ambas as grafias se registram em dicionários portugueses. Cf. *Dicionário da Porto Editora* 2013 e *Dicionário da Língua Portuguesa Contemporânea* 2001.

neologismos, as abreviações, a derivação, a conversão, a composição e, claro, a sinonímia e a antonímia.

Preconiza-se, deste modo, que os lexemas não devem ser perspetivados como unidades estanques e somente estruturais, mas como unidades linguísticas que se revestem da necessidade de um conjunto de critérios para a sua atualização linguística e consequente aprendizagem.

Também acerca deste manual do 2.º ano de escolaridade, importa sublinhar que são retomados conteúdos que se encontram nos manuais do 1.º ano que são objeto de análise neste estudo. A saber: sons e fonemas, vogais e consoantes, flexão em género e número e configuração ortográfica.

Novamente, os autores deste manual foram além das indicações das MCP (2012), parecendo haver um claro suporte no PPEB (2009), com a inclusão de conteúdos como: grupo nominal, grupo verbal, expansão do grupo nominal; ordem alfabética, acento gráfico e pontuação. A "introdução" destes conteúdos afigura-se adequada, indo ao encontro das necessidades sentidas pelos alunos que realizaram o Teste Intermédio (TI) (prova de âmbito nacional, conforme referido anteriormente).

 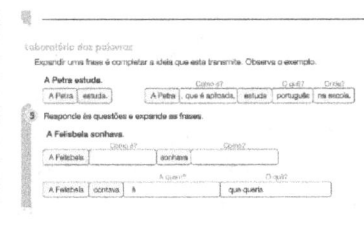

Exemplo 1 – Flexão em Número   Exemplo 2 – Expansão de Frases

É igualmente de salientar que todos os conteúdos gramaticais abordados ao longo do manual em análise se encontram na secção "Laboratório de palavras", fazendo-se acompanhar por uma breve explicação sobre o conteúdo gramatical em estudo – Exemplo 1 – Flexão em Número. O Exemplo 2 – Expansão de Frases, apesar de se tratar de um exercício de sintaxe (logo considerado de relevo, se tivermos em conta os resultados do TI), aparece uma única vez ao longo do manual.

Uma última nota, para este manual, recai no facto de não se entender a razão de a secção na qual se encontram exercícios do âmbito gramatical ter, invariavelmente, a designação de "Laboratório de palavras", utilizando-se uma nomenclatura inadequada, conforme se pode observar no Exemplo 2 – Expansão de frases.

5. Considerações finais

Iniciou-se este texto com uma reflexão acerca da Gramática no documento Metas Curriculares de Português (MCP 2012), seguindo-se um apontamento sobre o manual escolar.

Posteriormente, efetuou-se uma análise, no domínio Gramática, no documento MCP (2012), estabelecendo uma comparação com o PPEB (2009), seguida de algumas questões que, cremos, assolam o pensamento dos docentes, podendo, eventualmente, interferir nas suas tomadas de decisão pedagógica.

A análise dos manuais escolares que integram a amostra permitiu verificar que, apesar de os mesmos indicarem, logo na capa, que estão de acordo com a MCP (2012), efetivamente não estão – casos dos manuais do 1.º ano. No caso do manual do 2.º ano, afigura-se-nos julgar que a quantidade de exercícios relativos às MCP (2012) servem para cumprir a exigência ministerial, na medida em que os momentos de trabalho potenciados pelo manual escolar são reduzidos. É nosso entendimento que o documento MCP (2012) não parece ter repercussões de relevo, pelo facto dos manuais não estarem devidamente articulados com as mesmas. Além disso, consideramos que este documento acaba por ser redutor se o compararmos com o documento PPEB (2009). Será que os autores das MCP (2012) consideraram que o PPEB (2009) era demasiado exigente, tendo por isso optado por indicar conteúdos (termo utilizado) em menor número? É nossa opinião, com base na consulta efetuada aos Relatórios de Exames Nacionais (2009, 2010, 2011, 2012) que não. Antes pelo contrário, defendemos ser necessário um trabalho contínuo, processual e sistemático no domínio da

Gramática, de forma a que haja um uso adequado e correto do conhecimento linguístico.

Note-se que apesar de se reconhecer a importância do manual escolar, este não deve substituir o trabalho do professor, que deve ser adequado e diferenciado, tendo em conta a heterogeneidade que caracteriza qualquer turma, podendo (e devendo), inclusivamente, construir materiais didáticos que sirvam o seu propósito e o dos seus alunos.

Referências bibliográficas

ANTUNES, I. 2003. *Aula de português: encontro e interação*, São Paulo: Parábola.
ARAN, A. P. 1997. *Materiales Curriculares*, Barcelona: Editorial Grao.
BATISTA, A. et al. 2011. *O Ensino da Escrita: Dimensão Gráfica, Ortográfica e Caligráfica*. Lisboa: Ministério da Educação – DGIDC.
CALADO, S., & NEVES, I. 2012. *Currículo e manuais escolares em contexto de flexibilidade curricular. Estudo de processos de recontextualização*, Lisboa: Instituto de Educação da Universidade de Lisboa.
CHOPPIN, A. 1992. *Manuels Scolaires: Histoire et Actualité*. Paris: Hachette Éducation.
Decreto-lei n.º 261/2007, Diário da República, 1ª Série, n.º 136, de 17 de julho de 2007.
Dicionário da Porto Editora. 2013. Porto: Porto Editora.
Dicionário da Língua Portuguesa Contemporânea. 2001. Lisboa: Academia das Ciências de Lisboa - Verbo.
Dicionário Terminológico (2008), dt.dgidc.min-edu.pt, visitado: 24.11.2014.
FREITAS, M. J. & ALVES, D. & COSTA, T. 2007. *Conhecimento da Língua. Desenvolver a Consciência Fonológica*, Lisboa: Ministério da Educação – DGIDC.
FREITAS, M. J. & SANTOS A. L. 2001. *Contar (histórias) de sílabas. Descrição e Implicações para o Ensino do Português como Língua Materna*, Lisboa: Edições Colibri e Associação de Professores de Português.
JOÃO, F. 2009. *Manuais escolares do 1º Ciclo, Entre Currículo e Programas*. Dissertação de Mestrado. Aveiro: Universidade de Aveiro.
MAGALHÃES, J. P. 1999. "Um apontamento para a história do manual escolar /entre a produção e a representação", in: Castro, R. V. et al. edd. *Manuais Escolares: estatuto, função, história – Actas do 1º Encontro Internacional Sobre Manuais Escolares. Instituto de Educação e Psicologia*, Braga: Universidade do Minho, 279-301.
MCP = Ministério da Educação e Ciência. 2012. *Metas Curriculares de Português. Ensino Básico – 1.º, 2.º e 3.º Ciclos*, Lisboa: Ministério da Educação e Ciência.
Nunes, M. (2012). "A consciência fonológica e o desenvolvimento de competências de leitura". Relatório de estágio no curso de mestrado em Educação Pré-Escolar e Ensino do 1º CEB, Escola Superior de Educação de Santarém – Instituto Politécnico de Santarém; 29/11/2012, inédito.

PPEB = Ministério da Educação e Ciência. 2009. *Programa de Português do Ensino Básico,* Lisboa: Ministério da Educação - DGIDC.
PTI = Instituto de Avaliação Educativa. 2013. *Projeto Testes Intermédios – 1º Ciclo do Ensino Básico, Relatório 2013,* Lisboa: Instituto de Avaliação Educativa, I.P. IAVE.
REGO, B. & GOMES C. A., & BALULA, J. P. 2010. *A avaliação e certificação de manuais escolares em Portugal: um contributo para a excelência. XI Congresso da AEPEC, 16 a 18 de setembro de 2010.* Universidade de Évora, http://repositorio.ipv.pt/bitstream/10400.19/497/1/Rego_Gomes_%26_Balula%20(2010).pdf, visitado: 21.10.2014.
RICHAUDEAU, F. 1986. *Conception et Prodution des Manuels Scolaires. Guide Pratique.* Belgique: UNESCO.
SILVA, A. 2003. *Até à Descoberta do Princípio Alfabético.* Lisboa: Fundação Calouste Gulbenkian.
SILVA, A. 2006. *Configurações do Ensino da Gramática em Manuais Escolares de Português: Funções, organização, conteúdos, pedagogias.* Tese de Doutoramento em Educação, Minho: Universidade do Minho, Instituto da Educação e Psicologia.
SIM-SIM, I. 1997. *A Língua Materna na Educação Básica. Competências Nucleares e Níveis de Desempenho,* Lisboa: Ministério da Educação – DEB.
SIM- SIM, I. 1998. *O Desenvolvimento da Linguagem,* Lisboa: Universidade Aberta.
SIM-SIM, I. 2009. *O Ensino da Leitura: a decifração,* Lisboa: Ministério da Educação – DGIDC.
SOUSA, M. 2012. *A representação do "outro" nos manuais escolares – uma abordagem multimodal.* Dissertação de Mestrado, Lisboa: Universidade de Lisboa, Faculdade de Letras.
TEIXEIRA, M. 2013. "El desarrollo de la escritura en los libros de texto de lengua portuguesa como lengua extranjera y segunda lengua – PLE/PSL – y el curriculum: (Des) articulación?", in: Cancelas y Ouviña, L. P. et al. edd.. *Aportaciones para una educación lingüística y literaria en el siglo XXI,* Cádiz: Editorial GEU, 1-12.
TEIXEIRA, M. 2012. "A produção textual em livros didácticos de Português Língua Estrangeira/Português Língua Segunda", in: Gil Daruj, B. & Sá Amado, R. edd. *Reflexões sobre o Ensino e Português para Falantes de outras Línguas,* São Paulo: Paulistana, 55-61.
TEIXEIRA, M. 2010. "Léxico Português e Brasileiro – (in)Paralelismos", in: Lima-Hernades, M. C. & Abreu Chulata, K. edd. *Língua Portuguesa em Foco: ensino-aprendizagem, pesquisa e tradução,* Lecce: Pensa Multimédia, 21-34.
TEIXEIRA, M. & CORREIA, R., & PEREIRA, S. 2014. "Avaliar para conhecer. A Avaliação Externa vs. Documentos Norteadores da Prática Letiva (des)Articulação?", in: Tomás, C. & Gonçalves, C. edd. *Atas do VI Encontro do CIEB – I Encontro Internacional em Estudos Educacionais. Avaliação: Desafios e Riscos.* Lisboa: Centro Interdisciplinar de Estudos Educacionais, 434-450.
TRAVAGLIA, L. C. 2007. *Gramática – Ensino Plural,* São Paulo: Cortez Editora.
VELOSO, J. M. 2003. *Da Influência do Conhecimento Ortográfico sobre o Conhecimento Fonológico. Estudo Longitudinal de um Grupo de Crianças falantes Nativas do Português Europeu,* Dissertação de Doutoramento. Porto: Faculdade de Letras da Universidade do Porto.
YIN, R. K. 2010. *Estudo de caso: planejamento e métodos.* São Paulo: Bookman, http://www.slideshare.net/AdeylsonLichtenheldCraus/estudo-de-caso-planejamento-e-mtodos-yin, visitado: 21.10.2014.

Manuais

LETRA, C., & BORGES, M. (2013). *O Mundo da Carochinha – 1º ano.* Alfragide. Editora Gailivro.

LETRA, C., & BORGES, M. (2013, manuscrito). *O Mundo da Carochinha – 2º ano*, Alfragide: Editora Gailivro.

LIMA, E. & BARRIGÃO, N. & PEDROSO, N., & SANTOS, S. (2013). *Alfa – Português 1 – 1º ano.* Porto: Porto Editora.

LIMA, E., Barrigão, N., PEDROSO, N., & ROCHA, V. (2013). *Alfa - Português 2 – 2º ano*, Porto: Porto Editora.

La gramàtica en els llibres de text de Secundària: la terminologia lingüística

Alícia Martí Climent (València)

Resum
Aquest treball analitza la terminologia lingüística utilitzada en l'ensenyament de les llengües oficials (català i castellà) en el sistema educatiu valencià. S'hi estudien les dificultats de l'alumnat per aprendre gramàtica com a conseqüència de la divergència terminològica existent i de l'estructura i la redacció dels continguts gramaticals en els llibres de text de l'ensenyament secundari.

Paraules clau: ensenyament de la gramàtica, reflexió metalingüística, llibres de text, terminologia, gramàtica contrastiva, tractament integrat de llengües.

1. Plantejament de la investigació[1]

La causa de la realització d'aquest estudi cal cercar-la en la nostra tasca docent, concretament en la pràctica diària sobre l'ensenyament i l'aprenentatge de la llengua. Perquè sovint quan fem classe de llengua ens trobem amb dificultats en l'alumnat que comporten un canvi en la programació prevista; però, a més, suposen una revisió crítica de les teories subjacents en els llibres de text. La comprovació de l'ús de diferents termes per referir-se als mateixos fenòmens lingüístics i l'observació de la incidència negativa en el procés d'ensenyament-aprenentatge que té entre l'alumnat de secundària la divergència terminològica existent en els manuals actuals ens ha conduït a fer una anàlisi contrastiva de la terminologia lingüística utilitzada en l'ensenyament de la gramàtica a través de l'estudi de diferents llibres de text del primer cicle de l'etapa d'Educació

---

[1] Aquest treball és part d'una investigació sobre la terminologia utilitzada en l'ensenyament de llengües en l'etapa de l'Educació Secundària Obligatòria (ESO), concretament durant el primer cicle i en les assignatures de *Valencià: llengua i literatura* i *Castellà: llengua i literatura*, que va gaudir del patrocini de l'Acadèmia Valenciana de la Llengua (AVL) mitjançant la concessió d'una beca d'investigació lingüística l'any 2010.

Secundària Obligatòria en les dues llengües oficials del territori valencià (castellà i català).

Els manuals i les gramàtiques d'una mateixa llengua no coincideixen en la terminologia emprada, però la diversitat és encara més gran en passar d'una llengua a una altra. L'alumnat s'ha d'enfrontar a nomenclatures diferents que fan referència als mateixos mecanismes lingüístics. És per això que el professorat ha de desfer sovint les confusions que la utilització d'una terminologia diversa genera en l'alumnat, perquè allò que és realment important és el concepte i no la denominació. Així, doncs, el projecte d'investigació lingüística desenvolupat segueix el paradigma de la investigació-acció, ja que en la seua elaboració s'han pres com a base les observacions i les dades obtingudes a partir de la nostra pràctica docent.

Actualment disposem de diferents aportacions sobre aquesta qüestió (Camps 1998, Camps 2005, Camps/Ferrer 2000) i es destaca la necessitat d'una gramàtica pedagògica (Zayas 2004). També és important tenir en compte els llibres de text com a instruments mediadors entre l'alumnat i l'objecte d'aprenentatge (Ribas 2010) i la terminologia lingüística que utilitzen (Macià/Solà 2000). A més, en un context educatiu plurilingüe és necessari subratllar la importància de la lingüística contrastiva (Gràcia 2006) i del tractament integrat de les llengües (Guasch 2010), i la seua concreció en el model d'educació plurilingüe del sistema educatiu valencià (Pascual 2006). La diversitat de llengües que conviuen en l'àmbit escolar ens planteja la necessitat d'abordar la reflexió metalingüística d'una manera relacionada, com proposa Ruiz Bikandi (2006), mitjançant la comparació dels diferents fenòmens a partir de les llengües que coneix l'alumnat. En aquest sentit, el nostre objectiu ha estat fer un estudi contrastiu castellà-valencià de la terminologia emprada a l'ensenyament mitjà, perquè la comparació interlingüística ha d'afavorir la capacitat d'assoliment del saber metalingüístic i, per tant, el domini de les diferents llengües.

Així, doncs, la reflexió lingüística contrastiva ens hauria d'ajudar a trobar el camí més adequat per arribar a l'objectiu final del currículum: aconseguir el domini de les dues llengües oficials. Un camí que necessàriament ha de partir d'un enfocament integrat de les llengües que, com explica Pascual (2006), ha de ser el resultat de la confluència de tres processos: la unificació de criteris pel que fa a l'adquisició-aprenentatge de les llengües i el seu ensenyament, la diversificació de tractaments segons les llengües i els aprenents, i l'organització de l'actuació coordinada en les diferents llengües del currículum. Aquest enfocament lingüístic permetrà la unificació de criteris pel que fa a la terminologia, tot i l'existència de diferents projectes editorials, la dificultat de coordinació entre el professorat i la llibertat de cada professor/a.

2. Els llibres de text

Aquest treball delimita l'estudi de l'ús de la terminologia lingüística en l'ensenyament als llibres de text perquè, malgrat els esforços d'alguns professors per elaborar materials propis, és indubtable que, tal i com assenyalen Ferrer i López (1999), «encara molts ensenyants elaboren la seua programació a partir de l'índex del llibre que han triat». Concretament, el corpus analitzat està format per diferents manuals que s'empren a les aules valencianes i que han estat publicats per editorials valencianes o per segells valencians d'editorials de fora. Són tres de les editorials més usades als centres educatius de secundària: dues que tenen llibres de text de Castellà i de Valencià (Anaya i Santillana), i una altra que només en té de Valencià (Bromera). Es tracta, doncs, d'una mostra,[2] tot i que les observacions realitzades són en gran mesura generalitzables.

Els llibres de text són textos escolars, juntament amb d'altres materials, com ara revistes, diaris, diccionaris, gramàtiques, llibres de flexions verbals, enciclopèdies, etc. Ara bé, es tracta d'un material bàsic en la major part de les pràctiques d'aula. Un material que ofereix a l'alumnat la informació més important d'una assignatura de manera sistematitzada i d'acord amb allò que estableix el currículum vigent.

---

[2] Tot i que sovint les editorials ofereixen també materials complementaris per a l'alumnat (activitats de consolidació o d'ampliació, llibres de vacances o de repàs, etc.), el nostre estudi se centra únicament en els llibres de text que utilitza l'alumnat assíduament a l'aula i a casa. Perquè, no totes les editorials disposen d'aquest recurs, ni tampoc en tots els casos el material complementari té la mateixa finalitat. I, a més, si hi introdueixen teoria lingüística, es limiten a reproduir la mateixa informació que trobem al llibre de text de referència; per tant, la seua anàlisi no aportaria cap novetat respecte al manual d'ús habitual de l'alumnat.

D'acord amb la tipologia de materials didàctics de llengua i literatura establerta per Lomas (1999, 2004), els manuals formen part dels materials didàctics aliens rígidament estructurats, que acostumen a anar acompanyats d'una guia didàctica per al professorat, d'un projecte curricular i, de vegades, de models de proves d'avaluació per a l'alumnat. A més, els llibres de text es reben dins del context educatiu, per la qual cosa són considerats textos acadèmics, i, si tenim en compte la tipologia textual establerta per Adam (1992), es tracta de textos expositius, ja que tenen com a funció fer comprendre alguna cosa, per tant es tracta d'una funció clarament didàctica.

Els llibres de text acostumen a tenir una autoria compartida, que correspon a diversos experts en l'àrea de coneixement en qüestió. Uns autors que, a partir dels continguts, objectius, metodologia, competències i criteris d'avaluació establerts pel currículum educatiu de l'etapa, elaboren els llibres de text, sovint fent canvis, supressions o afegitons respecte a allò que marca el decret. Així, doncs, cada editorial fa una proposta didàctica diferent que, a més d'intentar adequar-se al nivell cognitiu de l'alumnat i als seus coneixements previs (Martínez Bonafé 1992, 9), sovint segueix una certa lògica organitzativa, per exemple l'estudi de la literatura acostuma a seguir un ordre cronològic, encara que n'hi ha altres possibilitats (formalista, temàtic...).

El corpus analitzat en aquest treball són llibres de text que s'empren en l'ensenyament de les llengües oficials a les aules valencianes i que els han editat editorials valencianes o segells valencians d'editorials de fora. De fet, són tres de les editorials més usades als instituts: dues que tenen llibres de text de castellà i de valencià (Anaya i Santillana), i una altra que només en té de valencià (Bromera). Es tracta d'una mostra, tot i que les observacions que es realitzaran seran en gran mesura generalitzables.

3. El currículum de Secundària i la programació dels continguts lingüístics

Pel que fa al marc curricular vigent, la Llei Orgànica d'Educació (LOE) en l'article 6é defineix el *currículum* com «el conjunt d'objectius, competències bàsiques, continguts, mètodes pedagògics i criteris d'avaluació». Els aspectes bàsics del currículum estan constituïts en el *Reial Decret 1631/2006*[3], d'àmbit estatal, i el *Decret 112/2007*[4], d'àmbit autonòmic. Ara bé, la legislació educativa estableix un model de currículum obert i flexible que ha de ser desenvolupat pel professorat. Els i les docents han de tenir en compte a l'hora de realitzar la seua programació els diferents nivells de concreció curricular.

Els dissenys curriculars fixen tres nivells de concreció i determinació dels objectius i dels continguts de les diferents àrees de coneixement, cada un dels quals és competència de diferents institucions i estaments implicats en el sistema educatiu. Els manuals se situen en el tercer nivell de concreció curricular i han d'ajustar-se al Projecte Curricular i a les programacions didàctiques i d'aula. Tot i això, freqüentment no són els materials els que es posen al servei de la programació del centre, sinó que és la programació la que s'elabora d'acord amb el material de què es disposa.

Una altra qüestió important seria esbrinar si el que prescriuen els currículums oficials és el que realment recullen els llibres de text i si els continguts educatius dels manuals són els que efectivament s'ensenyen a l'aula. En aquesta línia, Carmen i Jiménez (1997, 9) distingeixen entre allò que marca la legislació educativa, *currículum prescrit*; el que s'ensenya a l'aula i que recullen els projectes editorials, *currículum impartit*, i el que l'alumnat integra a partir del procés d'ensenyament-aprenentatge, *currículum aprés*.

---

[3] *Reial Decret 1631/2006, de 29 de desembre, d'ensenyaments mínims corresponents a l'Educació Secundària Obligatòria* (BOE 5-1-2007).
[4] *Decret 112/2007, de 20 de juliol, del Consell, pel qual s'estableix el currículum de l'Educació Secundària Obligatòria a la Comunitat Valenciana* (DOGV 24-7-2007).

Imatge 1. Nivells de concreció curricular

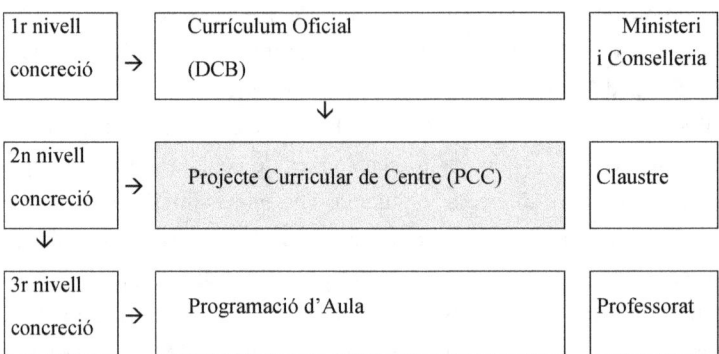

Quant a la programació dels continguts del currículum, aquests s'organitzen en blocs que no tenen com a finalitat establir l'ordre i l'organització de les activitats d'aprenentatge a l'aula, sinó que exposen els components de l'educació lingüística i literària, assenyalant els nivells assolibles en cada curs. Segons el *Reial Decret 1631/2006*[5], d'àmbit estatal, els continguts de cada curs s'agrupen en quatre blocs: "Bloc I. Parlar, escoltar i conversar", "Bloc II. Llegir i escriure", "Bloc III. Educació literària" i "Bloc IV. Coneixement de la llengua".

Imatge 2. Organització dels continguts de Llengua castellana i literatura a l'ESO d'acord amb el Reial Decret 1631/2006 d'ensenyaments mínims (BOE 5-1-2007)

Organització dels continguts de Llengua castellana i literatura en l'ESO (Reial Decret 1631/2006)			
Bloc I	Bloc II	Bloc III	Bloc IV
Parlar, escoltar i conversar	Llegir i escriure	Educació literària	Coneixement de la llengua

---

[5] *Reial Decret 1631/2006, de 29 de desembre, d'ensenyaments mínims corresponents a l'Educació Secundària Obligatòria* (BOE 5-1-2007).

En canvi, el currículum valencià[6] organitza els continguts en cinc blocs: "Bloc I. Comunicació", "Bloc II. Llengua i societat", "Bloc III. Coneixement de la llengua", "Bloc IV. Educació literària" i "Bloc V. Tècniques de treball". L'eix del currículum són les habilitats i estratègies per a parlar i escoltar –incloent-hi la interacció, escriure i llegir– en àmbits significatius de l'activitat social.

Imatge 3. Organització dels continguts de l'àrea de llengües a l'ESO

Organització dels continguts de les matèries de Valencià: llengua i literatura i Castellà: llengua i literatura en l'ESO				
Bloc I	**Bloc II**	**Bloc III**	**Bloc IV**	**Bloc V**
Comunicació	Llengua i societat	Coneixement de la llengua	Educació literària	Tècniques de treball

Els blocs "Llengua i societat" i "Coneixement de la llengua" reuneixen els continguts que fan referència a la capacitat de l'alumnat per a observar el funcionament de la llengua i per a parlar-ne, als coneixements explícits sobre la llengua i les seues formes d'ús que es deriven de la diversitat geogràfica, social i d'estil, així com de les actituds adoptades pels usuaris de les llengües oficials. Però, l'interés del nostre estudi se centra només en el Bloc III, titulat "Coneixement de la llengua", ja que aquest integra els continguts relacionats amb la reflexió sobre la llengua i amb l'adquisició d'uns conceptes i una terminologia gramatical. Aquest bloc s'organitza en quatre subapartats: Fonètica i Ortografia, Norma culta de la llengua, Gramàtica i Lèxic. Quatre subapartats que no tenen res a veure amb les diferents parts de la Lingüística (Sintaxi, Semàntica, Morfologia, Formació de paraules, Retòrica i Fonètica)[7] i en què, a més, es barregen aspectes diversos.

---

[6] *Decret 112/2007, de 20 de juliol, del Consell, pel qual s'estableix el currículum de l'Educació Secundària Obligatòria a la Comunitat Valenciana* (DOGV 24-7-2007).
[7] Seguim la classificació de les diferents parts de la teoria lingüística de Saragossà (2003).

4. Anàlisi de l'estructuració de la teoria lingüística i de la terminologia lingüística utilitzada en els llibres de text de Secundària

Els manuals analitzats s'estructuren en unitats didàctiques, en les quals els diferents components de l'aprenentatge lingüístic es distribueixen en compartiments estancs sense relació, apartats que es mantenen estables al llarg de totes les unitats: ortografia, lèxic, literatura, tècniques d'estudi... D'aquesta manera, cada lliçó es converteix en un picoteig, sense deixar l'espai ni el temps suficient per a desenvolupar una seqüència coherent de treball (Ferrer 2000, 41). A més, els continguts gramaticals s'inclouen en la unitat didàctica en apartats inconnexos, que podrien fàcilment ser traslladats a una altra unitat didàctica sense que es notara el canvi. La gramàtica adopta una orientació fonamentalment normativa, sense connexió amb la revisió de les produccions.

Per tant, el disseny dels llibres no està al servei dels continguts didàctics, sinó que esdevé una cotilla que entrebanca el desenvolupament coherent d'una seqüència de treball. Cada unitat i cada apartat presenta sempre exactament la mateixa extensió, la qual cosa no és negativa en si mateixa, sempre que s'haja sabut compaginar amb una correcta seqüenciació dels continguts i de les activitats.

L'estructura de les unitats didàctiques és diferent en cada editorial, així com també la distribució dels continguts gramaticals, tot i que l'organització d'aquests depén en gran mesura del curs acadèmic a què corresponen. Els llibres de text de les assignatures de Valencià i Castellà acostumen a presentar un gran bloc dedicat a l'estudi de la llengua, que es divideix en tres apartats: la gramàtica (anomenada "Morfosintaxi" en el manual de l'editorial Voramar), l'ortografia i el lèxic ("Les paraules" en el de Valencià d'Anaya i "*Vocabulario*" en el de Castellà de Santillana). Ara bé, el de Castellà de l'editorial Anaya presenta una estructuració diferent: hi ha un bloc titulat "*Nuestra lengua / literatura*" dedicat en unes unitats a l'estudi de la llengua, en què s'hi treballa la comunicació, la semàntica, la fonètica, la morfologia, la sintaxi i la variació lingüística, i en d'altres al de la literatura; però, a més, abans de finalitzar cada unitat, hi trobem dos apartats gramaticals, "*Ortografía*" i "*Vocabulario*". Una separació de les diferents parts de la teoria lingüística que no es justifica i que no trobarem en cap dels altres manuals analitzats.

L'actuació general és treballar les parts de la teoria lingüística, tot i que en els manuals no es fa referència a aquests termes quan s'estudien. La nostra anàlisi, però, s'ha centrat en la sintaxi, "part de la teoria lingüística que explica el funcionament de les categories sintàctiques (nom, adjectiu...) per a formar construccions, procés que culmina en l'oració" (Saragossà 2003, 65). Si comparem la seua distribució als diversos manuals a partir de l'índex de continguts que presenten, podem comprovar, per exemple, que el llibre de text de Valencià per a primer curs d'ESO de l'editorial Bromera comença amb el treball de l'oració i després continua amb les diferents classes de paraules, mentre que el manual de Castellà d'Anaya fa el camí invers, això és, comença amb l'estudi de les diverses categories gramaticals per acabar amb l'oració, com fa la gramàtica de Fabra (1956). A més, les formes d'actuar de les editorials també canvien d'un curs a l'altre sense cap tipus de justificació.

Cap manual raona l'organització dels continguts realitzada pels autors. Ni tan sols s'explica què vol dir *gramàtica* en els llibres de Valencià en què s'utilitza aquest terme per anomenar la secció dedicada al seu estudi (Bromera, Anaya i Santillana). Cal, doncs, esmenar aquest tipus d'actuacions i també mirar d'ordenar els continguts gramaticals atenent a la relació existent entre ells.

D'altra banda, estudiem la terminologia de la lingüística utilitzada en l'ensenyament perquè en moltes ocasions els termes constitueixen un obstacle en la construcció dels conceptes (Martin 1999). L'ús dels termes correctes és fonamental per a la transmissió el coneixement i la comunicació entre els professionals d'un mateix saber. Una terminologia inexacta i no uniforme implica problemes de comunicació. En aquest sentit, doncs, el professorat té un paper especial, ja que és especialista en llengua i també en la transmissió ordenada de coneixements, adequada per a cada nivell educatiu; i l'alumnat, com a usuari directe[8] de la terminologia, ha d'assolir un domini específic dels termes i de les

---

[8] Cabré i Lorente (1996) estableixen una diferenciació entre usuaris directes de terminologia, usuaris indirectes i terminòlegs. D'acord amb aquesta classificació, els usuaris directes de terminologia són aquells que utilitzen la terminologia per a la comunicació, la transmissió d'informació i, fins i tot, la conceptualització del domini.

seues conceptualitzacions. És per això que, davant els efectes negatius que tenen les anomalies terminològiques en la divulgació pedagògica de la teoria lingüística, hem volgut analitzar les diverses deficiències terminològiques referides a les categories gramaticals que trobem en els llibres de text.

Imatge 4. Organització dels continguts de les assignatures de Valencià i Castellà en els diferents llibres de text analitzats del primer curs d'ESO

Valencià		Castellà	
Editorial Bromera	Editorial Anaya		Editorial Santillana
GRAMÀTICA	Gramàtica	Nuestra lengua / literatura	GRAMÁTICA
–Els enunciats: oracions i frases –Oracions segons l'actitud dels parlants –Les oracions i els signes d'entonació –Els constituents de l'oració –El substantiu –Els determinants –L'adjectiu –Els pronoms personals –L'adverb Paraules clau. El subratllat. El mapa conceptual. El resum –Les preposicions –Les conjuncions –El grup del predicat –El verb –Estructura del grup del predicat Introducció als recursos ortotipogràfics	Las clases de paraules Subjecte i predicat. El sintagma nominal: estructura El nom i l'adjectiu: gènere i nombre Els determinants i els pronoms El sintagma verbal: els complements verbals Els pronoms febles: forma i ús El verb: consideracions generals Present d'indicatiu i de subjunctiu, imperatiu: usos i formes Altres temps verbals. Passat, futur i condicional: usos i formes	1 La comunicación 2 El léxico y el diccionario 3 La estructura de las palabras 4 Los sonidos, las letras y las sílabas 5 El nombre y el artículo 6 El adjetivo 7 El verbo y el adverbio 8 Los adjetivos determinativos y los pronombres 9 Los nexos 10 La oración 11 El español y sus variedades 12 Las lenguas de España 13 La lengua literaria 14 Los géneros literarios	–El lenguaje y su organización. Los sonidos –La palabra. Clases y constituyentes. –El significado de las palabras –El enunciado –Sujeto y predicado –El verbo raíz y desinencias –La conjugación verbal –Uso de los tiempos verbales –El adverbio –El sustantivo y sus clases. El artículo –El adjetivo calificativo –Los adjetivos determinativos –Los pronombres

Actualment vivim una situació d'una gran profusió terminològica; s'hi utilitzen termes diferents per a referir-se als mateixos fenòmens lingüístics. De fet, ni els llibres de text ni les gramàtiques d'una mateixa llengua coincideixen en la terminologia usada, i la diversitat és encara més gran en passar d'una llengua a una altra. Una manca d'uniformitat possiblement causada per la diversitat d'estudis que han intentat explicar el fet lingüístic en els darrers anys. Ara bé, en aquest tema, com assenyala Nicolàs (1994), convé distingir clarament dos nivells: el de la investigació i el de la docència no universitària. Perquè, l'heterogeneïtat i diversitat teòrica i terminològica comporta també disparitat i inestabilitat terminològica, i aquest fet característic de l'àmbit de la recerca és inexportable a l'àmbit escolar. En aquesta línia i en relació a l'ensenyament de la llengua espanyola, De Miguel (1989) observa que hi ha, d'una banda, una dispersió terminològica, i, de l'altra, un desig manifest d'arribar a una necessària unificació de la terminologia. Com afirma Gili y Gaya (1964):

> Las diferencias de nomenclatura[9] no dañan a la investigación científica ni a la enseñanza superior, las cuales más bien se benefician con el contraste de ideas discrepantes que mantengan alerta el espíritu investigador. La necesidad de conciliar las nomenclaturas se hace sentir especialmente en los grados primario y medio de la educación. (Gili y Gaya 1964, 449)

El professorat ha de facilitar la tasca d'assimilació terminològica de l'alumnat, la qual cosa implica seleccionar etiquetes vàlides (les necessàries i suficients) i trobar els mecanismes de transmissió més escaients (Comet 1996). És per això que, al nostre parer, és imprescindible recollir tots els termes que s'empren com a sinònims en els llibres de text per tal d'intentar fer una proposta terminològica única. A més, convé tenir en compte que hi existeixen casos en què s'hi utilitza una sola etiqueta per a referir-se a diversos conceptes, com ara *determinant*, i seria convenient eliminar aquesta anomalia terminològica.

Macià (2000) fa referència també a algunes ambigüitats terminològiques que podrien evitar-se. És el cas de l'ús inadequat del terme *coordinat*, atorgant-li un significat actiu, en l'expressió *conjunció coordinada*, en lloc de *conjunció coordinant o de coordinació*; o bé d'expressions amfibològiques com

---

[9] Volem distingir ací entre *terminologia* i *nomenclatura* seguint Torres (1994, 85): "*La terminología es un sistema de términos y la nomenclatura, un sistema de nombres. Las unidades de una nomenclatura nombran, denominan, exclusivamente objetos de la realidad y entre ambos hay una relación de bi-univocidad, es decir, un nombre es la «etiqueta» de un objeto, que a su vez recibe solo y exclusivamente ese nombre, mientras que las unidades de una terminología designan -y denominan- nociones que pueden ser interpretables, lo que no es normal que suceda con los objetos nombrados en una nomenclatura. Las unidades terminológicas no tienen -o no deben tener- carácter biunívoco; si así fuera, nunca se hubiera podido hablar del llamado «problema terminológico» ni hubiera existido nunca la pluralidad terminológica referente a las mismas nociones*". Per tant, nosaltres estudiarem la terminologia lingüística utilitzada en els manuals d'ESO.

complements de l'oració o complements oracionals, que poden significar tant "complements adjunts a l'oració" com "complements d'un element de l'oració" (i, a més, el segon terme pot voler dir també "complement representat per una oració"). En aquest context, el professorat ha de desfer sovint les confusions que la utilització d'una terminologia diversa pot generar en l'alumnat, perquè allò que és realment important és el concepte i no la denominació.

La demanda de l'establiment d'una terminologia bàsica, adequada i compartida per a l'ensenyament de llengües no és nova, sinó que són abundants les reflexions generals sobre aquest tema, així com també podem trobar algunes propostes parcials d'unificació terminològica en àmbits lingüístics plurilingües (Maillard i Dabène 1997, Nicolàs 1994, Willems 1999). Camps (1998) considera que cal ser molt prudents amb la terminologia, tant per a establir acords entre tot el professorat del centre que s'ocupe d'ensenyar la llengua –i a ser possible entre el conjunt de professionals que es dediquen a aquesta àrea–, com per a no farcir els alumnes de paraules més que de conceptes clars sobre la llengua.

D'acord amb Brucart (2000), per tal de determinar la terminologia que s'ha d'utilitzar en una disciplina cal plantejar-se quins són els seus conceptes primitius, perquè

> La llengua és un mecanisme que combina unitats simples per formar-ne de més complexes, segons uns principis estructurals que estableixen els límits d'aquesta combinatòria. Metafòricament, podríem dir que es tracta d'un enorme joc de construcció (un Lego) format per peces que encaixen les unes amb les altres per formar edificacions complexes. (Brucart 2000, 179)

En aquest cas, els conceptes primitius són les categories gramaticals o classes de paraules i és per això que són l'objecte del nostre estudi. Ara bé, som conscients que:

> La renovación pedagógica en el ámbito de la gramática no se consigue cambiando la terminología (...) sino más bien cambiando la rutina por la reflexión y sustituyendo los hábitos memorísticos por los que fomentan el desarrollo de la capacidad argumentativa. (Bosque 1994: 9-10)

Si ens centrem ara en la terminologia sintàctica utilitzada en l'ensenyament de les llengües oficials en els manuals analitzats, hi podem observar mancances de diferent tipus: des de la introducció de terminologia lingüística sense definir-la (*categoria gramatical, sintagma, complement*...), la qual cosa té com a efecte que «els nostres alumnes es veuen obligats a memoritzar termes que no saben què signifiquen ni per a què aprofiten» (Saragossà 2007, 271-285); fins a la presència d'errors, passant per incoherències diverses, com ara la definició d'un terme de diferent manera en un mateix llibre de text o bé la convivència de diversos termes per referir-se a un únic concepte, per exemple: *sintagma/grup, determinant / artículo y adjetivo (determinativo o calificativo), elements d'enllaç / preposició i conjunció.*

Tot seguit hi comentem alguns casos com a mostra de la divergència terminològica existent en els llibres de text i la falta de coordinació entre les diferents llengües oficials que ha d'aprendre l'alumnat. En el manual de Valencià de l'editorial Bromera per a primer curs d'ESO (U.D. 2) es fa referència al concepte de *subjecte / grup del subjecte* i *predicat / grup del predicat* com a equivalents, per la qual cosa l'alumnat es podria plantejar la necessitat d'utilitzar dos termes diferents per referir-se a un mateix concepte. Però, no es tracta de conceptes sinònims, ja que *subjecte* i *predicat* serien funcions sintàctiques, mentre que *grup del subjecte* i *grup del predicat* serien categories, és a dir, «elements» o «parts de l'oració» segons les gramàtiques tradicionals. L'origen d'aquesta anomalia prové del fet que els llibres de text acostumen a no explicar els termes *categoria* i *funció*.

De vegades, fins i tot una mateixa editorial fa servir termes diferents per referir-se als mateixos conceptes segons l'assignatura, com ara Anaya utilitza el terme *determinant* en el llibre de text de Valencià per a primer curs d'ESO (U.D. 1), mentre que en el de Castellà del mateix curs empra *artículo y adjetivo (determinativo o calificativo)* (U.D. 5). A més a més, hi trobem classificacions diferents en un mateix manual, i en una mateixa unitat didàctica. Per exemple, segons el llibre de text de l'assignatura de Valencià de l'editorial Anaya per a primer curs d'ESO, tres són les categories que «poden flexionar-se, és a dir, poden presentar formes diferents de gènere (masculí i femení) i de nombre (singular i plural)»: nom, adjectiu i determinant. En canvi, no s'hi fa referència a la flexió del verb (encara que en la definició es diu que pot adoptar diferents formes) ni tampoc del pronom. Tot i això, en la secció "Recorda el que has après"[10] de la

---

[10] Aquesta secció de repàs que trobem al final de cada unitat didàctica presenta dos apartats: «Repassa la unitat», en què s'hi arrepleguen les respostes a les qüestions plantejades a l'inici de la unitat, que alhora formen part de l'esquema dels continguts de la unitat; i, «Aplica el que has après», que posa en pràctica aquests continguts.

mateixa unitat didàctica, s'agrupen les categories gramaticals amb flexió (nom, adjectiu, determinant, pronom i verb) i sense flexió (adverbi, preposició i conjunció).

Imatge 5. Valencià, 1r ESO, Anaya, U.D. 1

> Els **noms** designen persones (*jutgessa, Andreu*), animals (*cabra, llagosta*), objectes (*carpeta, pedal, arbre*), sentiments (*amor, trostesa*), idees (*pau, virtud*), etc. Els **adjectius** indiquen les qualitats i característiques dels noms (*tranquil, blau, gran, desagradable*). Els **determinants** complementen el nom (*la, uns*) i en donen informació de possessió (*el teu, les meues*), localització (*aquestes, aquells*), quantitat (*moltes, prou, cinc*), etc.
>
> Els noms, els adjectius i els determinants poden flexionar-se, és a dir, poden presentar formes diferents de gènere (masculí i femení) i de nombre (singular i plural).

Pel que fa a la presència d'errors, per exemple, en el llibre de text de l'assignatura de Valencià de l'editorial Anaya per a primer curs d'ESO (U.D.1, cf. imatge 5) es parla de la flexió del determinant, és a dir, que aquest pot "presentar formes diferents de gènere (masculí i femení) i de nombre (singular i plural)"; però, aquesta capacitat de flexionar-se no sempre existeix, ja que, per exemple, si mirem els casos plantejats en el mateix llibre, en els determinants que indiquen quantitat trobem paraules que es poden flexionar, com ara *molt, molta, molts, moltes*, i d'altres en què no existeix aquesta possibilitat, *prou* i *cinc*.

Un altre error que hem pogut observar fa referència al fet que les preposicions uneixen dues paraules. En el manual de Castellà de primer d'ESO de l'editorial Anaya (U.D. 9, cf. imatge 6) s'afirma que *"las preposiciones unen* dos *palabras"*, però en els exemples proposats trobem *"Iba* a *la estación"* o *"la responsabilidad de ellos"*, que uneixen més paraules, tot i que al llibre es diu que en un cas la primera paraula és *"la responsabilidad"*, i en l'altre, la segona paraula és *"la estación"*.

Imatge 6. Castellà, 1r ESO, Anaya, U.D. 9

Las **preposiciones** unen dos palabras. La primera palabra es la principal y la segunda depende de ella. Observa los ejemplos siguientes:
- Iba **a** la estación;
- fácil **de** entender;
- filete **con** patatas;
- la responsabilidad **de** ellos.

Clases de palabras unidas por una preposición	
Primera palabra	Segunda palabra
iba (verbo)	la estación (nombre)
fácil (adjetivo)	entender (verbo)
filete (nombre)	patatas (nombre)
la responsabilidad (nombre)	ellos (pronombre)

D'altra banda, a les diferències terminològiques més habituals, com ara les alternances *sintagma/grup*, *determinant / adjectiu determinatiu* i *elements d'enllaç / preposició i conjunció*, s'uneix el fet que sovint els autors empren un terme o un altre indistintament, sense cap tipus de justificació. Un altre cas similar seria el del trinomi *enunciat/oració/frase*, i fins i tot, de vegades, també *interjecció*. Totes les editorials coincideixen en la utilització del terme *oració*, "la construcció sintàctica màxima" (Saragossà 2003), i és que aquest concepte és bàsic dins de la sintaxi; en canvi, *enunciat* i *frase* solen ser usats en l'assignatura de Castellà i sobretot en el segon curs d'ESO.

Si analitzem les definicions d'*oració* dels llibres de text, trobem bàsicament cinc trets fonamentals que la caracteritzen: contenir un verb en forma personal, expressar una idea completa, tenir subjecte i predicat, estar delimitada per pauses i tenir una entonació determinada. Però, és això cert? Des d'un punt de vista estructural, l'oració normalment consta d'un subjecte i un predicat, però què passa amb oracions com: "Ahir va ploure molt a València" o "Hi havia molta gent al concert de Pau Alabajos"? Les oracions impersonals no tenen subjecte. Així mateix, caldria aclarir què significa que l'oració "expressa una idea completa" i "té una entonació determinada". Perquè, de què depèn que el sentit de l'oració siga complet o incomplet? A més, tots els llibres de text analitzats consideren que tant l'*oració* com la *frase* i l'*enunciat* expressen una idea amb sentit complet, de manera que no es tracta d'una característica restrictiva que ajude a distingir aquesta construcció d'altres. Pel que fa a l'entonació, una oració interrogativa i una oració exclamativa, com "Què et passa?" o "M'encanta la música!", tenen clarament entonacions diferenciades, però no per això deixen de ser considerades oracions. Més encara, quan s'afirma que una oració «està delimitada per pauses», a quin tipus de pausa es fa referència? Una pausa breu (coma), una pausa forta (punt) o una pausa mitjana (punt i coma o dos punts)?

L'únic tret que realment caracteritza tota oració és la presència d'un verb en forma personal, ja que la frase no té verb. No obstant això, els llibres de text de l'assignatura de Castellà de segon curs d'ESO de les editorials Anaya i Santillana només remeten al fet que l'oració ha de contenir un verb, sense especificar que és necessari que aquest estiga en forma personal. Es tracta d'un error que pot portar a confusió, ja que una expressió com "Nosaltres jugar a futbol" no seria una oració.

Imatge 7. Anàlisi de la definició d'*oració* en els manuals analitzats

	Valencià					Castellà			
	1r ESO		2n ESO			1r ESO		2n ESO	
	B	A	B	A	V	A	S	A	S
verb en forma personal								*	*
idea completa									
subjecte i predicat									
delimitada per pauses									
entonació determinada									

D'altra banda, si bé totes les editorials coincideixen en l'ús del terme *oració*, no sembla ser tant necessari mantenir el trinomi *enunciat, oració* i *frase*. En els llibres de text analitzats observem que un concepte sintàctic com *oració* pot utilitzar les etiquetes *oració, frase* i *enunciat*, fins i tot de vegades trobem els termes *clàusula* i *proposició*. Algunes editorials també diferencien entre *frase* i *interjecció*, per exemple en el llibre de text de Valencià de segon curs d'ESO de l'editorial Voramar es tracta la *interjecció* com un cas especial de *frase*. Davant aquesta gran profusió terminològica, resulta imprescindible recollir tots els termes que s'utilitzen com a sinònims per intentar fer una proposta terminològica única.

5. A tall de conclusions

Aquest treball constata la falta d'unificació terminològica, així com una conceptualització i estructuració inadequada dels continguts gramaticals en els llibres de text de Secundària. De fet, els manuals d'una mateixa llengua no coincideixen en la terminologia emprada, però la diversitat és encara més gran en passar d'una llengua a una altra. L'ús d'una terminologia diversa, i sovint confusa, per referir-se als mateixos fenòmens lingüístics, dificulta la identificació dels mateixos mecanismes lingüístics en les diferents llengües. Per tant, no hi ha coordinació entre les llengües primeres ni plantejament contrastiu algun. Els llibres de castellà i de català de la mateixa editorial repeteixen qüestions comunes amb plantejaments parcialment divergents en moltes ocasions.

També s'hi ha observat un seguit d'anomalies metodològiques: els manuals solen començar per l'estudi de l'oració abans de tractar les categories sintàctiques i hi ha conceptes que els autors no expliquen mai (per exemple, *categoria* i *funció*) o bé ho fan després d'haver-los utilitzats; a més de la presència d'errors. Aquestes deficiències incideixen negativament en el procés d'ensenyament-aprenentatge de l'alumnat, perquè sovint ha de memoritzar termes que no sap què signifiquen ni per a què serveixen.

Resta clar, doncs, que és convenient usar la mateixa teoria i la mateixa terminologia a fi de no entrebancar la comprensió dels fenòmens lingüístics i a fi d'estalviar molt de temps en l'ensenyament de llengües. Perquè, després de veure les diferències entre els manuals de les assignatures de Valencià i de Castellà, i sabedors de les influències que tenen en l'aprenentatge, resulta necessari conéixer el funcionament de les diverses llengües implicades en l'ensenyament a l'hora de plantejar-se les estratègies didàctiques per ensenyar-les. Un tractament integrat de les llengües utilitzades en l'ensenyament facilitarà l'assoliment dels continguts gramaticals a partir de la unificació de criteris, de l'ús d'una terminologia comuna.

Així, doncs, els resultats d'aquesta anàlisi contrastiva ens permeten entendre millor les dificultats de l'alumnat a l'hora d'aprendre la gramàtica de la llengua i posen de manifest la necessitat d'utilitzar una terminologia única per a l'ensenyament de les llengües oficials en el territori i limitada als conceptes imprescindibles, així com de seguir un determinat ordre en l'estudi dels conceptes sintàctics.

Cal tendir cap a un marc teòric i terminològic més d'acord amb les exigències de la tasca docent, que ajude a elaborar materials didàctics més adequats i a plantejar les estratègies d'ensenyament més adients en cada cas, dins de la necessària coordinació entre el professorat i els autors dels llibres de text. Perquè la manera d'explicar la teoria sintàctica dels manuals, la profusió de terminologia lingüística en l'ensenyament i la confusió que aquesta genera, no resulten satisfactòries en la pràctica docent. Necessitem una gramàtica pedagògica interlingüística.

Referències bibliogràfiques

ADAM, J. M. 1992. *Les textes: types et prototypes*. París: Natham.
BOSQUE, I. (1994). *Repaso de sintaxis tradicional*. Madrid: Arco libros.
BRUCART, J. M. (2000). "L'anàlisi sintàctica i la seva terminologia en l'ensenyament secundari", in: Macià, J. & Solà, J. edd. (2000). *La terminologia lingüística en l'ensenyament secundari. Propostes pràctiques*. Barcelona: Graó.
CABRÉ, M. T. & LORENTE, M. 1996. "La terminologia, avui: termes, textos i màquines", in: *Articles de Didàctica de la Llengua i la Literatura* 9. Barcelona: Graó, 9-23.
CAMPS, A. 1998. "L'ensenyament de la gramàtica", in: Camps, A & Colomer, T. edd. *L'ensenyament i l'aprenentatge de la llengua i la literatura en l'educació secundària*. Barcelona: ICE de la UB & Horsori, 105-126.
CAMPS, A. & FERRER, M. edd. 2000. *Gramàtica a l'aula*. Barcelona: Graó.
CAMPS, A. ed. 2005. *Bases per a l'ensenyament de la gramàtica*. Barcelona: Graó.
CARMEN, L. M. & JIMÉNEZ, M. P. 1997. "Los libros de texto: un recurso flexible", in: *Alambique* 11, 7-14.
COMET, M. C. (1996). "Selecció i transmissió terminològica a l'ensenyament primari", in: *Articles de Didàctica de la Llengua i de la Literatura* 9, 49-59.
DE MIGUEL, J. (2008). "Algunos problemas de la terminología gramatical en la enseñanza media", in: *RILCE: Revista de filología hispánica* 5, 2, 1989, 199-271. http://hdl.handle.net/10171/4183, consulta: 14.01.2015
FABRA, P. 1956. *Gramàtica catalana*. Barcelona: Teide.
FERRER, M. 2000. "Llibres de text i formació del professorat. Com incorporen els llibres els resultats de la recerca lingüística i didàctica", in: Camps, A. & Ríos, I. & Cambra, M. edd. 2000. *Recerca i formació en didàctica de la llengua*. Barcelona: Graó, 35-44.
FERRER, M. & LÓPEZ, F. J. 1999. "Llibres de text i concreció del currículum de llengua", in: *Articles de Didàctica de la Llengua i de la Literatura* 19. Barcelona: Graó, 9-23.
GILI Y GAYA, S. (1964). "Sobre la nomenclatura y enseñanza de la Gramática", in: *Boletín de la Real Academia Española*, Tomo XLIV, Cuaderno 173, 449-453.

GRÀCIA, Ll. 2006. "Lingüística contrastiva", in: *Diversitat de llengües a l'aula, Articles de Didàctica de la Llengua i de la Literatura* 38. Barcelona: Graó, 39-50.
GUASCH, O. ed. 2010. *El tractament integrat de les llengües. Articles de Didàctica de la Llengua i la Literatura* 176. Barcelona: Graó.
LOMAS, C. 1999. "Els llibres de text i l'educació lingüística", in: *Articles de Didàctica de la Llengua i la Literatura* 19. Barcelona: Graó, 77-88.
LOMAS, C. (2004). "Los libros de texto y las prácticas de la educación lingüística", in: *Textos de Didáctica de la Lengua y la Literatura* 36, 15-32.
MACIÀ, J. (2000). "La terminologia lingüística en la classe de llengua: un problema pendent", in: MACIÀ, J. & SOLÀ, J. edd. *La terminologia lingüística en l'ensenyament secundari. Propostes pràctiques*, Barcelona: Graó.
MACIÀ GUILÀ, J. & SOLÀ, J. edd. 2000. *La terminologia lingüística en l'ensenyament secundari: propostes pràctiques*. Barcelona: Graó.
MAILLARD, M. & DABENE, L. edd. 1997. *Vers une métalangue sans frontières*. Grenoble: Presses Universitaires de Grenoble.
MARTIN, D. (1999). "La terminologie grammaticale à l'école: facilitateur ou obstacle aux apprentissages? L'exemple de la "suite du verbe", in: *Tranel* 31, 13-354.
MARTÍNEZ BONAFÉ, J. 1992. "Siete cuestiones y una propuesta", in: *Cuadernos de Pedagogía* 203, 8-13.
NICOLÀS, M. 1994. "Sobre les possibilitats i els límits de la terminologia lingüística en l'ensenyament", in: Cuenca, M. J. ed. 1994. *Lingüística i ensenyament de llengües*. València: Universitat de València, 37-57.
PASCUAL, V. 2006. *El tractament de les llengües en un model d'educació plurilingüe per al sistema educatiu valencià*. València: Conselleria de Cultura, Educació i Esport, Generalitat Valenciana.
RIBAS, T. ed. 2010. *Libros de texto y enseñanza de la gramática. Textos de Didáctica de la Lengua y la Literatura* 279. Barcelona: Graó.
RUIZ BIKANDI, U. 2006. "La reflexió interlingüística: ajudar a pensar en/amb/sobre tres llengües", in: *Diversitat de llengües a l'aula, Articles de Didàctica de la Llengua i de la Literatura* 38. Barcelona: Graó, 51-66.
SARAGOSSÀ, A. 2003. *Gramàtica valenciana raonada i popular. Els fonaments*. Gandia: CEIC Alfons el Vell.
SARAGOSSÀ, A. 2007. "Reflexions sobre l'assignatura de valencià", in: *Reivindicació del valencià. Una contribució*. València: Tabarca, 271-285.
TORRES CABALLERO, J. V. (1994). Reflexiones sobre la terminología lingüístico-gramatical", in: *Cauce* 17, 83-105. http://cvc.cervantes.es/literatura/cauce/pdf/cauce17/cauce17_06.pdf, consulta: 14.01.2015
WILLEMS, D. (1999): "Pour une terminologie grammaticale européenne. Défense et illustration", in: *Tranel* 31, 129-142.
ZAYAS, F. 2004. "Cap a una gramàtica pedagògica", in: *Ensenyar gramàtica: sintaxi. Articles de Didàctica de la Llengua i de la Literatura* 33. Barcelona: Graó, 9-26.

Romanische Sprachen und ihre Didaktik (RomSD)

Herausgegeben von Michael Frings, Andre Klump & Sylvia Thiele
ISSN 1862-2909

1   *Michael Frings und Andre Klump (edd.)*
    Romanische Sprachen in Europa. Eine Tradition mit Zukunft?
    ISBN 978-3-89821-618-0

2   *Michael Frings*
    Mehrsprachigkeit und Romanische Sprachwissenschaft an Gymnasien?
    Eine Studie zum modernen Französisch-, Italienisch- und Spanischunterricht
    ISBN 978-3-89821-652-4

3   *Jochen Willwer*
    Die europäische Charta der Regional- und Minderheitensprachen in der Sprachpolitik
    Frankreichs und der Schweiz
    ISBN 978-3-89821-667-8

4   *Michael Frings (ed.)*
    Sprachwissenschaftliche Projekte für den Französisch- und Spanischunterricht
    ISBN 978-3-89821-651-7

5   *Johannes Kramer*
    Lateinisch-romanische Wortgeschichten
    Herausgegeben von Michael Frings als Festgabe für Johannes Kramer zum 60. Geburtstag
    ISBN 978-3-89821-660-9

6   *Judith Dauster*
    Früher Fremdsprachenunterricht Französisch
    Möglichkeiten und Grenzen der Analyse von Lerneräußerungen und Lehr-Lern-Interaktion
    ISBN 978-3-89821-744-6

7   *Heide Schrader*
    Medien im Französisch- und Spanischunterricht
    ISBN 978-3-89821-772-9

8   *Andre Klump*
    „Trajectoires du changement linguistique"
    Zum Phänomen der Grammatikalisierung im Französischen
    ISBN 978-3-89821-771-2

9   *Alfred Toth*
    Historische Lautlehre der Mundarten von La Plié da Fodom (Pieve di Livinallongo,
    Buchenstein) und Col (Colle Santa Lucia), Provincia di Belluno unter Berücksichtigung der
    Mundarten von Laste, Rocca Piétore, Selva di Cadore und Alleghe
    ISBN 978-3-89821-767-5

10 *Bettina Bosold-DasGupta und Andre Klump (edd.)*
    Romanistik in Schule und Universität
    Akten des Diskussionsforums „Romanistik und Lehrerausbildung: Zur Ausrichtung und Gewichtung von Didaktik und Fachwissenschaften in den Lehramtsstudiengängen Französisch, Italienisch und Spanisch" an der Johannes Gutenberg-Universität Mainz (28. Oktober 2006)
    ISBN 978-3-89821-802-3

11 *Dante Alighieri*
    De vulgari eloquentia
    mit der italienischen Übersetzung von Gian Giorgio Trissino (1529)
    Deutsche Übersetzung von Michael Frings und Johannes Kramer
    ISBN 978-3-89821-710-1

12 *Stefanie Goldschmitt*
    Französische Modalverben in deontischem und epistemischem Gebrauch
    ISBN 978-3-89821-826-9

13 *Maria Iliescu*
    Pan- und Raetoromanica
    Von Lissabon bis Bukarest, von Disentis bis Udine
    ISBN 978-3-89821-765-1

14 *Christiane Fäcke, Walburga Hülk und Franz-Josef Klein (edd.)*
    Multiethnizität, Migration und Mehrsprachigkeit
    Festschrift zum 65. Geburtstag von Adelheid Schumann
    ISBN 978-3-89821-848-1

15 *Dan Munteanu Colán*
    La posición del catalán en la Romania según su léxico latino patrimonial
    ISBN 978-3-89821-854-2

16 *Johannes Kramer*
    Italienische Ortsnamen in Südtirol. La toponomastica italiana dell'Alto Adige
    Geschichte – Sprache – Namenpolitik. Storia – lingua – onomastica politica
    ISBN 978-3-89821-858-0

17 *Michael Frings und Eva Vetter (edd.)*
    Mehrsprachigkeit als Schlüsselkompetenz: Theorie und Praxis in Lehr- und Lernkontexten
    Akten zur gleichnamigen Sektion des XXX. Deutschen Romanistentages an der Universität Wien (23.-27. September 2007)
    ISBN 978-3-89821-856-6

18 *Dieter Gerstmann*
    Bibliographie Französisch
    Autoren
    ISBN 978-3-89821-872-6

19 *Serge Vanvolsem e Laura Lepschy*
    Nell'Officina del Dizionario
    Atti del Convegno Internazionale organizzato dall'Istituto Italiano di Cultura
    Lussemburgo, 10 giugno 2006
    ISBN 978-3-89821-921-1

20 *Sandra Maria Meier*
    „È bella, la vita!"
    Pragmatische Funktionen segmentierter Sätze im *italiano parlato*
    ISBN 978-3-89821-935-8

21 *Daniel Reimann*
    Italienischunterricht im 21. Jahrhundert
    Aspekte der Fachdidaktik Italienisch
    ISBN 978-3-89821-942-6

22 *Manfred Overmann*
    Histoire et abécédaire pédagogique du Québec avec des modules multimédia prêts à l'emploi
    Préface de Ingo Kolboom
    ISBN 978-3-89821-966-2 (Paperback)
    ISBN 978-3-89821-968-6 (Hardcover)

23 *Constanze Weth*
    Mehrsprachige Schriftpraktiken in Frankreich
    Eine ethnographische und linguistische Untersuchung zum Umgang mehrsprachiger Grundschüler mit Schrift
    ISBN 978-3-89821-969-3

24 *Sabine Klaeger und Britta Thörle (edd.)*
    Sprache(n), Identität, Gesellschaft
    Eine Festschrift für Christine Bierbach
    ISBN 978-3-89821-904-4

25 *Eva Leitzke-Ungerer (ed.)*
    Film im Fremdsprachenunterricht
    Literarische Stoffe, interkulturelle Ziele, mediale Wirkung
    ISBN 978-3-89821-925-9

26 *Raúl Sánchez Prieto*
    El presente y futuro en español y alemán
    ISBN 978-3-8382-0068-2

27 *Dagmar Abendroth-Timmer, Christiane Fäcke, Lutz Küster und Christian Minuth (edd.)*
    Normen und Normverletzungen
    Aktuelle Diskurse der Fachdidaktik Französisch
    ISBN 978-3-8382-0084-2

28　Georgia Veldre-Gerner und Sylvia Thiele (edd.)
　　Sprachvergleich und Sprachdidaktik
　　ISBN 978-3-8382-0031-6

29　Michael Frings und Eva Leitzke-Ungerer (edd.)
　　Authentizität im Unterricht romanischer Sprachen
　　ISBN 978-3-8382-0095-8

30　Gerda Videsott
　　Mehrsprachigkeit aus neurolinguistischer Sicht
　　Eine empirische Untersuchung zur Sprachverarbeitung viersprachiger Probanden
　　ISBN 978-3-8382-0165-8 (Paperback)
　　ISBN 978-3-8382-0166-5 (Hardcover)

31　Jürgen Storost
　　Nicolas Hyacinthe Paradis (de Tavannes)
　　(1733 - 1785)
　　Professeur en Langue et Belles-Lettres Françoises, Journalist und Aufklärer
　　Ein französisch-deutsches Lebensbild im 18. Jahrhundert
　　ISBN 978-3-8382-0249-5

32　Christina Reissner (ed.)
　　Romanische Mehrsprachigkeit und Interkomprehension in Europa
　　ISBN 978-3-8382-0072-9

33　Johannes Klare
　　Französische Sprachgeschichte
　　ISBN 978-3-8382-0272-3

34　Daniel Reimann (ed.)
　　Kulturwissenschaften und Fachdidaktik Französisch
　　ISBN 978-3-8382-0282-2

35　Claudia Frevel, Franz-Josef Klein & Carolin Patzelt (edd.)
　　Gli uomini si legano per la lingua
　　Festschrift für Werner Forner zum 65. Geburtstag
　　ISBN 978-3-8382-0097-2

36　Andrea Seilheimer
　　Das grammatikographische Werk Jean Saulniers
　　Französischsprachige Terminologie und Sprachbetrachtung in der *Introduction en la langue espagnolle* (1608) und der *Nouvelle Grammaire italienne et espagnole* (1624)
　　ISBN 978-3-8382-0364-5

37　Angela Wipperfürth
　　Modeterminologie des 19. Jahrhunderts in den romanischen Sprachen
　　Eine Auswertung französischer, italienischer, spanischer und portugiesischer Zeitschriften
　　ISBN 978-3-8382-0371-3

38 Raúl Sánchez Prieto, M.ª Mar Soliño Pazó (edd.)
    Contrastivica I
    Aktuelle Studien zur Kontrastiven Linguistik Deutsch-Spanisch-Portugiesisch I
    ISBN 978-3-8382-0328-7

39 Nely Iglesias Iglesias (ed.)
    Contrastivica II
    Aktuelle Studien zur Kontrastiven Linguistik Deutsch-Spanisch-Portugiesisch II
    ISBN 978-3-8382-0398-0

40 Eva Leitzke-Ungerer, Gabriele Blell, Ursula Vences (edd.)
    English-Español: Vernetzung im kompetenzorientierten Spanischunterricht
    ISBN 978-3-8382-0305-8

41 Marie-Luise Volgger
    Das multilinguale Selbst im Fremdsprachenunterricht
    Zur Mehrsprachigkeitsbewusstheit lebensweltlich mehrsprachiger Französischlerner(innen)
    ISBN 978-3-8382-0449-9

42 Jens Metz
    Morphologie und Semantik des Konjunktivs im Lateinischen und Spanischen
    Eine vergleichende Analyse auf der Grundlage eines Literaturberichts
    ISBN 978-3-8382-0484-0

43 Manuela Franke und Frank Schöpp (edd.)
    Auf dem Weg zu kompetenten Schülerinnen und Schülern
    Theorie und Praxis eines kompetenzorientierten Fremdsprachenunterrichts im Dialog
    ISBN 978-3-8382-0487-1

44 Bianca Hillen, Silke Jansen & Andre Klump (edd.)
    Variatio verborum: Strukturen, Innovationen und Entwicklungen
    im Wortschatz romanischer Sprachen
    Festschrift für Bruno Staib zum 65. Geburtstag
    ISBN 978-3-8382-0509-0

45 Sandra Herling und Carolin Patzelt (edd.)
    Weltsprache Spanisch
    Variation, Soziolinguistik und geographische Verbreitung des Spanischen
    Handbuch für das Studium der Hispanistik
    ISBN 978-3-89821-972-3

46 Aline Willems
    Französischlehrwerke im Deutschland des 19. Jahrhunderts
    Eine Analyse aus sprachwissenschaftlicher, fachdidaktischer
    und kulturhistorischer Perspektive
    ISBN 978-3-8382-0501-4 (Paperback)
    ISBN 978-3-8382-0561-8 (Hardcover)

47 *Eva Leitzke-Ungerer und Christiane Neveling (edd.)*
    Intermedialität im Französischunterricht
    Grundlagen und Anwendungsvielfalt
    ISBN 978-3-8382-0445-1

48 *Manfred Prinz,*
    Rap RoMania: Jugendkulturen und Fremdsprachenunterricht
    Band 1: Spanisch/Französisch
    ISBN 978-3-8382-0431-4

49 *Karoline Henriette Heyder*
    Varietale Mehrsprachigkeit
    Konzeptionelle Grundlagen, empirische Ergebnisse aus der Suisse romande und didaktische
    Implikationen
    ISBN 978-3-8382-0618-9

50 *Daniel Reimann*
    Transkulturelle kommunikative Kompetenz in den romanischen Sprachen
    Theorie und Praxis eines neokommunikativen und kulturell bildenden Französisch-,
    Spanisch-, Italienisch- und Portugiesischunterrichts
    ISBN 978-3-8382-0362-1 (Paperback)
    ISBN 978-3-8382-0363-8 (Hardcover)

51 *Beate Valadez Vazquez*
    Ausprägung beruflicher Identitätsprozesse von Fremdsprachenlehrenden am Beispiel
    der beruflichen Entwicklung von (angehenden) Spanischlehrerinnen und
    Spanischlehrern
    Eine qualitative Untersuchung
    ISBN 978-3-8382-0635-6

52 *Georgia Veldre-Gerner und Sylvia Thiele (edd.)*
    Sprachen und Normen im Wandel
    ISBN 978-3-8382-0461-1

53 *Stefan Barme*
    Einführung in das Altspanische
    ISBN 978-3-8382-0683-7

54 *María José García Folgado und Carsten Sinner (edd.)*
    Lingüística y cuestiones gramaticales en la didáctica
    de las lenguas iberorrománicas
    ISBN 978-3-8382-0761-2

Sie haben die Wahl:
Bestellen Sie die Schriftenreihe
Romanische Sprachen und ihre Didaktik
einzeln oder im **Abonnement**

per E-Mail: vertrieb@ibidem-verlag.de | per Fax (0511/262 2201)
als Brief (***ibidem**-*Verlag | Leuschnerstr. 40 | 30457 Hannover)

Bestellformular

☐ Ich abonniere die Schriftenreihe *Romanische Sprachen und ihre Didaktik* ab Band # ____

☐ Ich bestelle die folgenden Bände der Schriftenreihe *Romanische Sprachen und ihre Didaktik*

____; ____; ____; ____; ____; ____; ____; ____; ____; ____

Lieferanschrift:

Vorname, Name ....

Anschrift ....

E-Mail... | Tel.:...

Datum .... | Unterschrift ....

Ihre Abonnement-Vorteile im Überblick:
- Sie erhalten jedes Buch der Schriftenreihe pünktlich zum Erscheinungstermin – immer aktuell, ohne weitere Bestellung durch Sie.
- Das Abonnement ist jederzeit kündbar.
- Die Lieferung ist innerhalb Deutschlands versandkostenfrei.
- Bei Nichtgefallen können Sie jedes Buch innerhalb von 14 Tagen an uns zurücksenden.

***ibidem*-**Verlag

Melchiorstr. 15

D-70439 Stuttgart

info@ibidem-verlag.de

www.ibidem-verlag.de
www.ibidem.eu
www.edition-noema.de
www.autorenbetreuung.de

www.ingramcontent.com/pod-product-compliance
Lightning Source LLC
Chambersburg PA
CBHW051810230426
43672CB00012B/2685